　　本书是国家自然科学基金委员会管理科学部资助项目"区域品牌形象对公司品牌评价的动态作用机制研究——基于光环概括效应扩展模型检验"（71372214）的研究成果。

区域品牌研究

形象测量与作用机制

孙丽辉　刘文超　盛亚军　著

中国社会科学出版社

图书在版编目（CIP）数据

区域品牌研究：形象测量与作用机制/孙丽辉，刘文超，盛亚军著.—北京：中国社会科学出版社，2019.5
ISBN 978 - 7 - 5203 - 4444 - 9

Ⅰ.①区… Ⅱ.①孙… ②刘… ③盛… Ⅲ.①区域经济—品牌战略—研究—中国 Ⅳ.①F127 ②F279.23

中国版本图书馆 CIP 数据核字（2019）第 094535 号

出 版 人	赵剑英	
责任编辑	李庆红	
责任校对	周　昊	
责任印制	王　超	

出　　版　中国社会科学出版社
社　　址　北京鼓楼西大街甲 158 号
邮　　编　100720
网　　址　http://www.csspw.cn
发 行 部　010 - 84083685
门 市 部　010 - 84029450
经　　销　新华书店及其他书店
印　　刷　北京明恒达印务有限公司
装　　订　廊坊市广阳区广增装订厂
版　　次　2019 年 5 月第 1 版
印　　次　2019 年 5 月第 1 次印刷
开　　本　710×1000　1/16
印　　张　17.75
插　　页　2
字　　数　268 千字
定　　价　88.00 元

前　言

本书是国家自然科学基金委员会管理科学部资助项目"区域品牌形象对公司品牌评价的动态作用机制研究——基于光环概括效应扩展模型检验"（71372214）的研究成果。这一研究成果是国家自然科学基金项目（70572066）资助出版的学术专著《区域品牌形成与效应机理研究——基于温州集群品牌的实证研究》和国家教育部人文科学规划课题资助项目资助的学术专著《集群品牌形象效应与影响因素研究》之后的笔者的又一本学术著作。本项目研究从 2014 年 1 月开始到 2017 年 12 月完成，全部研究工作历时 4 年。而呈现在读者面前的这本著作是项目负责人和研究团队过去 14 年间在区域品牌领域不断进行科学探究和孜孜不倦耕耘的成果。

本书负责人于 2003 年年底开始关注与涉足区域品牌领域方面的研究。研究团队在国家自然科学基金委员会管理科学部资助的项目"基于产业群的区域名牌与名牌簇群形成与效应机理研究"的基础上，出版了《区域品牌形成与效应机理研究》一书①（人民出版社 2010 年版），该书主要就区域品牌形成的影响因素及其作用机理进行了实证检验，并进一步验证了区域品牌形成后对区域内产业集群和集群内企业所产生的反作用及其作用机理，为本项目的研究和本书的成稿奠定了非常充分的理论研究基础，积累了研究经验。

继 2009 年国家自然科学基金项目及其专著完成后，项目团队在区域品牌内部效应研究的基础上，进一步对区域品牌的外部效应进行

---

① 孙丽辉等：《区域品牌形成与效应机理研究——基于温州集群品牌的实证研究》，人民出版社 2010 年版。

探索性研究，即从微观层面探讨区域品牌形象是否会对消费者产品评价和购买行为产生影响。这是区域品牌战略实施的价值基础，亦是区域品牌宏观研究（内部效应研究）的基础。这一研究 2011 年得到国家教育部人文科学规划课题资助项目资助。该项目及其资助的学术著作中，在对区域品牌内部效应研究的基础上，进一步从微观视角对区域品牌的外部效应进行探索性研究，即从消费者视角出发，采用实验方法探讨集群品牌形象对消费者产品认知、态度与购买意愿的影响，验证了单一线索和多线索条件下，集群品牌效应对消费者认知、态度和购买意愿的影响效应的存在性及其是否存在显著差异，并识别出集群品牌效应的主要影响因素，验证了产品类别、品牌等级和消费者熟悉程度与介入度等主要调节变量对消费者产品质量认知、态度和购买意愿的影响①。

本书在上述研究的基础上，进一步从微观视角深入探讨区域品牌形象对消费者公司（产品）品牌评价与购买行为的作用机理。本书尝试将原产国效应理论模型应用于同一国家不同地理区域的区域品牌形象作用机制的研究。通过深度访谈、小组座谈和问卷调查，深层次挖掘消费者对不同类型区域品牌形象的认知与理解，识别区域品牌形象构成维度，并开发出区域品牌形象测量量表；将原产国光环效应与概括效应进行扩展，加入购买意愿因素，分别检验区域品牌形象是否存在光环与概括效应；并基于扩展的光环—概括动态效应整合模型，进一步引入"多品牌信息一致性属性"变量，检验区域内多品牌不同属性信息（积极、消极和中性信息）对消费者区域品牌形象评价及其公司品牌态度与购买意愿的影响作用，以全面动态地解释区域品牌形象对公司品牌评价与购买意愿的动态作用机理。

本书在上述两本著作研究成果的基础上，对区域品牌学科领域的进一步研究贡献和学术价值在于：

第一，全面系统地总结和梳理了国外区域品牌研究的现状与发展

_____

① 孙丽辉等：《集群品牌形象效应与影响因素研究——基于消费者视角》，中国商务出版社 2015 年版。

动态，为研究者了解国外区域品牌理论研究的历史脉络与发展全貌以及存在的不足等，提供了具有重要参考意义和学术价值的理论文献。

第二，完成了区域品牌形象构念基本结构的识别工作，这在国内外学术界是一个全新的尝试。目前国内外学术界尚未有一个清晰的理论架构及可广泛应用的对区域品牌形象进行测量的工具，而区域品牌形象维度识别是量表开发以及区域品牌领域相关问题研究的前提与基础。本书通过大量系统的文献研究，识别出区域品牌形象构念的基本结构；通过深度访谈研究，验证并完善了根据文献研究构建的理论，明确了区域品牌形象的四个构成维度，为区域品牌形象量表开发工作奠定了基础，同时，对于区域品牌形象基本理论的深入研究，特别是实证研究工作的推进具有重要的学术价值与意义。

第三，开发出一套包含四个维度十三个题项的区域品牌形象测量量表。现有研究中尚没有开发出一套用于区域品牌形象测量的测评工具，以至于围绕区域品牌形象的外部效应即对消费者认知、态度及购买行为影响的实证研究不能有效开展。本书遵循量表开发的规范流程，经过大样本反复测试开发出的这套区域品牌形象量表具有较好信度和效度，因而具备较强的参考价值，可为区域品牌领域的相关实证研究提供测评工具，同时也为各级政府进行区域品牌形象管理和制定与实施区域品牌形象战略提供了参考依据。

第四，验证和阐释了区域品牌形象对公司品牌评价的静态作用机理。本书将区域品牌形象纳入原产国光环效应与概括效应模型（Han，1989），并在原有模型的基础上加入购买意愿这一新的变量，选择国内具有代表性的区域品牌作为研究对象，通过实验研究、独立样本 T 检验和 Bootstrap 中介效应检验，验证了将国与国之间的产地线索推广到同一国家不同地理区域的产地线索上，区域品牌形象作为消费者评价公司品牌的外部线索之一，仍然存在原产国的光环和概括效应。同时明晰了两种效应的影响机制和路径。在 Han（1989）提出的原产国光环和概括效应模型中，只有一条影响路径。本书检验发现区域品牌形象对公司品牌评价的光环效应和概括效应分别存在三条和二条显著性影响路径。两个模型的扩展及其检验结果，丰富了区域品牌形象光环效应和概括效应的解释机制，全面明晰了区域品牌形象的光环与概括效应对公司评价的作用机理，是区域品牌研究领域新的重要发现。目前，在国内外区域品牌的研究中，对区域品牌效应作用机制的研究还是一个尚待开发的科学问题，本书在国内外本学科领域尚属首例。

第五，验证和阐释了区域品牌形象对公司品牌评价的动态作用机理。本书对 Papadopoulos 和 Heslop（1993）提出的国家形象光环—概括效应组合模型进行了修订，引入"多品牌信息一致性属性"变量，选择具有使用经验的消费者作为被试，采用多组实验设计，运用方差分析和结构方程建模分析，验证了区域内多品牌不同属性信息（积极、消极和中性信息）对消费者区域品牌形象评价及其公司品牌态度与购买意愿具有正向影响作用，且地理依赖型区域品牌的影响作用显著大于非地理依赖型区域品牌。全面动态解释区域品牌形象对公司品牌评价的动态作用机制，比较单一的静态的光环与概括效应模型更符合现实情境。另外，以往的原产国效应研究中，对 Papadopoulos 和 Heslop（1993）提出的国家形象光环—概括效应组合模型缺少实证检验，本书将该模型运用到区域品牌形象研究领域，并进行修订与完善，采用实验研究方法进行实证检验，这是在区域品牌形象理论与检验方法上的重要尝试与创新。

本书是团队成员集体智慧的研究成果，凝结了研究团队包括教师和研究生共同的研究心血。团队成员刘文超和盛亚军副教授在项目研究中做出了非常突出的努力与贡献，研究生常远、吴思洁、周玉洁自始至终参加了项目的全部研究工作，徐明副教授和蓝海平、张峰雪、高倩倩、凡婷婷等研究生参加了项目的部分研究工作。本书在研究工作的基础上由孙丽辉、刘文超、盛亚军完成书稿的撰写，研究生常远、吴思洁完成书稿的编排。撰写人员的分工是：第一、三、七章为孙丽辉，第二、四、五章为刘文超，第二、六章为盛亚军。全书由孙丽辉教授进行总纂。

本研究得到吉林财经大学亚泰工商管理学院、MBA 教育中心的大力支持，他们为项目研究提供了良好的条件。此外，还要感谢中国社会科学出版社的李庆红编辑对于本书出版给予的帮助和付出的辛勤劳动。

本书在研究与撰写过程中力求做到构念定义清晰、结构体系严谨、理论推导缜密、研究设计合理，数据分析正确，以保证研究结论的客观性和学术成果的严谨性。但由于时间关系和水平所限，研究成果还存在着一定局限性和不足，故呈现在读者面前的这本著作尚不够成熟，希望同行专家提出宝贵意见。

国外关于区域品牌化的研究已经成为跨学科的研究问题，从最初探讨区域品牌化概念包括的现象和内容发展到更科学地界定和解释区域品牌化内涵，并将区域品牌化理论运用到实践的阶段，成为创造与保持区域价值的战略工具。国内对区域品牌领域的研究不断深入且已取得可喜的研究成果。但国内外关于区域品牌的研究在理论建构与研究方法上均不成熟，理论研究远落后于区域品牌管理的实践，因而，尚有一系列重要的科学问题有待学者们深入探索。期望有更多学术同行共同在区域品牌这一年轻的学术领域中辛勤耕耘，为区域品牌理论的发展与完善，为推动我国区域品牌化管理的实践，为培育更多的具有全球竞争力的区域品牌，使我国产业品牌跻身于世界名牌之林作出应有贡献。

孙丽辉

2018 年 2 月 18 日

目　　录

第一章 研究概述

第一节 研究背景与意义

一 研究背景与科学问题

20 世纪 80 年代末以来，在我国产业集群发展比较成熟的广东、浙江、江苏、福建、河北、河南等地，出现了名牌产品聚集化成长和区域品牌化的经济现象，一批规模大、产业基础好的产业集聚地已经建立起具有较大影响力和一定声誉的区域品牌，如中国家电之都——顺德家电产业集群、中国鞋都——中国休闲运动鞋产业集群等。产业区域成为某类产品或产业的象征，使区域竞争优势凸现。另外，我国地大物博、历史悠久，各地的地理标志产品资源十分丰富，由于独特的地理优势或悠久的历史传承，使某一地域生产的产品在市场上享有很高的口碑，如中国瓷都——景德镇瓷器等。

本书将前者即伴随着我国产业集群发展所形成的区域品牌，称为"集群品牌"（姚向军，2005），其表现形式为：区域名称＋产业名称；将后者即基于独特地理优势或悠久的历史传承而形成的区域品牌，称为"地理品牌"（牛永革、李蔚，2006），表现形式为：地理名称＋产品名称或品牌名称。学术界将这两者统称为区域品牌。现代产业集群品牌和传统的地理品牌已经成为各地经济发展和区域竞争力提升的重要驱动力，各地政府通过制定和实施区域产业品牌发展战略，推动本地区的产业升级和区域经济的发展，这就为学术界提出了值得深入探讨和研究的一系列有着紧密联系的科学问题。

（1）基于现代产业集群形成的"集群品牌"和基于独特地理优势或悠久历史传承而形成的"地理品牌"是否是影响消费者对产品评价的主要依据，即区域品牌效应的存在性问题。这一问题是区域品牌理论与实践研究必须首先回答的问题，是区域品牌其他相关问题研究的前提和基础。本团队成员完成的教育部人文社会科学研究项目①，正是试图回答区域品牌作为集群内企业的公共品牌其原产地效应是否存在，即消费者是否将区域品牌作为评价集群内企业产品的主要依据。

（2）区域品牌如果存在原产地效应，那么，区域品牌的形成受哪些主要因素的影响？这些因素在区域品牌形成中分别起哪些作用？本团队已经完成的国家自然科学基金项目（70572066）②回答了区域品牌形成的主要影响因素及其与区域品牌形成的作用关系问题。

（3）区域品牌形象的构成因素有哪些？怎样对区域品牌形象进行有效的测量？

（4）区域品牌形象是如何影响消费者对区域内公司产品评价的？其作用机制是什么？

上述列举的第③和第④个问题，是本书力求通过实证研究给予回答的问题。同时，也是本团队先后承担的国家自然基金项目和教育部人文社会科学项目所开展的一系列有关区域品牌问题研究（上述所列出的前三个问题研究内容）的合乎逻辑的延伸。

从目前区域品牌国内外研究现状与发展实践来看，国外区域品牌化（place branding）理论近年来在世界范围内开始兴起并呈现出日益发展的趋势，越来越多地得到区域营销理论工作者和区域管理者的广泛关注（Kavaratzis，2005），但由于区域品牌兴起的历史较短，学术界对于区域品牌（化）及其区域品牌形象的研究无论在理论建构，还是在研究方法上均不成熟。大多数研究的理论背景都很有限，很少提出可检验的模型或假设，也很少为今后研究提出建议（Gertner，

---

① 国家教育部人文社会科学项目（11YJA630108）"集群品牌形象效应与影响因素研究——基于消费者视角"。

② 国家自然科学基金项目（70572066）"基于产业群的区域名牌与名牌簇群形成与效应机理研究——以温州为例"。

2011）。区域品牌的理论研究远落后于区域品牌化的实践。目前，国内现有的区域品牌的研究成果多数是从中观层面定性的探讨集群品牌对产业集群本身和区域经济发展的促进作用，从微观层面探讨和揭示区域品牌对最终消费者的影响与作用机理，进行实证研究的成果，学术界还是寥寥无几。同时，相关研究表明，"随着原产国研究的深入，一些学者把这种国与国之间的产地线索推广到同一国家不同地理区域的产地线索上，证实同一国家内存在原产地效应"[1][2]。"既然消费者对来自同一国度不同地区的同类产品的评价受到原产地形象的影响，那么直接以产地名称命名的产品其质量感知更受到该地区形象的影响。""既然多名学者验证了中国存在原产地效应，也就意味着有关原产地的作用机理对中国的产业集群品牌同样发挥作用"[3]（牛永革、赵平，2011）。

因此，基于上述理论与实践两方面原因，本书将原产国效应理论中的光环—概括整合效应模型加以修订，应用于区域品牌形象对消费者公司品牌评价的作用机制的研究，选择"区域品牌形象对公司品牌评价的作用机制：光环—概括动态效应整合模型修订与检验"作为研究命题；将原产国效应理论中的光环—概括整合效应模型加以修订与扩展，检验区域品牌形象对消费者公司品牌评价的静态与动态作用机制。

二　研究意义

（一）本书研究的科学意义

本书主要采用实验研究方法，在扩展并修订原产国的光环与概括效应整合模型基础上，验证区域品牌形象对公司品牌的作用机制，理论上回答了三个方面的科学问题。一是通过区域品牌形象维度识别和

---

① 金镛准、李东进、朴世桓：《原产国效应与原产地效应的实证研究——中韩比较》，《南开管理评论》2006 年第 2 期。

② 李东进、董俊青、周荣海：《地区形象与消费者产品评价关系研究——以上海和郑州为例》，《南开管理评论》2007 年第 2 期。

③ 牛永革、赵平：《基于消费者视角的产业集群品牌效应研究》，《管理科学》2012 年第 2 期。

量表开发，为测量不同类型和不同品类的区域品牌形象提供可供参考的概念框架和测量工具；二是证明了区域品牌形象对公司品牌评价是否存在光环和概括效应；三是在动态情境下，区域品牌形象对公司品牌评价是否存在累积效应。目前，国内外学术界尚未有人在这方面进行系统的实证研究，本书研究成果可以为开展区域品牌形象领域的深入研究提供基础。

（二）本书研究的实践意义

本书的研究成果，一是对整合集群所在区域资源要素，建立区域的独特定位和形象联想，塑造和提升区域品牌的良好形象，培育区域品牌资产具有重要的指导意义；二是对于正确制定区域品牌与公司品牌协调发展战略，发挥两者的相互促进作用，进而提升区域产业品牌的整体形象和区域产品占有率以及区域竞争力具有指导意义；三是可以为政府制定正确的区域品牌发展规划，积极引导与扶持重点产业区创建和培育区域品牌，带动集群实现产业升级和可持续发展提供决策依据。

第二节　研究对象与相关概念界定

把营销和品牌理论运用到区域形象塑造和区域品牌推广方面成为近年来理论界和实践人士关注的重点。虽然"区域品牌"已经成为理论研究者们关注的重点，但其英文表述尚未统一（Anholt，2004）。在西方理论文献中出现了 Place Branding、Country/Nation Branding、City Branding、Regional Branding、Destination Branding、Geo - Branding、Location Branding、Clusert Branding、Urban Branding、Community Branding 等多种术语，但以"Place Branding"采用频率为最高。*Place Branding* 期刊的主编 Simon Anholt 提出暂时用"Place Branding"代替"区域品牌"的表述，这一点在学术界基本得到认同。根据对国外区域品牌大量文献的研究，区域品牌（Place Branding）应是泛指以地理区域命名的公共品牌的统称，是涵盖了国家品牌（Country/Nation

Branding）、城市品牌（City Branding）、地区品牌（Regional Branding）、目的地品牌（Destination Branding）、地理品牌（Geo - Branding）、集群品牌（Clusert Branding）等多种类型区域品牌的属概念。由于不同类型的区域品牌涵盖的地理范围不同，因此，首先应明确界定区域品牌中的"区域"的内涵。

一 "区域"的内涵

Rainisto（2003）认为"区域"通常是指与周围地区相比，具有共同特点和特性的地理区域（单位）的复合体。"区域"可以划分为行政区域、微观区域、跨国界区域以及宏观区域。其中，行政区域是指中央政府下属的政府级别；微观区域是指区域内一个更小的范围，可以从行政、地理、历史文化以及经济空间的角度划分（新近出现的产业集群也属于微观区域）；跨国界区域源自两个或更多国家的跨国界合作；宏观区域是指在跨边界或同一地域内，由一些地区或微观区域所构成的区域格局。Kotler（2003）则从区域营销的角度更为明确地界定了"区域"的内涵，指出区域营销中的"区域"是包含城市、地区、州（省）和国家等在内的所有"区域"的总称，而不是局限于其中的某一个层次。Gertner（2011）研究指出区域的范围涵盖商业区、行政区、城市、都市区、国家、国家群和大陆等广泛的地理实体。根据上述观点，结合国外学者进行区域品牌研究所涉及的角度和领域，区域品牌中的"区域"应该是与区域营销中的"区域"的空间范围及内涵相对应的，因而，按"区域"涵盖的地理范围的大小，区域品牌中所指的"区域"依次可以是一个社区、县镇、城市、跨若干个城市的地区、国家、跨若干个国家的区域等。

二 区域品牌（Place Brand）的内涵

目前，国外学者对"区域品牌"一词尚未给出一个确切的定义（Anholt，2004）。由于区域品牌化研究涉及市场营销、区域政策、公共关系、区域规划等多个学科，区域的范围涵盖商业区、行政区、城市、都市区、国家、国家群和大陆等广泛的地理实体，而且区域品牌与区域营销、城市营销和区域促销等相关概念经常出现混淆，导致学术界对于区域品牌化的内涵及其具体内容的研究存在多种视角。特别是当对不同的地理位置进行品牌化时，则表现出研究者不同的观点或研究重点，因此，很难找到一个被大家普遍接受的区域品牌化的定义（Caldwell & Freire, 2004）。"原则上，产品品牌和区域品牌是一样的"，但是"要给出一个十分完整的关于区域品牌的信息组合是相当困难的"（Frost, 2004）。

较有代表性的观点如 Rainisto（2001）认为"区域品牌是一个地区所拥有的独特的吸引力，其核心问题是构建区域品牌识别"。Kavaratzis 和 Ashworth（2005）认为一个国家、一个区域、一个城市或附近地区，都可理解和看作一个品牌或一个多维构念，它包括了功能的、情感的、关系的和战略的元素，共同帮助这个区域在公众心目中产生一系列独特的关联。区域则包括很多组成部分，如名称、标志、包装和声望等（Shimp, 2000）。而区域产品是向区域消费者提供的全部区域产品的组合（Rainisto, 2001）。

三 区域品牌化（Place Branding）的内涵

随着区域品牌化概念的演变，学者们给出了多种定义。一部分学者将区域品牌化定义为形象创造和价值产生过程（Mommaas, 2002）；一部分将区域品牌化定义为基于身份（认同）的声誉的建设和管理（Anholt, 2007），或者将区域品牌化定义为区域消费者经历与期望的匹配过程（Ashworth and Kavaratzis, 2009）。区域品牌化包含区域认同、区域营销者投射的区域形象、区域形象和区域用户或消费者的感知价值、区域内的用户体验、营销和沟通渠道，以及利益相关者的关系等一些关键的概念或元素（Kavaratzis, 2004；Anholt, 2007）。区域品牌化主要是探讨通过一些做法来提高一个区域的品牌形象，采用一种方式让区域出名。区域品牌化是一种过程，通过经历一种真实的区域认同和改变区域消费者的心智从而增强区域形象（Anholt, 2010）。区域品牌化试图将传统和非传统的营销学科关于品牌化战略的方法结合起来，从而促进、开发和增强一个特定区域或地区针对其潜在顾客的卖点（Tiwari & Bose, 2013）。区域品牌本质上仅是将营销运用到一种特殊产品类型——区域上（Kavaratzis & Ashworth, 2010），提高一个区域的品牌形象和知名度，从而有助于推动区域内的产品和资源向外扩散和吸引各种资源流入该区域。

四 本书关于区域品牌内涵与研究对象的界定

由上述分析可知，区域品牌根据"区域"涵盖的地理范围的大小不同，可分为国家品牌（Nation Branding）、城市品牌（City Branding）、地区品牌（Regional Branding）、位置或地方品牌（location Branding）、目的地品牌（Destination Branding）（只表示旅游业）等。本书研究的区域品牌是以同一国度内某一地理区域为空间范围，且是建立在当地著名的特色产业集聚基础之上的区域产业品牌。在某一地理产业集群空间体内出现同类产品大量集聚和名牌产品聚集化成长的经济现象，产业区域成为某类产品或产业的象征，进而影响消费者对区域产品的认知和选择。因此，本书将区域品牌界定为：在特定区域范围内，以一定产业及其集群为支撑，在此基础上形成的具有相当规模、较大市场占有率和影响力等优势的产业和产品，并以区域地名和产业名命名组合为共享品牌名称，在消费者心目中具有较高知名度和美誉度，从而形成以区域和产业名称著称的区域公共品牌。是某一地理区域范围内所有具有相当规模、较大市场占有率和影响力的优势企业和企业所属品牌的商誉总和，它为区域拥有者带来溢价，产生增值的无形资产。可见，区域品牌是产业集群和区域形象发展的高级形式，是区域向受众传递形象的载体。区域品牌化除了具备一般品牌特征和体现出明显的区域公共性特征外，还具有鲜明的产业特征。

根据本书的前期研究，区域产业品牌主要可归纳为两大类：一是基于产业集群所形成的区域品牌，有学者称其为"集群品牌"（姚向军，2005），其表现形式为：区域名称＋产业名称；二是基于独特地理优势或悠久的历史传承而形成的区域品牌，有学者称之为"地理品牌"（牛永革、李蔚，2006），表现形式为：地理名称＋产品名称或品牌名称。前者是伴随着我国产业集群发展出现的一种十分典型的经济现象，后者是由悠久的生产历史形成的具有很高口碑效应、久负盛名的"地方特产"，因此也有学者将后者归为传统的区域品牌。本书以这两类区域产业品牌为研究对象，以下简称区域品牌。

五　区域品牌形象（Place Brand Image）

区域品牌化的目的是将品牌化的手段运用到区域管理的操作中，通过一些努力来提高一个区域的形象和声誉。

区域品牌形象是基于区域产业和资源优势所形成的品牌效应能够影响消费者的认知和评价所构造出来的一个构念。由于形成区域品牌形象结构的认知来源及其影响因素十分宽泛和难以清晰界定，加之不同地区、不同产业、不同品类的区域品牌形象具有不同的形象结构。因此，目前尚没有区域品牌形象的明确定义。

基于原产国（Country of Origin）① 形象、区域形象、品牌形象和区域品牌（化）等相关理论以及部分学者对区域品牌形象内涵的认识，本书认为区域品牌形象的建立基础在于该区域形成了相当规模和在行业内具有竞争优势的特色产业及其具有较高知名度和美誉度的相关名牌企业和名牌产品，投射在消费者心目中使消费者产生对该区域相关产业和相关名牌企业与所属品牌产品的相关联想，形成对该地区产品总体的、相对稳定的一般性评价或总体印象，进而影响消费者在市场上选购同类产品时的认知与偏好。因此，本书借鉴区域形象与品牌形象的定义，将区域品牌形象界定为：区域内外公众心智中对某一特定地理区域内拥有一定规模与特色的产业、相关企业和所属品牌产品的联想或知觉所形成的总体印象。

第三节　研究内容与逻辑结构

本书以国内著名与典型的区域品牌为研究对象，从消费者认知的视角出发，主要运用原产国效应原理，在对光环—概括模型和动态效应整合模型进行扩展与修订的基础上，采用实验研究和统计调查研究

---

① 本书所用"原产国"概念系译自英文文献中的"Country of Origin"，在其他著作中也译为"原产地""来源国"等，均为同一概念。本书根据文献来源不同，三种概念均有使用。

等实证研究方法，验证静态与动态情境下区域品牌形象对公司品牌评价影响的动态作用机制及其累积效应，进而全面解释区域品牌形象对公司品牌评价的动态作用机制。

本书拟回答三个方面的问题：（1）区域品牌形象的构成维度有哪些？如何对区域品牌形象进行准确测量？（2）区域品牌形象对所在区域内公司品牌的影响是否存在光环效应和概括效应？即消费者如何运用区域品牌形象信息评价公司品牌，其认知机制如何？（3）基于光环—概括动态效应整合模型的原理，在消费者单一品牌产品使用经验（一次和多次使用）和多品牌信息增加的情境下，区域品牌形象对公司品牌评价是否会产生正向或负向的累积效应。

本书研究内容分为七章，各章主要内容如下：

第一章为研究概述。主要介绍本书的研究背景，提出研究命题，阐述研究的学术价值与实践意义；明确本书的研究对象与研究范围，界定核心概念的内涵，阐述本书的研究内容和逻辑框架；阐释本书研究目的和所采用的研究方法；论证本书的研究特色和研究创新。

第二章为理论回顾。对本书研究命题涉及的主要研究领域的相关理论进行了系统回顾。主要对国内外区域品牌理论、原产国效应理论和公司品牌理论进行了系统回顾。特别是对国外区域品牌（化）概念的起源、区域品牌（化）的内涵、区域品牌（化）理论研究发展脉络、区域品牌（化）的管理、区域品牌（化）的研究方法、区域品牌（化）研究的热点问题及区域品牌（化）的研究局限与展望进行了系统的梳理、归纳总结和评述，探寻与本书核心命题相关的理论支撑，为后续研究奠定理论基础。

第三章为区域品牌形象维度识别研究。本章主要以原产国形象测量维度作为区域品牌形象维度构建的理论基础，阐述了通过文献研究和深访研究构建区域品牌形象构念基本结构的过程。首先详细分析了原产国形象测量维度与测量指标的代表性观点，在整理与分类的基础上，确定了初步的区域品牌形象维度构成；其次，阐述了取样、访谈提纲设计、访谈实施、访谈资料分析等访谈研究过程，以长春、深圳、北京等地消费者为对象进行访谈研究获得定性资料，并通过内容分析法校验了区域品牌形象构成维度，通过规范的深访研究进一步修正与完善了区域品牌形象理论研究结果，从定性角度检验区域品牌形象维度构建的合理性。

第四章为区域品牌形象量表开发。在上述定性研究的基础上，本章阐述了遵循科学规范的量表研究程序及区域品牌形象量表开发工作的整个过程。系统地介绍了区域品牌形象各构念基本内容的界定、题项库的生成、量表的类型和尺度、题项库筛选、题项库专家预审，经多轮讨论修改和专家校验后确定了区域品牌形象测评量表初始题项库，特别详细介绍了三次大样本测试及信度与效度检验，经反复测试检验和修正后，开发出一套具有较高质量的用于定量测量区域品牌形象的量表，为本书后续区域品牌形象外部效应研究提供了测量工具。

第五章为区域品牌形象静态作用机制研究。主要对区域品牌形象对公司品牌评价的光环和概括效应扩展模型进行检验。本章首先回顾了原产国形象光环模型与概括模型的提出与发展，并对区域品牌形象光环与概括效应理论模型的相关变量做了文献回顾。采用演绎推理方法，论证了区域品牌形象对公司品牌评价的光环与概括效应机制，构建了区域品牌形象对公司品牌评价的光环效应模型和概括效应扩展模型，并对各变量间的关系提出研究假设。描述了对区域品牌形象光环效应和概括效应扩展模型检验的实验设计、理论模型中各构念的测量工具、地理依赖型与非地理依赖型代表性区域品牌样本的选取，以及数据收集的实验过程。其次，运用相应软件，通过对实验对象背景信息的分析、研究工具的信度和效度分析、区域品牌形象光环效应的独立样本 T 检验、区域品牌形象光环效应和概括效应扩展模型的中介效应分析，分别验证了在消费者不熟悉和熟悉公司品牌的条件下是如何运用区域品牌形象信息评价区域内公司品牌的，以解释区域品牌形象对公司品牌评价的静态作用机制。最后，对研究结果进行了讨论。

第六章为区域品牌形象动态作用机制研究。首先对区域品牌形象对公司品牌评价的动态作用机制：光环—概括动态效应整合扩展模型进行检验。在对区域品牌形象静态作用机制进行检验的基础上，本章进一步回顾国外原产国形象"光环—概括效应动态模型"的提出与发展，以及国内原产国形象"光环—概括效应动态模型"的研究现状。综合上述光环和概括效应两个理论模型的检验结果，将 Papadopoulos 和 Heslop（1993）提出的光环—概括效应整合模型进行修订，引入"地理依赖性程度"及"多品牌信息一致性属性"两个变量，构建区域品牌形象光环—概括整合效应动态作用机制扩展模型，并提出相关研究假设。其次，描述了区域品牌形象动态作用机制模型检验的实验设计、各变量的测量工具、不同类型区域品牌样本选择、数据收集的实验过程。运用相关软件对研究工具进行质量评价，检验向消费者提供区域内同一品牌或其他单体品牌的正向信息刺激、中性信息刺激和负向信息刺激对消费者区域品牌形象评价产生的影响，解释区域品牌形象动态作用机制。最后，对研究结果进行了讨论。

　　第七章为研究结论与区域品牌化战略。本章根据各章的研究结果给出了研究结论，阐释了本书的研究结果对区域品牌研究领域可能产生的贡献。同时指出研究中尚存在的一些不足，对未来研究方向进行了展望。并基于研究结果从地方政府和企业及其协同发展的角度提出了区域品牌塑造的管理建议。

　　全书研究内容的逻辑结构如图 1 - 1 所示。

第四节　研究目的与方法

一　研究目的

　　本书为探索性研究和验证性研究相结合。前者是基于区域品牌及其相关理论的文献研究，通过深访和焦点小组座谈，深层次挖掘消费者对区域品牌形象的感知元素和原始描述，识别和确认区域品牌形象构念的基本结构，开发适用于区域品牌形象测量的定量分析工具；后者是通过实验研究，在分别修订与构建光环和概括效应扩展模型，以及光环—概括动态效应整合扩展模型的基础上，分别检验静态与动态情境下，区域品牌形象对公司品牌评价与购买意愿的作用机制与累积效应。

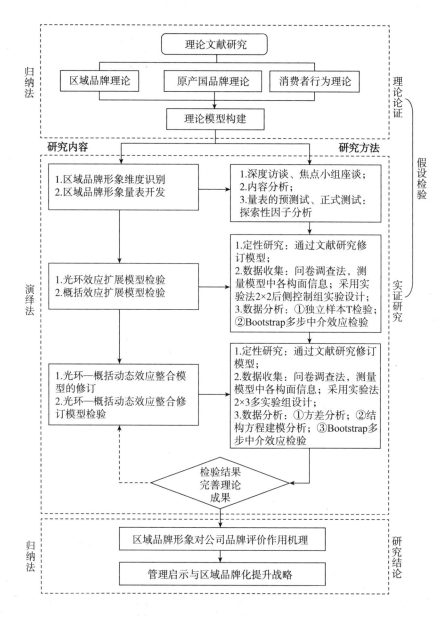

图1-1 本书研究的逻辑结构

二 研究方法

本书采用定性研究与定量研究相结合的方法，具体采用文献研究、焦点小组座谈与深度访谈研究、实验研究和统计调查研究等方法。

（一）文献研究

本书建立在大量的文献研究工作基础之上。本书根据研究的需要，跟踪收集检索了原产地品牌、区域品牌、公司品牌、区域形象、消费者信念和态度等大量的英文文献，在此基础上，选择与本项目研究主题有较密切关系的英文文献进行重点精读，重点系统梳理了国外原产国理论、区域品牌理论研究的最新成果，特别是对文献匮乏、理论架构与研究方法均不成熟的区域品牌理论，经过全面检索、跟踪、整理与归纳，本书全面系统地掌握了国外区域品牌理论研究的演进脉络、主要研究内容与观点及研究的不足，为本书的后续研究奠定了坚实的理论基础。

（二）焦点小组座谈与深度访谈研究

本书运用焦点小组座谈和深度访谈的方法进行区域品牌形象维度的识别研究。通过深度访谈与焦点小组座谈方式搜集原始数据，对长春市、北京市、深圳市三地消费者进行焦点小组座谈和一对一拦截访谈，获取消费者对不同类型区域品牌形象感知的原始描述，引发受访者对于著名产地的联想，并通过发散性思维谈及更多观点，以保证获取信息的完整性与丰富性，为验证与完善根据文献研究构建的区域品牌构念的理论雏形和区域品牌形象的量表开发奠定基础。

（三）实验研究

本书采用实验法检验区域品牌形象对公司品牌评价的静态与动态作用机制。由于公司品牌与区域品牌形象存在着交互作用，运用一般的统计调查研究方法无法消除公司品牌对区域品牌形象测量可能产生的影响，与其他调研方法相比，实验法可以在测量自变量或多个因变量的影响之前对这些变量进行控制，从而有效推断因果关系是否存在。本书在光环效应扩展模型和概括效应扩展模型检验中，采用了后测控制组实验设计；光环—概括动态效应整合扩展模型的检验，采用了多实验组组间设计。并且为了解决实验存在的外部确切性威胁，实验设计中尽可能采用实际存在的区域品牌取代虚拟的区域品牌对被试进行刺激，使实验参与者根据自己的经验或掌握的信息迅速形成相关联想，避免了被试因参与实验而被动地对虚拟信息进行反应，以尽可能真实地在实验室中模拟现实情境。

（四）统计调查研究

1. 内容分析法

本书采用内容分析技术，对定性调查资料进行分析。对获取的消费者对区域品牌形象的原始描述进行编码、提炼，再结合文献分析，确认区域品牌形象的属性维度，给出操作化定义，生成区域品牌形象各维度构成指标与题项，为量表开发奠定基础。

2. 探索性因子分析方法

本书采用探索性因子分析方法，确定量表的最优题项。采用验证性因子分析评价构念的信度与效度。使用标准因子载荷和平均方差提取来检验每个测量构念的聚合效度，使用平均方差提取的平方根和构念间的相关系数来评价区分效度。

3. T 检验与方差分析

本书在用实验控制无关变量的情况下，应用独立样本 T 检验对实验组和控制组样本进行对比分析，从而检验区域品牌形象是否存在光环效应和概括效应，解释不同类型区域品牌形象对消费者公司品牌信念、品牌态度、购买意愿影响的差异。采用单因素方差分析，检验多品牌信息属性对区域品牌形象的修订作用，比较接受不同属性信息的各组被试对区域品牌形象的认知、品牌态度的评价和购买意愿是否存在显著性差异。并运用有交互项的双因素方差分析，检验区域品牌类型在多品牌信息属性对区域品牌形象修订过程中的调节作用。

4. 结构方程建模分析

本书通过结构方程建模，运用 AMOS 软件，对构建的"修订后的区域品牌形象——品牌态度——购买意愿"主效应模型进行检验，分析在向消费者提供区域内其他多品牌信息属性条件下，修订的区域品牌形象对消费者品牌态度和消费者购买意愿的影响效应及作用路径。

5. Bootstrap 多步中介效应检验

本书采用 Bootstrap 方法进行简单中介效应检验和多步中介的检验。以往研究中，中介效应分析普遍参照 Baron 和 Kenny（1986）的因果逐步回归分析法进行中介检验。但是，近年来诸多学者对该方法的合理性和有效性提出质疑。在此基础上，Preacher 和 Hayes（2004）提出用 Bootstrap 方法进行中介效应的检验，得到很多学者的认同。本书通过 Bootstrap 多步中介效应检验，验证区域品牌形象对公司品牌信念、态度和购买意愿的影响路径。

第五节　研究特色与创新

一　研究特色

（一）选题具有原创性和创新性

区域品牌的理论研究在国外仅有二三十年的历史，目前国内外学术界对区域品牌理论作用机理的研究尚属空白且缺少实证研究。本书将国与国之间的产地线索推广到同一国家不同地理区域的产地线索上，将原产国效应模型应用于同一国家不同地理区域的区域品牌形象作用机制的研究，并对原产国效应理论模型进行了扩展，全面检验区域品牌形象的动态作用机制与累积效应，开创了一个新的研究视角与领域，因此，本书研究的科学问题属于原创性问题，具有明显的前瞻性和创新性。

（二）学术性与实务性兼备

本书除了具有较高的学术价值外，还是一个源自现实的科学命题。本书针对我国区域经济发展中出现的产业集群区域名牌产品集聚化成长和区域品牌化的经济现象，迫切需要学术界从理论上做出科学的回答和合乎逻辑的解释，本书是笔者在完成了国家自然基金项目——区域品牌形成机制与效应研究之后，进一步对区域品牌形象的外部效应的作用机制从原产国效应理论模型的角度进行验证和探索性研究，其研究结论和管理建议具有丰富的理论价值和广泛的现实意义，对于国家品牌战略的推进，打造具有全球竞争力的区域品牌，使我国有更多的产业品牌跻身于世界名牌之林具有极其重要的现实意义。

（三）进行跨学科交叉研究

本书综合运用区域品牌、原产地品牌、消费者行为和产业集群等学科理论的最新研究成果，特别是将国际贸易学科的原产国形象效应理论：国与国之间的国别形象对一国消费者产品质量认知的影响推广到同一国家不同地理区域形象对消费产品评价影响的研究上，证实同一国家内也存在原产地效应，运用原产国光环—概括效应模型验证和解释区域品牌形象对消费者产品评价与购买意愿的影响及其作用机制，因此，具有跨学科交叉研究的特点。

（四）研究方法的创新性与规范性

研究方法的创新性首先体现在本书在区域品牌形象研究中采用了定量研究方法，克服了区域品牌领域研究方法以定性研究为主的局限。香港大学 Chung – shing Chan 和 Lawal M. Marafa 2013 年在对 2000 年以来区域品牌化问题研究方法进行系统回顾中指出，区域品牌化研究仍以定性分析为主，缺乏整合研究方法，而且在一些研究中统计应用的解释力相对较低。Gertner（2011）在对 1990—2009 年的"区域营销"和"区域品牌化"文献研究中也指出，这一时期的研究方法主要是采用定性研究、描述性研究，或者基于不同的和独特的案例进行的研究。本书系统地开发了一套用于区域品牌形象测量的量表，从而定量测量区域品牌形象对消费者公司品牌评价的影响，这在区域品牌研究方法上是一个重要创新，体现在运用实验研究方法测量区域品牌形象上。为了最大限度消除公司品牌对区域品牌形象测量的影响，以及两者可能产生的交互作用，本书研究中运用实验法进行假设研究检验。特别是为了能够检验区域品牌形象的累积效应，本书采用实际存在的区域品牌取代虚拟的区域品牌对被试进行刺激，使实验参与者根据自己的经验或掌握的信息迅速形成相关联想，避免了被试因参与实验而被动地对虚拟信息进行反应，尽可能真实地在实验室中模拟现实情境。实验方法在管理问题研究中运用的尚不普遍，在区域品牌领域更为少见，本书在此方面做了有益的探索。

研究方法的规范性体现在本书以核心命题为主线，构念定义清晰、结构体系严谨、理论推导缜密、研究设计合理、数据分析正确，保证了研究结论的客观性和学术成果的严谨性。

二　研究创新

本书从研究内容来看，有以下三个方面的研究创新。

（一）科学界定区域品牌形象概念的基本结构，开发了一套普适性的用于测量区域品牌形象的量表，为区域品牌形象的实证研究提供了工具支持

目前，学术界对于区域品牌（化）及其区域品牌形象的研究无论在理论建构，还是在研究方法上均不成熟，区域品牌形象概念基本结构的识别及其量表开发在区域品牌学术领域是研究的空白点，而这一问题又是区域品牌形象相关问题研究的基础，不能对区域品牌形象概念进行准确的测量，与此相关的研究结果就缺少科学的依据和学术价值。因此，本书主要基于西方原产国（地）形象测量工具，同时参考品牌形象、区域形象并结合区域品牌的理论作为区域品牌形象概念形成的理论依据。通过深访、焦点小组座谈，确认区域品牌形象构成维度及其测量指标。通过三次大样本问卷测试和题项分析、因子分析、信度和效度检验，最终确定了一套包含四个维度十三个题项的区域品牌形象测量量表。本书对区域品牌形象构成维度的理论研究和基于此基础上开发的区域品牌形象的定量测量工具的研究是对区域品牌理论研究领域的贡献与创新。

（二）区域品牌形象对公司品牌评价的静态作用机制的检验

首先，本书将原产国光环与概括效应模型应用于同一国家不同地理区域的区域品牌形象的研究，将区域品牌形象纳入原产国光环效应与概括效应模型（Han，1989），并在原有模型的基础上加入购买意愿这一新的变量，通过实证研究方法，验证了将国与国之间的产地线索推广到同一国家不同地理区域的产地线索上，区域品牌形象作为消费者评价公司品牌的外部线索，仍然存在原产国的光环和概括效应，这一结论丰富和扩展了区域品牌领域现有的研究成果。其次，在 Han（1989）提出的原产国光环效应和概括效应模型中，只有一条影响路径。本书不仅引入了消费者购买意愿作为新的因变量拓展了光环效应和概括效应模型，而且通过实证研究发现，在区域品牌形象光环效应

和概括效应扩展模型中，区域品牌形象对产品购买意愿的影响存在多条显著的影响路径。两个模型的扩展及其检验结果，全面解释了区域品牌形象光环效应和概括效应的作用机制，是区域品牌研究领域新的重要发现。目前，在国内外区域品牌的研究中，对区域品牌效应作用机制的研究还是一个尚待开发的科学问题，本书在国内外本学科领域尚属首例。

（三）区域品牌形象对公司品牌评价的动态作用机制研究

本书在对区域品牌形象的单一效应的光环效应与概括效应分别进行检验的基础上，对 Papadopoulos 和 Heslop（1993）提出的国家形象光环—概括效应组合模型进行了修订，引入"多品牌信息一致性属性"变量，选择具有使用经验的消费者作为被试，采用多组实验设计，运用方差分析和结构方程建模分析，验证了区域内多品牌不同属性信息（积极、消极和中性信息）对消费者区域品牌形象评价及其公司品牌态度与购买意愿具有正向影响作用，且地理依赖型区域品牌的影响作用显著大于非地理依赖型区域品牌。全面动态解释了区域品牌形象对公司品牌评价的动态作用机制，比较单一的静态的光环或概括效应模型更符合现实情境。另外，以往的原产国效应研究中，对 Papadopoulos 和 Heslop（1993）提出的国家形象光环—概括效应组合模型缺少实证检验，本书将该模型运用到区域品牌形象研究领域，并进行修订与完善，采用实验研究方法进行实证检验，这是在区域品牌形象理论与检验方法上的重要尝试与创新。

第二章　理论回顾

区域品牌化是在原产国（地）理论研究的影响和推动下发展起来的，本书将国外原产国效应理论应用于同一国度内不同区域的区域品牌形象效应的研究。本章将对国内外原产国（地）效应理论和区域品牌理论的研究现状与发展动态进行理论回顾及评述，为本书的理论与实证研究提供理论基础。

第一节　国外原产国效应理论回顾

随着全球贸易的增加，企业之间的竞争不仅表现在与本土公司之间的竞争，还体现在与越来越多进军本土市场的跨国公司之间的竞争；从另一个角度看，跨国公司及其知名品牌的大量进入，使消费者在本土市场上的品牌选择有了日益增大的空间。因此，企业和品牌的原产国形象受到更多的重视和关注（Insch and McBride, 2004）。自Schooler（1965）开创性地提出原产国理论之后，经过 50 多年的发展，原产国问题一直是国际市场营销领域讨论最广泛的议题之一（Pharr, 2005）。学者们关于原产国问题的多视角研究正逐渐完善，并不断突破原有的樊篱和界限，屡有崭新的尝试。

本节基于对原产国及其效应相关研究文献长期追踪研究的结果，着眼于 2007 年以来国外学者关于原产国问题研究的进展情况，从国外学术界近期研究工作的主要视角及取得的突破性进展、研究方法（设计）的改进及创新性尝试，以及近期研究工作的局限及未来的挑战等三个方面对原产国问题国外研究概况进行梳理、总结和评述，以期反映近期国外学者关于原产国问题研究的最新成果，为国内原产国理论研究及原产地品牌与区域品牌理论研究提供有价值的参考。

一　原产国效应对消费者购买决策不同阶段影响作用的相关研究

（一）原产国效应对消费者知觉和态度的影响作用

关于原产国效应对消费者知觉和态度方面的影响作用，学者们从两个主要视角展开研究。

第一，原产地信息对于消费者产品质量感知与评价的影响。Koubaa（2008）研究结果指出，消费者获取的产品原产地信息影响其品牌形象感知，虽然这种影响在不同品牌和产品之间存在差异，但是从人类行为选择的基本模式来看，人们往往通过以往的经验和储存的有关产品品牌和原产地的信息来判断其所接触的产品（Huber and Mc-Cann，1982）。Johnson 和 Bruwer（2007）考察加利福尼亚葡萄酒产区地区品牌形象（regional brand image）对消费者质量感知的影响作用时发现：一个酒产区的感知质量提高了消费者对该地区次级区域的预期，产品商标上的区域信息对于预测酒的质量影响最重要，在产品商标中添加区域信息可以增加消费者对产品的信心。与此同时，Jun（2007）基于对韩国在校大学生非处方药消费的实证调查发现，消费者对某个特定的国家品牌持积极态度，原产国及国家品牌态度对消费者质量感知有显著影响，受欢迎的产品组装国/制造国以及产品设计国/开发国正向影响消费者的产品质量感知。WooMi J. P. 等（2013）同样通过调查美国消费者对美国西部地区韩餐馆偏好研究发现，国家形象认知从情感方面影响消费者态度。Jin K. l. 等（2013）在关于跨境品牌联盟问题的研究中指出，跨国合作各国，其国家形象的一致性同样影响消费者的品牌态度。

对此，也有学者提出了不同的观点，Durdana 等（2007）在其研究中指出，年轻的克罗地亚消费者仍然将产品功能质量作为其评价的主导因素，原因在于消费者在评估产品质量时内在线索相对容易评估，故消费者不倾向于更多地依赖外在线索。从外在线索的观点来看，价格在组织市场和消费者市场上比原产国和品牌更重要。

由此可见，学者们立足于不同视角，进一步在新的行业领域通过扩大全球样本的测试范围，实证检验原产地信息在消费者产品接触、质量感知与评估过程中发挥的影响作用。

第二，品牌起源国对于消费者品牌态度的影响作用。品牌起源国作为原产国的重要维度之一，其对消费者形成购买偏好、保持积极的品牌态度具有影响作用。

Yeong（2007）研究发现品牌起源国、产品制造国和产品组装国的差异让消费者感到困惑，在探究影响消费者偏好的重要因素的过程中，通过马来西亚消费者的摩托车品牌感知调查结果证实，相比价格、消费者的可支配收入等影响因素，消费者对品牌起源国的重视程度更高，马来西亚消费者更偏爱外国品牌而非本土品牌，这与发达国家的调查结果恰恰相反。此外，Magnusson（2011）针对近期关于原产国效应的一些反对声音，包括"原产国效应被夸大了"（Samiee等，2005），"甚至与消费者购买评价和购买行为无关"（Samiee，2010）的观点，通过分析544名消费者对4047个单品的评价，驳斥了这一主张，支持品牌起源国感知对品牌态度的影响作用。坚持认为虽然消费者的品牌起源国知识经常出现偏差，但是品牌起源国信息对消费者感知依然起作用，了解消费者品牌起源国感知是跨国企业实施国际市场营销战略的重要举措。

（二）原产国效应对消费者产品评价的影响作用

近期，学术界关于原产国信息对消费者产品评价的影响作用研究广泛采用多线索研究，产品和国家信息一致性、原产国形象与产品形象的匹配度等原产国信息作用的不同形式作为考察影响消费者产品评价的前导因素，并综合考虑消费者熟悉度、消费者参与度及其消费文化等因素的调节作用。

Ahmed（2011）同样指出被评价产品的原产国与普遍持有的关于产品和原产国之间关联感知的一致性会对该产品产生更为正面的评价。该研究调查加拿大消费者对丹麦品牌的感知状况发现，鉴于丹麦在消费者的印象中是一个高度工业化的国家，消费者认为该国生产的复杂产品与其他国家产品相比具有更好的质量，丹麦组装的产品（无论是否有丹麦生产的零部件）比加拿大组装的丹麦产品评价要高，即

"丹麦品牌丹麦造"对消费者购买刺激最大。Dagger（2011）鉴于消费者往往将自己喜欢的产品属性与某一国家联系起来，研究人员以此为出发点验证消费产品类别与国家形象感知的匹配性，特别验证了消费者是否从某一特定国家出发感知所有产品，抑或是这种效应对某一特定产品类别是否有特殊性。研究发现当国家形象与产品形象高度匹配的情况下，原产国信息正向影响消费者做出产品评价；相反，原产国信息则表现出相反的作用。另有研究（Alexander，2008；Srdan Z.，2013）在实证检验原产国形象对消费者产品评估的影响作用时综合考虑消费者熟悉度与参与度指标；更有学者（Hu，2008）考虑特定国家的消费文化特征在原产国效应发挥作用中的影响作用，不断完善原产国效应在产品评估过程中的作用机理。

（三）原产国效应对消费者购买意愿的影响作用

关于原产国对消费者购买意愿影响作用的近期研究依然延续多线索思路，将原产国、销售国、产品相关属性以及消费者的参与程度联系在一起，探究其对消费者购买意愿影响的交互作用。

Khan和Bamber（2008）认为原产国信息是结合其他信息性线索对消费者购买意愿产生影响作用的产品、品牌和原产国信息均影响消费者产品质量评价，并显著影响消费者的购买偏好。一部分学者重点关注原产国相关信息、国家形象、产品属性及消费者特性对购买意愿的影响作用，并采集实证数据进行验证。

原有研究多针对原产地形象和国家形象分别进行讨论，忽略了他们对消费者行为影响的联合作用，Souiden等（2011）调查中国消费者对加拿大高科技产品的感知和评价情况时说明二者在影响消费者购买意愿方面的联合作用，弥补了以往研究的不足。

Diamantopoulos（2011）基于原产国形象和品牌形象的联合调查研究英国消费者对美国品牌和中国品牌的购买意愿，Parkvithee（2012）进一步指出在高品牌资产情况下，消费者购买低感知原产国国家能力国家的产品时，品牌的优良声誉会促动消费者对服饰质量的喜爱和购买倾向。

Gerard P.等（2010）在香港年轻消费群体中调查原产国品牌及

个人产品参与对购买意愿的交互式影响发现：原产国品牌可以干预购买参与水平较低的消费者的购买意愿。Vassella 等（2010）研究跨国企业的品牌名称策略时发现：原产国品牌信息在有民族优越感的消费者产生购买意愿的过程中发挥调节作用，品牌名称中标注原产地信息越具体详尽，消费者的民族优越感对其购买意愿的影响越强烈。Srdan Z.（2013）的研究结果也证实了这一观点。Samiee（2011）则从批判的角度指出消费者购买行为并不取决于原产国信息是否被营销人员提及，而取决于目标消费者对原产国信息是否敏感，只有被消费者感知到的原产国信息对购买行为起作用。这三项研究从不同的角度提出了原产国信息、消费者参与、消费者感知对消费者购买意愿与购买决策的综合作用机制。近期关于原产国作用的研究更趋向于多因素综合性模型的构建及实证检验。

现阶段关于原产国/原产地信息对消费者知觉和购买行为影响的研究多侧重于对消费者行为某个阶段的关注，验证消费者购买行为全过程影响的综合模型相对少见。除有一项研究（Profeta，2008）对前期模型进行了拓展之外，鲜见整体模型的提出、修正或验证。

二　原产国效应影响因素的相关研究

（一）产品、品牌相关因素对原产国效应的影响作用

这一时期，学者们关于产品、品牌相关因素对原产国效应的影响关系研究主要集中在以下两个方面：

一是探讨在多线索或多因素作用下，原产国效应对不同类别产品的影响作用存在差异。Johnson 和 Bruwer（2007）在日本消费者中开展的调查研究发现原产国影响消费者对品牌形象感知，这种影响作用在不同品牌和产品之间存在差异。Hu（2008）针对中国消费者购买葡萄酒过程中原产国信息对其购买评价的影响作用的研究发现，虽然原产国信息是消费者评价葡萄酒的重要变量，但与产品价格的影响作用相比没有显著差别，比品牌重要。Realini C. E. 等（2013）在西欧三国展开的关于消费者对乌拉圭牛肉的接受度调查显示，原产地是影响其作出消费决策的首要因素，其次才是饲养方式和价格。而学者们针对奢侈品市场的研究结论则存在差异，Bruno G.（2012）等指出相比商品品牌，原产地信息对消费者购买决策的影响更为重要；而 Aiel-lo 等（2009）则在其实证研究中详尽指出，产品的设计和品牌在消费者选购特例品和奢侈品的过程中影响最大，原产国影响最小；对便利品的购买，价格是消费者考虑的最重要的因素。

鉴于以上结论的多样性，未来的相关研究工作可以继续在其他国家开展跨文化研究，以期进一步求证；此外，使用其他的研究工具（定性的和定量的）同样很重要，可以实现在更大范围的样本内进一步精细而准确地讨论品牌和原产国之间的相互关系。

二是关注与探讨原产国效应与品牌之间的交互作用关系，Bruno G. 等（2012）同时检验了原产地与品牌的交互作用对消费者购买决策的影响作用，并对二者的重要性作出了权衡和比较，原产国效应（有利的/不利的）大于品牌形象的作用，有利的国家形象能够弥补力量薄弱的品牌，但一个实力雄厚的品牌不会抵消消极感知的国家形象，也就是说即使品牌坚挺，消费者对原产国的不利态度的影响也很难消除；另有学者更进一步提出，品牌在原产国形象与消费者购买意愿中起中介作用。Lee（2011）检验品牌收购后原产国对消费者购买行为的影响时发现整体国家属性和整体产品属性对消费者购买意愿有正向影响。更进一步来讲，整体产品属性在整体国家属性与消费者购买意愿间发挥中介作用。Adamantios 等（2011）研究原产国形象对消费者购买意愿的影响作用时发现，原产国形象间接作用于消费者购买意愿，原因在于其影响作用被品牌形象完全中介。国家形象和产品类别形象（PCATI）通过对品牌形象的影响间接影响消费者购买意愿。品牌形象方差的 60% 通过原产国形象和品牌熟悉度得到解释。Aiello（2009）和 Bruno G. 等（2012）在两项关于奢侈品品牌的原产国效应研究中均发现原产国形象和品牌形象一致性的方向和强度影响消费者的购买意愿。当品牌形象与原产国形象的一致性时，产品的感知质量更受消费者欢迎，消费者更容易产生购买意愿。

（二）消费者因素对原产国效应的影响作用

消费者特征（Aiello，2009；Chattalas 等，2008）、产品熟悉度（Alexander 等，2008）、产品知识（Lin，2006）和消费者参与度

（Lin，2006；Aiello，2009；Sadrudin 等，2011；Gerard P. 等，2010；Chu 等，2010；Alexander 等，2008；Oscar，2011；Wai J. L. 等，2013）是经研究人员确认的来自消费者及消费国方面影响原产国效应的主要因素，更有学者（Bell R. G.，2013）从社会学角度指出消费者的社会阶层也是影响原产国效应的前导因素。Aiello 等（2009）在其研究中也将消费者特征对原产国效应的影响作用确认为原产国研究的三条主要线索之一。

关于产品熟悉度。学者们通过调查产品熟悉度在原产国效应中的调节作用时发现，低熟悉度时，原产国形象的光环效应起作用；若消费者有类似产品的知识，在评估产品时较少运用原产国形象评估。也有学者（Johansson，1989）持不同的观点，认为与产品相关的原产国形象对产品评估的重要性只有在产品熟悉度高时，才体现出来（Phau and Suntornnod，2006）。Alexander 等（2008）通过对澳大利亚 50 万份的消费者数据库抽样调查发现在光环效应起作用的情况下，原产国形象与消费者产品评估之间的关系随其产品熟悉度增加而减弱；总括效应起作用的情况下，原产国形象与消费者产品评估之间的关系随其产品熟悉度增加而增加。也有学者在其研究中证实消费者的产品知识在原产国形象和消费者购买决策之间的调节作用在统计上显著（Lin，2006）。

关于消费者参与度。消费者参与度在原产国效应中的调节作用备受学者们的关注，其研究视角从消费者参与度调节作用的存在性逐渐深入到其作用的方向和强度。Lin（2006）在保险业和餐饮业实证检验了消费者参与在原产国形象影响消费者购买决策的过程中存在调节作用。Gerard P. 等（2010）调查原产国品牌及消费者个人产品参与对购买意愿的交互式影响时发现，消费者参与水平低时，原产国品牌对其购买意愿有显著影响；而当消费者参与水平高时，影响作用则不显著。Alexander 等（2008）验证了消费者评估产品时，其参与程度可能影响原产国形象作用的重要性。高参与度的产品，消费者在评价指定的产品时，常采用直接方式评估产品，即通过必要的认知评估他们可获得的信息，不会只使用价格、设计等线索，而会借鉴包括原产国形象在内的更多信息（Ahmed and D'astous，2004）；而当消费者产品参与度低时常采用间接方式评估产品，即立足更加突出、更容易获得的线索（Petty 等，1983）。消费者在评估他们较少涉及的产品类别时更依赖于原产国形象（Han，1989；Maheswan，1994），原产国形象与产品评估间的关系随参与度的减弱而增强。

（三）多重因素的交互作用对原产国效应的影响作用

Chu 等（2010）指出原产国效应受产品类别、消费者专业知识、熟悉度和消费者经验等多个因素的调节。Narissara P. 和 Mario J. M.（2012）研究发现品牌资产和消费者的购买参与对消费者对服装产品的评价产生不同的影响，他们还共同影响着消费者对项目质量的评价和最终他们购买的可能性。Oscar（2011）开展品牌产地认知率调查，提出原产国认知决定因素整合模型。研究指出，受教育水平、消费者与国外品牌国的融合、用户分类表现、品牌经验、品牌名称与真实品牌产地一致性等诸多因素均对品牌产地认知有正向影响。Profeta（2008）将国家形象、产品属性、认知价值和消费者的购买决策纳入一个整体框架，综合而非孤立地考虑购买决策过程中原产国信息的作用。Sadrudin 等（2011）综合讨论品牌—国家一致性、科技复杂性、COO 的三个维度对产品评估的影响，并将产品—国家熟悉度，产品参与和产品经验作为调节变量纳入讨论的系统中。

除了将产品要素、消费者特征与原产国效应和消费者购买行为纳入同一框架进行分析的相关研究成果，Bhaskaran 和 Sukumaran（2007）进一步指出民族文化、市场状况、产品差异性、品牌的差异性均影响原产地信念。原产国效应受经济、社会文化、政治法律、历史实践、公共关系、传统、行业、技术先进程度、产品的代表性以及地理临近性等诸多因素影响（Nayir and Durmusoglu，2008）。由上文可见，2007—2013 年，国外学术界关于原产国效应的多线索研究成为该领域的主流趋势，多项研究中提出将产品、品牌、消费者、市场以及包括政治、经济、文化等诸多微观和宏观因素在内的多层级线索综合纳入一个分析框架，构建理论模型，实证检验其在消费者行为决策过程中的影响作用。多重线索交互作用探究原产国效应的作用方式更符合国际市场上错综复杂的现实环境，对于企业制定国际营销策略，开展国际营销活动具有现实意义。

三 混合来源国效应的相关研究

近年来，国外学者对不同维度来源国效应的研究取得了更大的进展。大量学者通过实证研究深入分析了品牌来源国、产品制造国、产品设计国、产品装配国等来源国子维度对消费者知觉和购买行为的影响。

消费者对某一个品牌的感知与很多国家有关，诸如组装国、设计国、制造国（Ahmed and Astous，1996；Chao，1993；Insch and McBride，2004）或者品牌起源国（Pharr，2005；Ulgado，2002）。但是研究不同类型的原产国对品牌感知质量的影响非常少见（Chao，1993；Insch and McBride，2004；Pharr，2005）。Jun 和 Choi（2007）基于对韩国大学生非处方药消费行为的调查研究发现，产品设计国和组装国对消费者质量感知和购买意愿有显著影响。Leila 等（2011）在其研究中将原产国识别为两个维度：品牌起源国，品牌制造国；并分别检验品牌起源国和品牌制造国对品牌资产的两个主要维度品牌形象和品牌质量的影响作用。

另外，鉴于消费者对其所购买产品和品牌来源的有限兴趣和知识，学者们对于研究设计中继续使用传统的原产地（Country – of – origin）类型合适与否提出了质疑（Bulik，2007；Hugstad and Durr，1986；Samiee 等，2005；Weisman and Connelly，2007）。Samiee（2011）指出经济全球化的今天，更多的品牌是由多国参与联合生产、零部件组装实现的。现实中难以将某产品归属于某一个国家，相关原产国研究中理论与实践价值之间存在脱节，与原产国相比，品牌起源国却与某国直接相关。Sanyal 和 Datta（2011）在印度医药行业开展的关于原产国形象与通用药品（generic drug）品牌资产的关系研究中发现，品牌起源对品牌形象感知具有显著影响。对印度消费者来说，消费者将品牌与它的起源国联系起来，而并不在意它实际是哪个国家生产的。Johnson 和 Bruwer（2007）考查地区品牌形象（regional brand image）对消费者质量感知的影响作用中指出地区品牌形象（regional brand image）比标签中的产地信息更重要。以上研究结果显示，品牌来源国对消费者品牌形象感知的影响较比其他来源国维度的影响更重要。

四 原产国效应方法论方面的相关研究

近期对原产国问题相关研究，学者们在研究设计、调查手段、样本的选择方面进行了新的尝试及改进。

2007—2013 年原产国问题相关研究中，实证研究还是主流趋势，学者们多采用实验法、结构化和半结构化问卷调查法采集数据，也有多项案例研究、文献研究及联合分析。在研究设计方面，学者们几乎不再采用单一线索设计，而采用多线索设计，综合考察原产国效应及其他因素对消费者行为的交互作用，更贴近实际消费情境；此外，Samiee 等（2010）指出，现有研究中所采取的实验设计方案均人为地在研究中暴露产品和品牌的制造产地，在此基础上考察原产国对消费者行为的刺激作用，这种方案容易造成夸大原产国效应的负面后果，部分学者意识到问题的存在并开始探索解决问题的新思路。所选择的调查对象也不再局限于学生群体，而更侧重于对所在地区本地居民的调查；涉及产业更加多元化，包括零售业、制造业（家电、汽车、摩托车、IT 制造业、服装、食品）以及传统研究频繁涉及的农业、畜牧业和酿造业，更涉及包括保险、金融、餐饮等服务产业；商品品类多样化，包括便利品、选购品、奢侈品等类别。值得一提的是，曾有学者（Samiee 等，2005）对原产国问题研究现实性和可靠性提出质疑，理由之一是很多研究都基于对发达国家，特别是欧洲和美国的调查，在发展中国家的研究相对欠缺，近期的研究工作在这方面取得了很大程度的突破，多项研究在非西方国家展开，如在亚洲的中国、印尼、马来西亚、泰国以及日本、韩国、新加坡、中国香港和中国台湾都有多项原产国研究开展，在非洲的尼日利亚也有学者进行尝试。此外，多项跨文化的比较研究（Gaetano A. 等，2008；Aiello，2009；Bruno G. 等，2012）采用多线索刺激被试，在方法论方面更加完善，研究结果更客观、可靠。

五　原产国理论研究工作的不足、改进与展望

（一）方法论方面的不足与改进

Verlegh 和 Steenkamp（1999）在一项关于原产国问题的荟萃分析中指出，多线索研究结合组间设计的研究方案所测量到的原产国效应比单一线索研究结合组内设计的研究方案测得的原产国效应要小，在多线索研究原产国问题广泛普及的学术界，实验方案设计的合理与否将直接影响到测量结果的可靠性和有效性。Samiee 等学者早在 2005年就曾直陈学术界关于原产国问题在研究设计方面存在的弊病，大多数实证研究机械化地暴露产品和品牌原产国，迫使被试者接受原产国信息刺激，做出产品评价和购买选择，这种研究设计的思路存在夸大原产国作用的可能。另外，原产国策略常作为跨国企业跨国经营战略的一个重要组成部分，因此多文化背景的选择对于验证原产国效应的客观存在性具有现实意义。学者们应在今后的研究工作中进一步完善研究方案，寻求实验方案改进的突破口，从而保证和提高实验质量。

此外，尽管关于原产国相关问题的研究已近 50 年，且仅在过去十年中关注原产国的研究超过 100 项之多（Magnusson 等，2011），但整体来看，原产国相关问题研究仍十分零散，均为针对消费者购买行为中某些环节的局部分析，且大多数为事实性概括，缺少系统完善的理论框架的构建和理论基础的挖掘（Samiee，2011）。2007—2013 年仅有少数几项研究（Bhaskaran and Sukumaran，2007；Bhaskaran and Sukumaran，2007；Profeta，2008）涉及原产国效应综合因素分析及模型的构建，但几乎没有大规模的实证调查对综合模型的运作机理进行检验，这为未来的研究提出了新的挑战。

（二）实践应用的多元化与前景

近年来，部分学者（Miriam M. 等，2013；Jin K. l. 等，2013）将原产国形象与企业国际市场进入战略、企业国际市场进入时机及打造企业竞争优势等内容结合起来进行研究。Lee H. M. 和 Lee C. C.（2011）尝试从营销学视角调查原产国效应在企业海外并购、结盟及合作伙伴的选择活动中发挥的作用，指导企业并购后的品牌重新部署战略的制定；Bell R. G. 等（2012）关注原产国效应在企业海外 IPO

中对 IPO 业绩的战略作用；Bruno G. 等（2012）、Wen S. C. 和 Chun Y. C.（2012）将研究视角立足于产地、原产国标签对商品价格的影响作用，力求建立溢价模型。学者们对原产国问题的应用性研究开始新的尝试，但依然凤毛麟角，大多数研究均围绕证明原产国效应的存在性展开实证调查，而原产国相关问题本身是具有很强的实践指导作用的，因此，未来的研究工作可以从上述提及的消费者层面、组织层面、企业战略联盟层面等多个方面对原产国效应及原产国形象的管理和应用进行更为广泛而深入的探索与尝试。

第二节　国内原产国效应理论回顾

国内自 1996 年陆续涌现出大量关于原产地效应研究的文献。本节对国内近 20 年来有关原产国效应理论的主要学术文献进行系统整理与分析，指出原产国效应研究的主要领域和取得的主要成果、现有研究存在的局限与不足，并进一步指出未来研究发展的方向。

一　原产国效应的存在性

国内对原产国效应存在性的研究最初采用单线索来研究原产国信息对消费者产品评价、态度和购买意愿的影响；同时，也有学者开始采用多线索方法，综合原产国信息、产品属性、消费者涉入度等因素对消费者产品评价的综合影响。

（一）单线索下原产国效应的存在性

国内学者吴坚、符国群（2000）较早探讨了原产地形象对消费者购买行为的影响，着重研究了原产地形象在国际市场营销中的重要性，研究表明，原产地形象对消费者的产品评价具有显著影响。随着研究的深入，学者们进一步探讨"品牌来源国""产品制造国""产品设计国""产品组装国"对消费者产品评价的影响作用。王海忠（2002）认为品牌对消费者品质评价和购买选择的影响力远大于产品制造地或设计地。王海忠和赵平（2004）研究证实了品牌原产地对消费者品牌信念和品牌购买意愿的显著性作用。易牧农、郭季林

（2009）揭示了品牌来源国通过购买者的信息认知线索和偏好与信念影响购买者对品牌的态度，其中，关键因素是购买者对品牌个性认同度的程度，且只有品牌个性认知度、个性独特性和认同度交互影响，购买者方能建立积极的品牌态度。

（二）多线索下原产国效应的存在性

越来越多的学者开始采用多线索思路，将原产国、国家、产品属性以及消费者的参与程度结合在一起，研究其对消费者购买意愿影响的交互作用。

符国群、佟学英（2003）运用联合分析方法探讨了品牌、价格和原产地在消费者购买决策中的相对影响，发现来源国作为质量线索，对中国消费者购买决策具有一定的影响。孙阿妞（2007）借助 LI-SERL（线性结构关系模式）也分析了价格、品牌形象和原产地形象对消费者购买意愿的影响。研究表明，这三个产品外部线索都通过一定的路径影响购买意愿。

王海忠、王晶雪、何云（2007）检验了品牌名、原产国、价格对感知质量和购买意愿的暗示作用。研究发现，品牌名只对感知质量有影响，对购买意愿影响不显著；品牌名和原产国、原产国和价格、品牌名和价格对感知质量与购买意愿无交互作用，但三者对感知质量产生显著交互作用。西化品牌名对感知质量有正面影响，但对购买意愿的影响不显著。

杨杰等（2011）探索了品牌来源国（地区）形象与产品属性对品牌态度及购买意愿的影响。研究发现，品牌来源国（地区）形象与产品属性对品牌态度及购买意愿产生积极影响，且产品属性能调节品牌来源国（地区）形象对品牌态度的影响。杨健（2014）考察品牌来源国对消费者购买意愿的影响以及功能性产品和享乐性产品属性影响力的差异，结果发现，享受性产品更容易受国家品牌效应的影响。

张珣等（2013）从消费者感知视角出发，研究来源国形象、企业形象对消费者感知价值和购买意愿的影响。结果发现：来源国形象可以促进企业形象的改善；来源国形象对消费者感知价值有直接且正向的影响，并且会通过企业形象的中介作用间接影响消费者感知价值；

产品介入度正向调节来源国形象、企业形象与消费者感知价值之间的
关系；消费者感知价值与购买意愿显著正相关。

二 原产国效应影响因素

根据对国内已有研究文献的整理，本书将原产国效应的主要影响
因素概括为五个主要方面，如表 2 - 1 所示：

表 2 - 1　　　　　　　　　　原产国效应的影响因素

原产国效应的影响因素	产品因素	产品类别
		产品属性
	消费者因素	人口统计因素
		消费者的背景知识
		消费者参与程度
	消费国因素	消费者民族中心主义
		经济发展水平
	信息处理模型	亚群化和亚型化
		产品呈现方式
	其他因素	零售商形象
		销售国形象
		品牌代言人

资料来源：笔者根据相关资料整理所得。

（一）产品因素

研究发现，原产国效应会由于产品类别和产品属性而产生差别。
在产品类别方面，一些国家可能会有某一产品类别原产国形象比较
好，而在另外的产品类别上原产国形象较差。例如，日本的电子产品
位置排得高，但是食品的位置很低；法国的时尚商品排名很高，但其
他商品的排名却很低。除此之外，当消费者在购买比较重要的、卷入
程度较高类别的产品时，原产国效应就会有所减弱。

在产品属性方面，消费者既会受到外在属性，如原产国、品牌
名、价格等的影响，也会受到内在属性，如性能、质量、外观等的影
响。周延风、范起凤（2007）将品牌名称作为原产国效应的主要影响

因素，结果发现，品牌名称对原产国效应有显著影响。随着研究的深入，有学者将产品属性信息进行了细化。吴坚、符国群、丁嘉莉（2010）通过把产品属性划分为搜索属性和信任属性，探索品牌来源国在属性评价层面上对消费者的影响。研究发现，品牌来源国主要在信任属性上影响消费者对产品的评价，而对搜索性信息的评价则不会产生影响。

（二）消费者因素

消费者特征、产品熟悉度、产品知识和消费者参与度是公认的影响原产国效应的主要因素。

消费者的个人因素会对原产国效应产生影响，如受教育程度、观念、年龄、性别等人口统计因素。研究发现，中国消费者对外国品牌的偏好会随着受教育程度的增加先增强后递减；高收入的消费者对外国产品更有好感；中国消费者随着年龄的增加，对外国品牌的偏好呈一定的递减趋势。龚艳萍（2008）将产品类别细分为技术类和非技术类产品，研究表明男女性消费者对技术类产品的态度存在显著差异，但是对非技术类产品的态度没有显著差异。

消费者背景知识对来源国效应呈现显著的负向影响（李东等，2015）。从理论上说，来源国作为消费者评价产品的一种外在线索，如果消费者对商品了解得足够多，消费者相关的知识背景和经验足够丰富，对这种利用商品国籍的推测的需求就会减小。宁昌会、薛哲（2009）通过实证研究发现，来源国形象对联合品牌产品评价的影响会因品牌权益和消费者拥有产品知识的不同而有显著差异。

消费者的产品参与程度也会影响原产国效应。高参与度的消费者会花更多精力和时间通过多种渠道收集产品的相关信息，例如品牌、价格、功能等，原产国效应会减弱；反之，当消费者的参与度比较低时，产品的原产国效应相对显著。

伴随着互联网的兴起，消费者可以通过更多的渠道获取产品原产国的相关信息。张耘堂和李东（2015）探讨了在互联网环境中，消费者互动对消费者原产地认知的影响。研究发现，消费者互动是互联网环境下影响消费者原产地认知的重要因素。

（三）消费国因素

1. 消费者民族中心主义

研究者发现，消费者民族中心主义是影响原产地效应的一个社会学的、人类学的、心理学的因素。当经济发展水平相当时，民族中心主义的消费倾向常会显现出来，即国家荣誉、忠诚、爱国主义等心理因素影响消费者对外国货的评价和购买意愿，使消费者表现出对母国产品的偏爱，即便本国产品质量并不一定最好。庄贵军、周南、周连喜（2006）用因子分析和层次回归方法，检验了国货意识和品牌特性对于消费者本土品牌偏好的影响，以及国货意识和消费者本土品牌偏好对于购买本土品牌的影响。结果发现，在其他情况相同时，本土品牌的相对知名度、相对质量和相对性价比越高，消费者越偏爱本土品牌；消费者越偏爱本土品牌，就越倾向于购买本土品牌，但是，国货意识的强弱对于消费者购买本土品牌的直接影响和间接影响均不明显。王海忠（2003）在 Shimp 与 Sharma 构造的消费者民族中心主义概念及其量表（CETSCALE）的基础上，进行了 CETSCALE 的中国本土化研究，得到与国外研究相似的结论，即中国消费者民族中心主义越高，对国外产品的评价和购买意愿越小，对国内产品的评价和购买意愿越大。

袁胜军、宋亮（2013）引入消费者敌意和消费者民族中心主义两个变量，把品牌态度作为协变量，探讨其对日本品牌、国产品牌和第三国品牌的产品购买意愿的影响。研究发现：消费者敌意能够强化消费者民族中心主义；消费者敌意、消费者民族中心主义与日本品牌的产品购买意愿存在负向关系，与国产品牌的产品购买意愿存在正向关系，但对第三国品牌的产品购买意愿没有影响。

此外，也有部分学者研究得出相反的结论。李东进和周荣海（2007）研究发现，无论是对本国产品还是文化相似国产品的评价，组织购买者并未受到消费者民族中心主义的影响。

2. 经济发展水平

大量研究发现，中国消费者一般对来自发达国家的品牌偏好要高于国内品牌，他们将外国品牌与卓越的品质、新颖性、现代性和社会地位的象征联系起来，即使本土品牌与外国品牌在价位、功能属性和实际使用情况都处在一个水平上，中国消费者仍然更喜欢外国品牌。

（四）不同信息处理模型下的原产地效应的差异

随着研究的深入，江红艳、王海忠、陈增祥（2013）提出了影响刻板印象的两种对信息的心理加工模式——亚群化和亚型化，探讨了心理加工模式对品牌原产国刻板印象逆转的影响。结果发现：亚群化的心理加工模式下消费者较易发生品牌原产国刻板印象逆转，而且，渐变论者更倾向于采用亚群化的心理加工模式，较易发生品牌原产国刻板印象逆转；但实体论者更倾向于采用亚型化的心理加工模式，较难发生品牌原产国刻板印象逆转。

汪涛等（2010）以元认知和双系统模式的心理学理论为背景，研究了分析式系统对来源国效应的削弱，检验了产品信息呈现方式对来源国效应的调节作用。研究表明，分析式系统的启动可以有效削弱来源国效应；特定的产品信息呈现方式所引起的消费者信息处理不流畅性感知会导致消费者的元认知困难，从而使他们在产品评价过程中主要依赖分析式系统，达到削弱来源国效应的目的；过于复杂的呈现方式由于给消费者带来过多认知负荷，反而不能成功启动分析系统，从而无法削弱产品来源国形象对消费者产品评价的影响。

（五）其他因素

除了上述因素的影响，原产国效应还受到零售商形象、销售国形象、品牌代言人等因素的影响。左璐、周颖（2013）以外国消费者为被试对象，探讨销售国形象和商店形象的调节作用。结果表明，在销售国形象高和商店形象高两种情况下，来源国形象对产品评价影响较小；在销售国形象低和商店形象低两种情况下，来源国形象对产品评价影响较大。

三　原产国形象维度测量

关于原产国形象的构成维度国内学术界尚未达成共识，主要研究观点有：

吴坚、符国群（2000）阐述了影响原产地形象的四大因素——自然因素、文化因素、经济发展水平、科技管理水平，以及对我国企业制定市场营销策略的启示。李东进等（2010）在综合了 Martin 和 Ero-glu, Parameswaran 和 Pisharodi 研究结果的基础上，将原产地形象衡量指标总结为三个构面：整体国家属性、整体人民属性、整体产品属性，并开发出了相应的衡量指标体系。此外，还在该体系基础上进行修改，提出了地区形象衡量指标，地区形象的衡量分为三个方面：整体地区形象、整体人民形象和整体产品形象。

汪涛、周玲、周南等（2012）运用扎根理论，通过收集和分析美国、印度两国消费者对中国产品评价的评论帖子，构建出来源国形象的形成机理和影响机制模型，该模型揭示：消费者是从绩效形象和制度形象两大维度来认知来源国形象的；消费者会分别基于来源国绩效形象和制度形象形成对产品的实用合理性和社会合理性两种判断，进而决定采取何种态度或行为；来源国制度形象会通过影响消费者对绩效形象的评价从而影响消费者对产品合理性的感知。雷宇等（2015）通过文献回顾，将宏观国家形象分为政治、经济、技术、环境管理、环境状况、国民素质、两国关系 7 个维度，微观国家形象主要参考旅游目的地形象的测量方法，将其分为自然吸引物、文化吸引物、旅游设施和旅游体验 4 个维度。

表 2 - 2 列举了目前国内学术界对来源国形象维度的划分，可以看出，学术界对来源国形象维度的划分还没有达成共识。

表 2 - 2　　　　　　　　　　原产地形象测量维度汇总

研究学者及年份	原产国形象维度
王锡秋、田旭（1997）	产品质量、名牌支撑、对外开放程度、国家干预、区域文化
吴坚、符国群（2000）	自然环境、文化环境、经济发展水平、科技管理水平
李东进、安钟石（2008）	与中国关系评价、国家发展程度、整体产品评价、整体人民评价、交互意向和文化相似性
高杰（2009）	国家形象、国家产品形象
王毅（2010）	经济、政治和技术

续表

研究学者及年份	原产国形象维度
李东进（2010）	整体国家形象、整体人民形象、整体产品形象
汪涛、周玲、周南等（2012）	绩效形象、制度形象
雷宇、张宏梅、徐菲菲等（2015）	政治、经济、技术、环境管理、环境状况、国民素质、两国关系、自然吸引物、文化吸引物、旅游设施和旅游体验

资料来源：根据资料整理所得。

四 原产国效应作用机制

国内学者在借鉴国外研究成果的基础上，对原产国效应作用机制的相关模型进行了进一步深入的研究，主要观点有：

（一）光环效应

田圣炳（2007）从心理学的角度分析了原产地效应的形成机理，认为在国际市场中，当消费者在对来自国外的产品不熟悉或不了解的情况下，原产国线索就作为消费者产品评价的重要线索，这时，原产地形象能够充当一种光环，通过影响消费者对产品属性的信念，进而影响到消费者对品牌的态度。原产地形象光环的表现形式见图2-1。

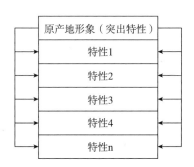

图2-1 原产地形象光环的表现形式

资料来源：田圣炳：《原产地营销》，学林出版社2008年版。

孟祥毅（2010）将国外学者 J. Michael（2006）提出的"特产效应理论"和"光环模型"结合起来，构建了"基于光环效应的特产效应理论模型"（如图 2 - 2 所示），在这一模型中，将品牌来源国形象分解为来源国国家固有印象和特定产品来源国公认形象两个维度，充分体现了产品本身和来源国或产地之间的联系，既改善了 Han 等人在品牌来源国形象概念维度划分上的缺陷，也弥补了 J. Michael 缺乏用理论模型实证"特产效应"的不足。

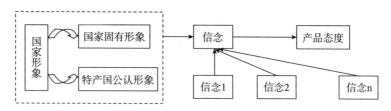

图 2 - 2　基于光环效应的特产效应理论模型

资料来源：孟祥毅：《品牌来源国形象对消费者产品评价影响的实证研究——以合肥市手机市场为例》，硕士学位论文，安徽大学，2010 年。

（二）概括效应

田圣炳（2008）指出随着消费者对特定国家或地区的产品熟悉度的增加，原产国的作用机制表现为概括效应。消费者在遇到大量零散的信息时，会根据一定的标准对信息进行概括与重组，将零散的信息抽象成一个或更多的信息模块，以便于对产品属性或质量进行评价。概括效应的表现形式见图 2 - 3：

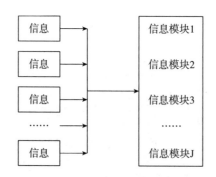

图 2 - 3　原产地形象概括的表现形式

资料来源：田圣炳：《原产地营销》，学林出版社 2008 年版。

孟祥毅（2010）在"特产效应理论"基础上，对"总括模型"进行改进，构建出"基于总括效应的特产效应理论模型"（见图2－4）。

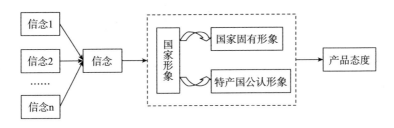

图2－4 基于概括效应的特产效应理论模型

资料来源：孟祥毅：《品牌来源国形象对消费者产品评价影响的实证研究——以合肥市手机市场为例》，硕士学位论文，安徽大学，2010年。

（三）光环—概括效应

田圣炳（2006）在对原产地形象的作用机制进行系统研究的基础上，引入首因效应和品牌效应理论，构建了一个动态的原产地形象作用机制的综合模型（图2－5），对原产地形象影响消费者产品评价过

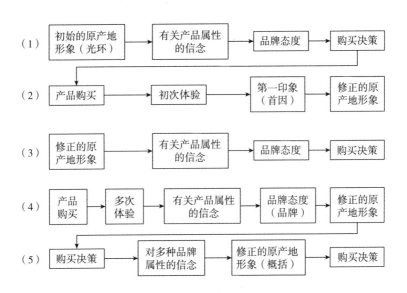

图2－5 原产地形象作用机制的动态综合模型

资料来源：田圣炳：《原产地营销》，学林出版社2008年版。

程进行了动态全面的解释。在这个动态的作用过程中，一开始消费者并不了解产品，这时原产地的光环效应影响产品属性的信念，进而形成品牌态度；消费者在购买产品后获得初次体验，同时形成对产品的第一印象，然后首因效应会修正原产地形象，即产品的初次体验→对产品的第一印象→原产地形象→品牌态度；修正后的原产地形象会影响产品属性的信念，继而形成品牌态度，在多次购买获得多次体验后，消费者就会形成自己基于产品属性的品牌认知，这时候的品牌效应开始修正原产地形象，即：产品的多次体验→熟悉产品或品牌属性→原产地形象→品牌态度；当原产国的先锋企业获得初次成功后，消费者就会在市场上接触到有关原产国的多种品牌，在多次体验多品牌商品后，消费者会总结出相关原产国形象，这一过程表现为原产国的概括效应；之后又会有新的光环效应起作用。

（四）弹性模型

弹性模型认为原产国既会作为直接属性影响消费者，也会间接发出信号影响消费者。徐彪等（2012）通过引入品牌信任变量构建间接影响机制、直接影响机制、综合影响机制（也称弹性模型）3 种理论假说（图 2 - 6、2 - 7、2 - 8），针对 IT 行业收集数据，实证研究品牌来源国对消费者品牌忠诚和感知质量的作用机制。研究结果表明，弹性模型可以更好拟合数据；品牌来源国对顾客忠诚是间接影响机制，品牌信任在其中起了中介作用，品牌来源国对感知质量的影响符合综合影响机制，既有直接影响，也有间接影响。

图 2 - 6　间接影响机制的理论模型

资料来源：徐彪、张骁、张珣：《品牌来源国对顾客忠诚和感知质量的影响机制》，《管理学报》2012 年第 8 期。

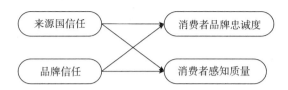

图 2 - 7　直接影响机制的理论模型

　　资料来源：徐彪、张骁、张珣：《品牌来源国对顾客忠诚和感知质量的影响机制》，《管理学报》2012 年第 8 期。

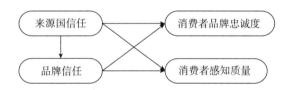

图 2 - 8　基于综合影响机制的理论模型

　　资料来源：徐彪、张骁、张珣：《品牌来源国对顾客忠诚和感知质量的影响机制》，《管理学报》2012 年第 8 期。

五　现有理论研究的局限性及未来研究的方向展望

　　国内对原产国及其效应的理论研究起步较晚，虽然相关研究已有 20 年的历史，但仍然存在明显的局限性和不足。

　　（一）没有建立起系统完整的理论体系或架构

　　虽然原产国理论研究在我国得到快速发展，国内学者也对原产国理论的各个方面有所涉及，但是整体上还比较零散，没有形成系统完善的理论架构。主要表现在：第一，多数研究主要集中于原产国效应对于产品评价和购买意愿的影响，但对于原产国效应产生的理论基础鲜有重视；第二，对原产国效应形成的影响因素和作用机制的研究不够完善，对消费者运用原产国信息评价产品的潜在作用机制，以及哪些因素将强化或抑制原产国效应的影响等问题并未形成一致看法。至于原产国效应的作用机制，目前只有田圣炳等几位学者有所涉及，其他学者还没有深入研究原产国效应的作用机制。

　　（二）缺乏动态性跟踪研究

　　整体而言，国内的原产国效应研究主要是静态研究，而事实上原产国形象具有不断变动的特点，即它会因一国的政治文化、经济发展等因素而发生改变。原产国形象的变化进而会改变原产国效应对消费者产品评价和购买意愿的影响程度。因此，在今后的研究中，应注意结合原产国形象的动态变化来探讨原产国形象与消费者购买行为以及其他因素之间的关联性，尝试分析各种变动因素对原产国形象效应的影响程度。

（三）研究方法上的不足

由于原产国效应是在特殊的调查和实验中被研究的，研究者或者操控了原产国变量，或者让消费者在一定数量的国家中评价产品，这样的方法虽然有助于测量原产国形象和产品质量感知的关系，但是对于更为广义的原产国效应，如消费者由原产国所产生的态度性联想、原产国对消费者具有的象征性含义等问题都没有很好地测量。

国内学者对于原产国理论的研究对象虽涉及电视、电脑、智能手机、牙膏、洗发水、休闲服、运动鞋、手机、瓶装水、啤酒、化妆品、冰箱、手表、相机和汽车等多个行业和产品，但对不同行业和产品类别原产国效应的差异性还缺少规律性的研究结论；样本人群主要是在校大学生、研究生及 MBA，样本群体具有明显的同质性，不能很好代表总体样本的特征；研究涉及的国家主要有美国、德国、瑞士、日本、韩国等发达国家，但对发展中国家原产国效应的相关研究明显欠缺。同时，大多数实证研究缺乏构建虚拟品牌或产品进行研究，由于实际操作中暴露产品和品牌原产国信息，迫使被试者接受原产国信息刺激，容易造成夸大原产国效应的负面后果。

（四）原产国效应的经济价值衡量有待深入研究

原产国效应已经引起政府、企业、行业及学术界的关注，主要是因为原产国效应带来的溢价效应，但是关于原产国形象的经济价值的研究非常缺乏，目前只有田圣炳等几位学者对原产国效应的货币价值进行了衡量，因此未来的研究应该关注原产国效应的货币化问题。

第三节　国外区域品牌理论回顾

将营销和品牌理论运用到区域形象塑造和区域品牌推广成为近年来理论界和实践人士关注的重点。很多区域认识到，为了维护区域的个性和独特的特点，有必要在区域之间实现差异化，从而更好地追求各种经济、政治或社会心理目标（Ashworth & kavaratzis，2010）。因此，为了提高区域的竞争力，不同国家、地区和城市，开始运用营销技巧来打造区域品牌（Kavaratzis，2004），吸引投资者、游客、居民以及事件等等（Gertner，2011）。区域品牌化被认为是采用传统的营销和品牌化方法来创造"区域形象"（Tiwari & Bose，2013），提高一个区域的品牌形象和知名度，从而有助于推动区域内的产品和资源向外扩散和吸引各种资源流入该区域。

本节在孙丽辉等（2009）综述研究基础上，主要对 2009—2015 年间国外主流期刊上区域品牌化的代表性成果进行回顾和分析，以期为国内区域品牌化相关研究提供借鉴和参考。

一　区域品牌化研究历史与概况

（一）区域品牌化研究回顾

Bilkey 和 Nes（1982）第一次针对"区域"研究进行文献回顾和深入分析，从而催生了区域品牌化研究领域。20 世纪 80 年代初期，与"区域"（Place）相关的研究文献已有数十篇。到 20 世纪末，区域品牌化的文章开始发表在主流的品牌刊物上。目前为止，围绕"区域"的相关研究已有 50 多年发展历程，出现了超过 2000 篇学术文献，越来越多的学者在国际营销领域开展"区域"的相关理论研究（Papadopulos et al.，2013）。

研究早期，有关区域品牌化（Place Branding）的学术文章主要发表在 *Journal of Brand Management* 上。2004 年 *Place Branding and Public Diplomacy* 季刊发行，成为第一个专门研究区域品牌化的学术理论刊物。2008 年 *Journal of Place Management and Development* 发行，作为发

表区域品牌化文章的又一理论刊物。近年来，学术刊物发表了大量关于"区域营销"和"区域品牌化"的学术论文（Gertner，2011）。

（二）区域品牌化研究概况

区域品牌化实践始于 19 世纪中期的美国（Hankinson，2010）。在实践中，区域品牌化最早被用于纯粹的促销活动，由一些对促销某个区域感兴趣的独立主体实施，目的是向区域外的人们销售该区域所拥有的物品（Kavaratzis & Ashworth，2008）。

从学术研究角度，一些学者认为，区域品牌化源自区域促销，而且与城市政策紧密相关（Hankinson，2010）。但更多学者认为，区域品牌化源自来源国效应（Kotler et al.，1993；Kotler & Gertner，2002；Tiwari & Bose，2013）和目的地形象（Gallarza et al.，2002）。区域品牌化已成为一个充满活力的研究领域，受到广泛关注和认可（Chan & Marafa，2013）。区域品牌化主题结合了三个元素：文化，它定义了我们是谁；区域，它指出了我们从哪里来；感知，它表明了我们如何理解身边的世界。学者和实践人士都认为这三个元素至关重要（Papadopoulos et al.，2013）。

近年来，几位学者试图从不同角度梳理区域品牌化研究进展。Gertner（2011）系统回顾了 1990—2009 年区域营销和区域品牌化研究文献，指出此类研究涵盖了众多问题，而且许多学科的学者为区域品牌化研究做出了贡献。Chan 和 Marafa（2013）调查了 2000—2011 年发表于三种主流学术期刊上关于区域品牌化研究方法的 111 篇相关文章。在这 111 篇文章中，共选择了 117 个区域作为研究案例，其中 36 篇（32.4%）与城市或区域相关，75 篇（66.7%）与国家相关，仅有 1 篇（0.9%）同时研究了城市、区域和国家。Brorström 和 Andrea（2013）通过元分析法分析了 1998—2010 年关于区域品牌化领域的 292 篇文献。两位学者指出，区域品牌化已经成为跨领域跨学科的研究问题，从最初探讨区域品牌化现象发展到更科学地界定和解释区域品牌化内涵，并将区域品牌化理论运用到实践中。Tiwari 和 Bose（2013）研究指出，大量的区域品牌化研究文献从传统的品牌化战略的观点出发，研究人员试图将传统的品牌化模型用于区域品牌化。但是，这些模型被用于目的地品牌化或旅游目的地，而不是区域品牌化本身。这些综述和回顾性的研究为学术界了解区域品牌化的研究概况奠定了坚实的基础。

二　区域品牌化理论的演进与发展

区域品牌化理论的演进与发展是一个循序渐进的过程。为了系统分析区域品牌化理论的演进脉络，Hankinson（2010）从主流品牌化理论角度出发，基于对原有文献的回顾和针对区域品牌化组织高管人员的深度访谈，将区域品牌化理论的发展划分为三个阶段：领域的起源、领域的深化和领域的拓宽（如图2-9所示）。

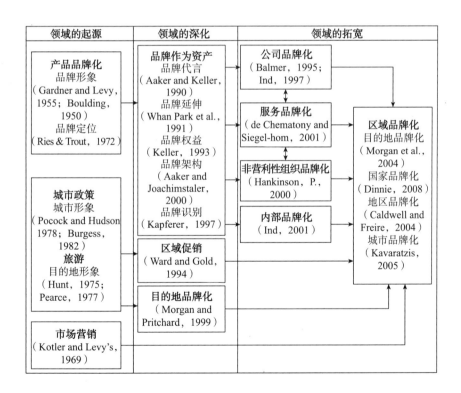

图2-9　区域品牌化主流领域的发展脉络

资料来源：Hankinson，G.，"Place branding theory：Across-domain literature review from a marketing perspective"，In：G. Ashworth and M. Kavaratzis（eds.），*Towards Effective Place Branding Management：Branding European Cities and Regions*，The United Kingdom，Edward Elgar Publishing，2010.

（一）区域品牌化领域的起源

产品品牌化、城市政策和市场营销奠定了区域品牌化理论建立和发展的基础。

20世纪50年代品牌化文章开始出现，将品牌从通过功能利益差异区分不同产品的名称发展到产品的象征形象。1955年Gardner和Levy提出，品牌名称是一种代表着各种想法和属性的复杂符号，它是很长时间建立起来并被人们接受的公共对象。产品的形象比产品的"技术"质量更重要，广告应该关注宣传品牌给人的感觉，而不是将产品优点作为差异化的手段。于是，品牌被看作是产品复杂的象征和与公众沟通联系的媒介，能够让某种产品与竞争产品进行有意义的比较。由此，产品品牌化成为学术界和实践人士关注的重点。随着品牌研究的发展，品牌定位概念被引入（Ries & Trout，1972）。品牌定位试图针对明确的细分市场，通过差异化的品牌联想在消费者心目中占据独特的位置（Ries & Trout，1981）。

城市政策理论核心是从城市发展和对外宣传角度研究"城市形象"（Burgess，1982）。这些文献在20世纪70年代出现，主要是两个领域：从城市政策角度研究"城市形象"（Burgess，1982）和从旅游角度研究"目的地形象"（Hunt，1975）。

市场营销的研究对象和范围的扩大源于20世纪60年代Kotler和Levy's所提出的观点。Kotler和Levy's（1969）指出，应该扩大营销概念的范围，国家促销也应该是市场营销的研究领域。扩大营销的范围为后来把区域作为产品营销提供了基础和启示，衍生出区域营销和城市营销等概念（Kavaratzis & Ashworth，2008）。

（二）区域品牌化领域的深化

品牌资产、区域促销和目的地品牌化等理论加深了人们对于区域品牌化理论的认识，使得区域品牌化理论的建立有了直接的理论来源。

20世纪80年代，几个国家的大品牌公司开始强调品牌的价值并且把品牌看作公司的资产（Doyle，1989），引发了人们对于品牌权益（Keller，1993）和战略品牌管理（Kapferer，1997）的兴趣。使用品牌代言作为产品销售增长的手段和将品牌架构作为一个组织进行品牌组合构建和管理的方法（Aaker & Joachimstaler，2000）具有较大价值。很多公司将原有品牌延伸推出新产品，将消费者对于原有品牌的感知转移到延伸产品上，从而降低了消费者购买风险，节省了新产品推出成本，提高了新产品推广速度（Aaker & Keller，1990）。在许多情况下，品牌延伸有助于增加消费者对于同一总体标签下其他产品的购买（Tauber，1981；Swaminathan，et al.，2001）。因此，成功的品牌成为"品牌伞"，支持着产品在日益多样化市场上的销售。

Kapferer（1997）认为品牌识别（从公司的角度看品牌代表什么）要比品牌形象（从外部角度看品牌是如何被感知的）重要。品牌作为战略资产需要制定长期战略，并将品牌与其他组织资产和竞争力整合到一起。在区域品牌化领域，越来越多文章把品牌看作资产。在城市政策领域，一些文章将品牌识别和品牌定位、品牌形象（Kavaratzis，2005）以及品牌权益（Kavaratzis & Ashworth，2008）联系起来。2000年开始，营销领域关于区域品牌化的文章越来越多。公司品牌化概念就是从区域品牌化角度提出的（Balakrishnan，2009）。国家品牌化方面，Dinnie（2008）讨论了国家品牌识别和国家形象之间的区别。旅游方面，Morgan 和 Pritchard（1999）强调旅游目的地应该创造独特的（身份）识别，从而将他们自身与竞争对手区别开。

（三）区域品牌化领域的拓宽

Hankinson（2010）分析了公司品牌化、服务品牌化、非营利性组织品牌化、内部品牌化理论并推导出区域品牌化理论。人们认识到品牌是潜在战略资产，组织品牌化成为关注重点，导致了公司品牌化的增加，使得营利和非营利性组织开始实施品牌化。在营利性组织中，服务企业更多地促销自身品牌，试图解决产品无形性和可变性问题；非营利性领域，实践人士和学者对品牌化也越来越感兴趣（Napoli，2006）。

1. 公司品牌化

公司品牌化领域的发展对于区域品牌化非常重要（Kavaratzis，2004；Kavaratzis & Ashworth，2005；Hankinson，2007）。首先，两者

都涉及与多个利益相关者的互动（Knox & Bickerton，2003），必须更广泛地使用一种更为多样化的媒体组合进行交流（Hankinson，2001）。其次，公司品牌和区域品牌都扮演着重要的总体角色（Keller，1998；Hankinson，2001）。再次，公司品牌和区域品牌经常同时提供几个消费者细分市场共同关注的焦点（Kotler et al，1999）。

2. 服务品牌化

本质上讲，人们愿意前往或者定居于一个地区往往是因为该地区提供的服务。因此，服务构成了区域产品的核心，区域品牌化所提供的利益也是由服务实现的（Hankinson，2010）。区域产品所代表的利益通过文化景点、购物中心、金融和休闲服务等服务形式提供。这些服务主要在有形环境中提供，而这些有形环境是由建筑物和其他的环境场景特征包括区域内居民、员工和游客等消费者共同构成的。Berg，et al.（1990）在城市营销中采用了服务营销组合概念（Kavaratzis，2004）。

3. 非营利性组织品牌化

积极推进区域品牌化的区域品牌化组织（Place Branding Organisation，简称 PBO），主要是公共服务部门，属于非营利性组织。区域品牌化组织有几个特征：首先，它们必须与众多利益相关者共同工作来募集品牌化活动资金；其次，为品牌化活动提供资金的利益相关者包括私人组织和政府机构；再次，这些利益相关者都没有从所提供的资金中直接获益。目前将区域品牌化与非营利性组织品牌化发展相联系的文章还较少（Hankinson，2001）。Ashworth 和 Voogd（1990）认为，非营利性组织的营销对于区域营销的实践增多和理论发展有重要贡献。

4. 内部品牌化

内部品牌化的核心是员工所扮演的中心角色。员工将品牌识别中的理想品牌价值与外部利益相关者所感知的价值连接起来（Chernatony & Horn，2001）。在整合营销活动流程和传递一致的品牌信息方面，员工的认识和理解非常重要。Hankinson（2009）认为，一种品牌导向的组织文化和内部职能的协调是一个成功目的地品牌化机构的重要特征。

5. 区域品牌化领域

如上所述，区域品牌化领域是逐步发展起来的，大部分历史源自主流品牌化理论的不同分支，已经和主流品牌化领域紧密地联系在一起，并继续与其起源的旅游和城市政策领域紧密相连（Skinner, 2008）。因此，区域品牌化文献在三个领域均有著述。在旅游领域，区域代表着旅游目的地，可以是国家、区域、城市或城镇。在城市政策领域，关注点是城镇和城市的经济发展，不仅基于旅游业，也考虑其他领域，如零售、金融和文化服务。从营销角度，区域品牌化可应用于任何一种情况或者各种类型的位置和活动。对区域品牌化的多样化解释导致出现了目的地品牌化、国家品牌化、地区品牌化和城市品牌化等多种表述。但是，这些领域之间关于品牌化包括什么和如何应用等问题始终没有形成共识（Skinner, 2008）。

三　区域品牌化的内涵

（一）品牌化与区域品牌化

品牌是一个产品或服务相对于竞争对手的独特定位和个性，它是独特的功能属性和象征价值的组合（Hankinson & Cowking, 1993）。品牌体现了一整套与产品相关的物理和社会心理属性和信仰（Simoes & Dibb, 2001）。品牌化是一个深思熟虑的选择和关联这些属性的过程，它试图影响消费者如何解释和发展自己感觉的品牌意义，因为它们都被假设能为产品或服务增加价值（Knox & Bickerton, 2003）。

区域品牌化概念包括了国家、区域或城市等不同的空间范围，很难找到普遍接受的定义。对不同空间进行品牌化时，出现了不同的观点或重点（Caldwell & Freire, 2004）。然而，该领域著名学者 Simon Anholt（2010）指出，区域品牌化主要在探讨通过做一些事情来提高一个区域的品牌形象以及以某种方式让区域出名；而品牌形象涉及在消费者心目中与名称或标示有关的系列信仰和关联。区域品牌化试图将品牌化的意义运用到区域管理的操作中，为了实现区域品牌化，一个国家、区域、城市或附近地区都被看作一个品牌或一个多维构念。区域品牌化包括了功能、情感、关系和战略的元素，共同帮助这个区域在公众心目中产生一系列独特的关联（Kavaratzis & Ashworth，2005）。因此，区域品牌化是一种过程，通过经历一种真实的区域认同和改变区域消费者的心智从而增强区域形象（Anholt，2010）。

学者们针对不同地理范围给出了区域品牌化的多种定义。这些定义中，有的将区域品牌化定义为形象创造和价值产生过程（Mommaas，2002），有的将其定义为基于身份（认同）的声誉的建设和管理（Anholt，2007），有的定义为区域消费者经历与期望的匹配过程（Ashworth & Kavaratzis，2009）。区域品牌化包含一些关键的概念或元素，如区域认同、区域营销者投射的区域形象、区域形象和区域用户或消费者的感知价值、区域内的用户体验、营销和沟通渠道，以及利益相关者的关系等。区域品牌化试图将传统和非传统的营销学科关于品牌化战略的方法结合起来，从而开发和增强一个特定区域或地区针对其潜在顾客的卖点（Tiwari & Bose，2013）。它本质上是将营销运用到一种特殊产品类型——区域上，通过一些努力来培育区域品牌，提高一个区域的品牌形象和知名度，从而有助于推动区域内的产品和资源向外扩散和吸引各种资源流入该区域。

区域品牌化通常由公共和私营部门的利益相关者共同实施，这两者都参与提供区域产品。这个过程可能涵盖了政治目的。这就要求区域品牌化组织（PBO）协调好这个过程，使其不仅达到营销和经济目标，同时实现政治和社会目的（Hankinson，2010）。区域品牌化伞框架由 Chernatony 等（2008）提出，他们的研究表明，区域的声誉可用于营销当地的产品和服务，只需将它们作为捆绑产品即可。这个区域整体形象的源关联被认为是品牌化伞的核心（Tiwari & Bose，2013）。

（二）区域品牌化的多维架构

区域品牌化本身是一种复杂活动，包括了多个维度。区域可以作为产品、形象、公司品牌，也可以作为服务。这些方面的变化共同构成了区域品牌化（Hankinson，2010），如图 2-10 所示。

1. 区域作为产品

城市政策中关于区域促销的早期研究认为，区域作为可营销的商品，可以作为服务体验包提供给顾客消费。区域产品往往是自然形成的，而不是有目的地规划和设计出来的。这种特质对于区域品牌战略产生重要影响，通过品牌更新重塑品牌形象，而不是从头开始建立品牌。区域产品也是多层次的，包括了多种服务及其组合，每种服务也可作为单独的产品被营销。

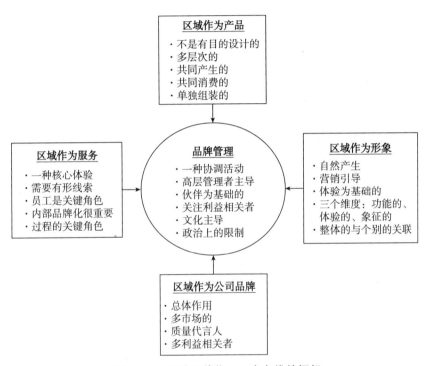

图 2 - 10 区域品牌化：一个多维的框架

资料来源：Hankinson，G.，"Place branding theory：A cross – domain literature review from a marketing perspective"，In：G. Ashworth and M. Kavaratzis（eds.），*Towards Effective Place Branding Management：Branding European Cities and Regions*，The United Kingdom，Edward Elgar Publishing，2010.

2. 区域作为形象

多数情况下，区域品牌化的目标是在区域消费者心目中重新定位一个区域，同时让该区域与其他区域相区别，从而使该区域在相同的市场空间中占据主导地位。要想成功，区域形象的创造必须与该区域的主要服务和基础设施开发的投资相一致，这些服务和基础设施共同形成了区域产品体验。

3. 区域作为公司品牌

区域本身是由区域内提供服务的各种独立组织共同形成的，区域品牌需要扮演一个总体的角色，从而提供一种身份认同。这种认同能够将区域内有关联的各种服务组织联系在一起。区域的形成要有一群有着共同点的伙伴组织。在区域品牌化的过程中，区域品牌化组织（PBO）的角色是确保所有利益相关者品牌传播的一致性，无论是共同的还是个别的品牌传播。

4. 区域作为服务

区域品牌化的大多数工作关注于提供市场资料或者宣传材料等有形线索，例如通过海报或摄影图片给顾客一种该区域的感觉。但是，服务提供了一个区域的核心体验，虽然服务的本质是无形的。在区域品牌化情况下，运输和环境卫生等基础设施服务与消费者的体验是密切相关的。

四 区域品牌化研究的热点问题

区域品牌化问题的研究已经有 20 多年的历史。著名学者 Nicolas Papadopoulos 及其同事归纳了该领域研究的相关热点问题：

（一）站在供应方的角度，将"区域"用在广告中

Papadopoulos 等（2013）指出，虽然有很多相关研究站在区域形象的需求角度，例如，购买者是如何感知区域和区域产品形象的？购买者是如何受区域和区域产品形象影响的？但是，很少有研究站在供应方的角度，比如关心哪些组织在它们的促销活动中多大程度上使用了区域形象？Papadopoulos 等（2011）做了一项研究，详细统计和归类了四本美国杂志和四本加拿大杂志中的 3008 个广告中关于区域线索的细节，发现商业企业、政府部门和非营利性机构事实上广泛使用着区域形象。但是，学术研究领域相关研究并不多见。

（二）区域形象的跨文化差异

从世界范围来看，人们心目中关于一个特定国家和它的产品的区域形象并不一定都是相同的。现有研究往往集中在跨民族、跨文化的比较研究方面，其实无论在营销活动还是我们的日常生活中文化都是

起作用的。文化对于人类行为，特别是购买行为的影响是普遍的。Papadopoulos 等（2000）的一项针对 15 个国家的跨文化研究得出，不同文化下人们对于同一个区域形象的感知是不同的。这项研究与 Elliot（2006）在韩国的一项类似研究结论基本一致。

（三）产品—区域形象的组合

Papadopoulos 等（2013）回顾了三项研究后发现，区域形象的研究内容在世界范围是相似的：那些名气大的国家（如美国、日本、德国）的产品比那些名气不太大的国家（如瑞典、希腊、澳大利亚、加拿大）的产品更为消费者所了解，消费者也有更多的好感。这说明产品与区域形象存在较高一致性。

（四）投资者眼中的产品—区域形象

任何人都需要"选择一个区域"，包括旅游者、投资者、考虑搬迁或移民的工人，以及留学生，都会受区域形象的影响，这一点跟消费者制定产品购买决策是一样的（Papadopoulos，1993）。投资者在做出对外直接投资（FDI）决定时受到国家形象的驱使，投资者认为国家之间存在明显的差异。投资者考虑一个国家投资氛围时会从重要性和满意度两个方面来考虑。对外直接投资决策虽然经常为了满足东道国政府需求和规定等目标，但在选择一个具体投资地点时会在很大程度上考虑当地的生活质量。

（五）文化、亚文化和敌意

许多研究认为，全球化没有使不同国家间的文化趋同，反而加剧了国家间和国家内部的差异，使得种族和区域身份的文化表现更突出。民族身份可能会导致消费者的反应从非常积极到非常消极，这取决于一个品牌的感知民族性和消费者对这种文化的看法。对于不同文化的考虑，让人们更关注"敌意"（animosity）这个构念。"敌意"与"民族中心主义"（ethnocentrism）两个构念相关，但是本质不同：民族中心主义指的是对于自己国家的一种整体看法，认为自己的国家是"一切的中心"，会导致对该国的各种产品形成普遍的偏好（Shimp & Sharma，1987；Saffu & Walker，2005）；但是，"敌意"指的是对一个特定外国直接的负面看法（Klein, et al., 1998）。Papadopoulos 等

（2013）认为，"敌意"构念在未来区域研究中既有大量机会，又面临许多挑战，值得关注。

（六）构建区域形象模型

Papadopoulos 等（2013）认为，现在大量的调查数据让我们可以通过多种方式理解区域形象是如何发挥作用的，可以通过构建模型来研究那些代表购买者心理图式概念间的因果关系。目前，这方面的研究还较少。Elliot 等（2011）开发了一个区域形象模型，如图 2 - 11 所示。

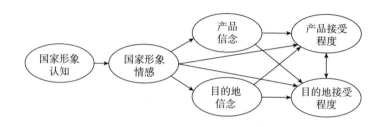

图 2 - 11　产品和旅游区域形象的潜在整合模型

资料来源：Papadopoulos et al. ，2013。

该模型试图探索国家形象的潜在作用，通过衡量国家形象认知和国家形象情感对某一国家作为生产商和旅游目的地的信念和行为（接受程度）的影响。在一项相关研究中，De Nisco 等（2012）使用了游客赴意大利旅游的数据，研究了上述模型的调整模型，试图探讨游客满意度在形成国家态度中的角色。这两项研究将两条研究路径有机地结合起来处理同一个问题——区域形象对行为的影响，极大地丰富了区域形象角色的知识。国家形象情感的认知元素可以通过多种方式影响产品和旅游的信念。"情感"影响接受程度（愿意从一个国家购买或到该国旅游），有时是间接的（通过信念），但更多的时候是直接的。

五　区域品牌化的研究局限及展望

（一）研究局限

1. 研究方法不成熟

Zenker（2011）批评指出，测量区域品牌所采用的方法太有限了，应该将定性和定量的方法有机结合。综合性的方法有可能克服单独定性或定量方法的一般性缺点。同时，现有的定量研究中，对于统计分析没有明确的办法来改善数据的解释力度。

2. 理论建构不成熟

Gertner（2011）在分析 1990—2009 年的 212 篇区域营销和区域品牌化文献后指出，该领域还没有构建出成熟理论，还有很长路要走。研究人员也指出未来区域品牌化研究中必须解决很多关键问题（Tiwari & Bose，2013），如一方面区域概念太宽泛，它包括了不同领域的研究，如社会学、心理学、经济学、政治学、国际关系、地理学、旅游、文化和传播学，等等。因此，需要开发区域品牌化（包括国家品牌化）及其构成的整合理论和框架，同时要考虑不同维度之间的相互作用。另一方面，当前区域品牌化研究太具"国家品牌化"导向了。在现代，区域越来越重要，它们可以代表国家的一部分（如州或省），也可以代表超越国家的领土（像欧盟一样的地理版图）。因此，不能完全以国家品牌化为导向。此外，现有的很多研究都是理论或概念性的，迫切需要定量的分析并建立区域品牌化的量化模型。

3. 区域品牌化面临着协调难题

客观上讲，每个区域都有一个形象，将这种形象有效地对外营销，同时系统整合区域内的相关要素形成一个稳定的"品牌"，有助于区域更好地实现自身的发展目标。但是，很难做好协调工作。一方面，各部门需求存在冲突。各部门强调不同的区域特征：旅游、农产品和资源等部门强调自然的重要；投资、就业、教育、产品制造或服务等部门强调技术的重要。旅游、投资、就业和教育等部门希望由外向内吸引资源和人员；农产品、资源、产品制造或服务等部门希望由内向外推销当地的优势。另一方面，从不同层面的政府角度来看需求也存在差异，比如一个国家可能倾向于向外推销自己的高科技产业来提高出口，但是该国内的一个区域或一个城镇可能更愿意以"田园"风光来吸引游客。

（二）研究展望

1. 建立理论架构并关注具体领域

为促进相关领域发展，"区域营销"和"区域品牌化"都应该开发出相应的理论架构。而且，应着手界定和检验"区域营销"和"区域品牌化"的各种模型和变量关系（Gertner，2011）。未来研究应该更多关注一些具体领域，例如区域形象的评价、品牌资产研究、利益相关者满意度调查和品牌影响的评估（Hankinson，2010a；Lucarelli，2012）。同时，采用混合方法和多种定量方法，而不是以案例研究为主的定性方法，也许是更合适的研究工具。

2. 加强区域品牌管理的协调合作

区域品牌管理是动态的研究领域。正如 Hankinson（2010）所强调的，未来的研究应该包含一些重要的问题，包括：品牌身份（认同）的角色和发展，因为品牌身份是品牌传播的基础；战略品牌概念如品牌架构的潜在移植性；一个区域品牌能否代表多种区域产品，同时不会引起消费者混淆和感知的稀释；需要检验建构起来的品牌化概念的适用性及对于特定区域的适用程度。区域产品的性质和区域品牌化发生的制度框架让区域品牌化有别于其他形式的品牌化。区域品牌化成为一种协调过程而不是一种管理活动。区域品牌化组织（PBO）作为区域品牌开发的领导者，并不能直接控制品牌的开发和品牌体验的提供。区域品牌化组织必须与其他伙伴组织共同合作来寻找一个共同的平台，在这个平台上投资和促销，一起建立和维护一个一致的区域品牌。主要的公司、酒店、旅馆、零售机构、当地政府和基础设施服务等大量的组织需要参与到这个过程中。区域品牌化组织面临的最大问题就是确保关键的组织能够参与到品牌化的活动中来（Hankinson，2009）。

第四节　国内区域品牌理论回顾

一　区域品牌的概念与特性

（一）区域品牌的概念

国内对于区域品牌的研究尚处于起步阶段，研究成果并不成熟。通过对区域品牌文献的梳理，学者对于区域品牌定义的表述大体可以分为以下两大类：

一是从产业集群的角度定义区域品牌。如尤振来（2013）认为区域品牌是以产业集群为载体，大批聚集在同一区域长期进行生产经营而形成的带有区域特色的众多企业品牌的有效综合体，并为产业集群内所有企业共享的品牌。肖阳（2010）认为，区域品牌是具有较高知名度和美誉度的区域产业形象和共同品牌，一般是基于产业集群基础形成，是产业链的聚集与协同效应在市场上的综合体现。

二是从区域拥有的资源、文化、历史等角度定义区域品牌。如苏宝财（2013）认为区域品牌是指某一区域中某一产品或某一类产品的品牌，它不一定只为区域内某一特定企业所拥有和专用，而经常是为一群生产该产品的企业所共同拥有和使用的品牌，且具有地理特征、资源优势和悠久的人文历史、渊源内涵，比如信阳毛尖、西湖龙井、阳澄湖大闸蟹、法国香水等。

（二）区域品牌的性质

区域品牌具有普通品牌的全部属性，同时在每个属性上又具有其自身的特点。综合学者的研究结果，区域品牌应具区域性、产业特性、品牌特性和公共性四个基本属性。

区域性主要是指区域品牌一般限定在一定地区或一个城市的范围内，因而带有极强的地域性色彩；品牌特性在于区域品牌是区域形象或区域产业的形象主体，对于区域知名度的提升和经济发展有重要作用；产业特性是指构成区域品牌的产业基础和产业实力，主要包括特定产业或产品的生产规模、市场覆盖面、技术和质量水平、产业内部分工与合作程度等；除上述所论及的三方面属性外，区域品牌还具有公共品牌的性质，而这一性质是它与一般产品和公司品牌的本质区别所在。

二　区域品牌的培育模式

熊爱华（2008）将区域品牌的形成模式分为：以温州鞋业区域品牌培育模式为代表的地方人文资源型、以"绍兴—中国轻纺城"区域品牌培育模式为代表的市场集散扩张型、以嘉善木业区域品牌培育模式为代表的外资资本带动型、以青岛家电区域品牌培育模式为代表的名牌企业配套型、以"武汉光谷"区域品牌培育模式为代表的技术创新推动型五种模式。肖阳和谢远勇（2010）认为区域品牌的形成过程是市场驱动与政府政策驱动共同作用的结果，基于这两种因素的考虑可以将区域品牌培育模式分为：以中小企业为主体的市场自主发育模式、政府强势引导下的项目拉动培育模式和基于集群优势的产业链整合模式。吴奇凌（2013）总结学界和业界关于产业集群地区区域品牌培育的基本思路后提出两种模式或路径构建区域品牌：一是基于产品品牌或企业为导向的发展模式：优质品牌资源——产业集聚——名牌簇群——区域品牌；二是基于区域品牌为导向的发展模式：区域品牌——产业集群——名牌簇群。从前面的文献回顾来看，尽管学者从不同的角度进行了研究，提出的发展模式也各不相同，但是学者对于区域品牌培育模式的研究在逐渐完善和具体，呈现细化的趋势。

三 区域品牌传播

冷克平和英伟（2006）在《区域营销中的整合营销传播》一文中将区域品牌传播定义为是将区域建设中具有特色、优势和个性化的区域产品及品牌内容加以整合，把区域最好的产品、产业、文化、投资环境、经济发展潜力等"名片"、"亮点"传播出去，使区域内外利益相关者对该区域产生积极感知；在传播手段的整合上，既可使用电视形象广告、户外形象广告、电视节目等大众传播媒介，又可利用政府作为营销主体的优势，设立区域政府门户网站、政策促销、活动招商和举行著名论坛或会议、借助重大事件等营销手段来提升区域的知名度。这是目前国内学者使用较为广泛的一种定义。

通过对国内区域品牌传播文献的梳理发现，国内对于区域品牌传播的研究关注得比较少，主要从区域品牌营销管理框架和传播学的角度进行研究。如张挺等（2005）认为区域品牌的整合传播手段包括广告、事件营销、公共关系和促销四个方面。马向阳、陈琦、郑春东（2010）认为区域品牌的建设一方面要加强自身品牌系统的完善，另一方面要积极促进利益相关者对区域品牌的形象识别，而整合营销传播便是联系两者的重要桥梁。区域品牌的传播就是还要整合各种传播手段，结合区域的品牌战略进行区域品牌形象定位、设计区域品牌形象识别系统，并拟定区域品牌形象广告传播的信息策略，运用各种传播手段进行品牌形象的塑造，以达到利益相关者的认知与满意。董亚丽、白会芳（2007）认为在区域品牌传播的过程中，要始终保持 CIS（形象识别系统）中的 MIS（理念识别系统）、BIS（行为识别系统）和 VIS（视觉识别系统）三方面向社会公众传达一致信息。

四　区域品牌形象

国内关于区域品牌形象的文献非常少见，对于区域品牌形象并没有一个完整的定义。谭俊华、吴爱军（2008）从区域营销理论的角度指出区域品牌形象是人们对区域的总体印象和感知。贺晓龄（2008）从经济学意义上分析了区域品牌形象的概念，认为区域品牌形象是一个经济区域在一定时期内所拥有或控制的、关系该区域生存和发展的整体实力在外部市场的反映，是经济活动能力、科技创新能力、产品竞争能力、品牌影响力、政府行政能力、社会发展能力、资源开发和应用能力、精神凝聚力等力量的综合反映。

关于区域品牌形象的维度构成，谢弦（2008）认为既要满足分析产品或服务品牌形象的准则，还要考虑区域形象多层次的特点。李建军（2010）从分析农产品区域品牌形象的角度提出特色农产品区域品牌形象由农产品的品牌形象、地区形象、顾客形象和公司形象四个维度构成。梁海红（2013）以区域品牌形象构成为切入点，着重研究农产品区域品牌构成影响因子及其权重，认为农产品区域形象构成是基于区域产业形象和产品形象两个维度。

同时还有学者对区域品牌形象的影响因素和区域品牌形象塑造策略方面进行了探讨。宁冉（2013）认为区域品牌形象塑造受自然环境因素、经济因素、人文文化因素、营销因素四个因素的影响。曾建明（2010）从我国区域品牌形象的覆盖面、区域品牌形象竞争的性质、区域品牌形象竞争的结果三个方面分析了我国当前区域品牌形象建设的现状，指出了存在的主要问题是相关的法律法规建设的滞后，并提出了塑造我国区域品牌形象的策略。

五　区域品牌效应

吴传清等（2008）认为区域产业集群品牌的效应主要体现在三个

方面：一是产业集群企业的功能效应，主要表现为降低交易成本、品牌伞效应和产品促销效应；二是产业集群本身的功能效应，主要表现为区域产业集群的升级效应、产业集群根植性的强化效应和产业集群竞争力的提升效应；三是产业集群区域的功能效应，主要表现为区域营销效应、区域要素集聚的促进效应以及区域经济发展的乘数效应。孙丽辉（2009）等从内部效应和外部效应两个层面分别探讨了区域品牌效应。区域品牌的内部效应是指区域品牌形成后会对产业集群本身和集群内企业产生的影响，主要表现在区域品牌的识别效应创造出该区域的集群有别于其他集群的独特形象，提升了企业产品的市场竞争能力；区域品牌的扩散效应能够使区域内产生更多和更大范围的企业集群，对集群内企业规模与结构、企业间的联系都将产生重要影响；区域品牌的聚合效应加剧了集群内部的资源集聚的速度和效果，推进集群内部资源整合，对集群层面的竞争能力有重要的影响。区域品牌的外部效应主要是指区域品牌形象对最终消费者的区域产品认知、态度和购买意愿所产生的影响。周鹏（2014）在探讨集群营销和区域品牌作用机制时对区域品牌的识别效应、区域品牌的聚焦效应、区域品牌的共享效应和区域品牌的磁场效应进行了详细表述。李晓博（2014）指出区域品牌的效应主要表现在对企业产品营销与企业个性化品牌创建两方面产生的积极作用，其作用机制可用原产地效应与品牌伞效应来解释。

此外，也有学者指出区域品牌效应中存在的风险。袁宇、吴传清（2009）将产业集群品牌风险分为非品牌事件风险和品牌事件风险两类，非品牌事件包括"公地悲剧"风险、"柠檬市场"风险和"羊群效应"风险；品牌事件风险包括"品牌株连"风险、"品牌丢失"风险。李晓博（2014）指出区域品牌能带来"品牌株连""搭便车"效应，集群中的骨干企业会面临品牌被稀释的风险以及区域品牌还可能被冒用，或因某种原因消失等潜在风险，法律手段与非正式制度的结合是防范风险的有效方法。

同时，也有学者对区域品牌伞效应进行了探讨。朱辉煌、卢泰宏、吴水龙（2009）提出应根据涉及范畴差异将品牌伞划分为产品品牌伞、企业品牌伞、区域品牌伞、区域产业品牌伞等品牌伞策略类别。曹艳爱（2010）构建了一个农产品区域品牌伞策略中伞品牌的作用机制模型，该模型描述了消费者对农产品区域品牌的态度和好感可以通过品牌独特性、品牌联想以及农产品区域品牌与农产品的契合度三个路径迁移到伞品牌下的农产品或品牌，并影响对伞下农产品或品牌的评价。

六 区域品牌资产及其价值评估

沈鹏熠（2011）将农产品区域品牌资产定义为"消费者因特定农产品区域品牌知识而引起的对农产品区域品牌经营主体各种营销活动的认知、情感、态度和意动反应"。张月莉（2012）基于企业品牌资产理论及农业产业集群区域品牌的属性和特征，认为农业产业集群区域品牌资产是消费者关于农业产业集群区域品牌的知识，是有关品牌的所有营销活动给消费者造成的心理事实。付蕾（2014）认为区域品牌资产的研究可以建立在品牌资产之上，指一个行政区域或地理区域以产业集群为依托的企业声誉、产品质量、服务水平以及基础设施、自然资源、历史文化等多方面信息在市场中形成的品牌印象与联想。

关于区域品牌资产的构成维度，董平、苏欣（2012）发现基于消费者的农产品区域品牌资产由区域联想、品牌知名度、农产品品质、品牌忠诚四个维度构成。邱爱梅（2014）借鉴艾克"五维度"模型，对茶叶区域品牌资产结构维度进行界定，将其划分为品牌知名度、品质认知、产地联想、品种联想、品牌忠诚度五个维度。付蕾（2014）基于品牌力概念模型将品牌资产的结构划分为品牌忠诚度、领导能力、品牌联想或差异化、品牌认知以及市场行为五个维度。

对于区域品牌资产的价值评估的研究目前还比较少。张挺（2006）在其博士论文中进行了较为系统的研究，认为区域品牌存在价值且区域品牌价值的构成具有多维度性，采用本地受益产业的超额现金流量指标来度量区域品牌价值，建立了评估区域品牌价值的数学模型。

七 区域品牌研究方法

（一）定性研究

定性研究方法占较大比例。如赵占恒在《区域品牌培育模式浅析》中就概括性地论述了区域品牌的概念及其培育要素，并总结分析了区域品牌培育的模式。郭克锋在《区域品牌形成与引入的经济学分析》中从经济学的视角看区域品牌的内涵，同时对区域品牌的形成做了经济学分析。这种研究方法是一种较为常见的方法，研究结论具有概括性，为区域品牌的研究提供了理论基础。

（二）单一案例和多案例研究

如洪文生在《产业集群区域品牌建设构想——以"安溪铁观音"为例》中以"安溪铁观音"为例对区域品牌建设的相关问题进行分析、研究。熊爱华在《基于产业集群的区域品牌培植模式比较分析》中以温州鞋业、绍兴轻纺、嘉善木业、青岛家电、武汉光谷等5个产业集群区域品牌发展为例，总结出了地方人文资源型、市场集散推广型、外资资本带动型、名牌企业配套型和技术创新推动型5种典型区域品牌培植模式。

（三）实证研究的方法

这种方法主要包括问卷调查、个案研究、访谈法以及实验法等。如牛永革、赵平在《基于消费者视角的产业集群品牌效应研究》一文中，从集群外向发展和消费者两个视角出发，在北京、山西和辽宁三地随机抽选472个有效样本单位，以假定性命名方式将8个产业集群品牌作为研究对象，通过调查问卷和量表的实证研究方法检验产业集群是否对消费者行为产生影响。沈鹏熠在《农产品区域品牌资产影响因素及其作用机制的实证研究》中基于文献回顾和访谈，构建了农产品区域品牌资产影响因素及其作用机制模型。毕楠、孙丽辉在《基于产品感知质量的集群品牌效应实验研究》一文中从消费者视角出发，研究集群品牌及消费者介入度对产品感知质量的影响，通过理论回顾建立了集群品牌、消费者介入度与产品感知质量关系的理论框架，并运用实验设计方法，检验其因果关系。

八 区域品牌研究的局限性

（一）缺少理论基础与理论依据

目前的研究成果还没有形成一个理论框架，无法为该领域的研究提供较充分的理论指导。大多研究成果停留在对区域品牌产生与发展有关现象的描述，而没有深入其内部，理清其间的逻辑关系，揭示其演进的内在机理。因此，如何借助相关领域的理论研究成果，融合相关和邻近学科的知识，构建区域品牌研究的理论基础是需要解决的重要问题。

（二）缺少实证研究及其定量研究的工具和方法

目前的研究成果大多停留在定性研究阶段，缺乏实证研究数据的有力支撑，研究结论具有一定的局限性。至今国外学术界还没有开发出区域品牌方面的量表。因而，在定性研究的基础上，开发一套用于区域品牌定量研究的测量工具，并基于此加强对区域品牌的定量研究是今后该领域研究的重要方向。

（三）缺少区域品牌化理论的应用研究

区域品牌化理论研究跟不上区域品牌化实践的发展，如何运用区域品牌化理论有效地指导区域发展中区域品牌化战略的制定与实施，以及对区域品牌进行有效的管理，是学术界应进一步加强研究的重要课题。

第三章 区域品牌形象维度识别研究

本章主要基于原产国形象的理论框架，同时结合区域形象和品牌形象理论推导出区域品牌形象构念的基本结构，通过焦点小组座谈和一对一拦截访谈方法获取一手研究资料，运用内容分析法对文本资料进行分析，校验区域品牌形象的构成维度，进一步完善理论分析的研究成果，为区域品牌形象测量量表的开发等后续研究工作奠定基础。

第一节 区域品牌（化）与区域品牌形象内涵的界定

一 区域品牌（化）

区域品牌（化）（place branding）作为区域竞争的一种重要的战略工具，日益成为西方理论界关注的重点，但其英文表述尚未统一。在西方理论文献中出现了 place branding、country/nation branding、city branding、regional branding、destination branding、geo – branding、location branding、cluster branding、urban branding、community branding 等多种术语，其中以"place branding"使用频率为最高。该领域最有影响力的学者（和顾问）之一，*Place Branding* 期刊的主编 Simon Anholt 提出暂用"place branding"来表示"区域品牌（化）"，这一点在国外学术界基本得到认同。区域品牌中的"区域"可以是一个社区、县镇、城市、跨若干个城市的地区、国家、跨若干个国家的区域等。由于不同类型的区域品牌涵盖的地理范围不同，因此，区域品牌应是泛指以地理区域命名涵盖了包括国家品牌（country/nation branding）、城市品牌（city branding）、地区品牌（regional branding）、目的地品牌（destination branding）、地理品牌（geo - branding）、集群品牌（cluster branding）等多种类型公共品牌的统称。

当对不同的地理位置进行品牌化时，则表现出研究者不同的观点或研究重点，因此，很难找到一个被大家普遍接受的区域品牌化的定义（Caldwell & Freire，2004）。较有代表性的观点如 Rainisto（2001）认为"区域品牌是一个地区所拥有的独特的吸引力，其核心问题是构建区域品牌识别"。[1] Kavaratzis（2005）认为"（区域）品牌是功能、情感、关系和战略要素共同作用于公众的头脑中并产生一系列独特联想的多维组合。"[2] Simon Anholt（2010）指出，区域品牌（化）主要是探讨通过一些做法来提高一个区域的品牌形象，（以及）采用一种方式让区域出名；而品牌形象涉及在消费者心目中与名称或标识有关的系列信仰和关联。区域品牌（化）被认为是一种过程，通过经历一种真实的区域认同和改变区域消费者的心智从而增强区域形象。[3]

本书的研究是以一国内某一地理区域为空间范围，且建立在当地著名的特色产业集聚基础之上的区域产业品牌，简称区域品牌。在某一地理产业集群空间体内出现同类产品大量集聚和名牌产品聚集化成长的经济现象，产业区域成为某类产品或产业的象征，进而影响消费者对区域产品的认知和选择。因此，本书将区域品牌（化）界定为：以一定产业及其集群为支撑，在此基础上形成的具有相当规模、较大市场占有率和影响力等优势的产业和产品，并以区域地名和产业名命名组合为共享品牌名称，在消费者心目中具有较高知名度和美誉度，从而形成以区域和产业名称著称的区域公共品牌。可见，区域品牌

① S. Rainisto, *City Branding - Case Studies Lahti and Helsinki*, *Licentiate Thesis*, Helsinki University of Technology, 2001.

② Kavaratzis, M., "Place branding: A review of trends and conceptual models", *The Marketing Review*, Vol. 5, No. 4, 2005, pp. 329 - 342.

③ Simon Anholt, "Definitions of place branding - Working towards a resolution", *Place Branding and Public Diplomacy*, Vol. 6, No. 1, 2010, pp. 1 - 10.

（化）是产业集群和区域形象发展的高级形式，是区域向受众传递形象的载体。区域品牌（化）除了具备一般品牌特征和体现出明显的区域公共性特征外，还具有鲜明的产业特征。

二 区域品牌形象

区域品牌形象（Place Branding Image）本身并不是一个成熟的概念，而是基于区域产业和资源优势所形成的品牌效应能够影响消费者的认知和评价所构造出来的一个构念。由于形成区域品牌形象结构的认知来源及其影响因素十分宽泛和难以清晰界定，加之不同地区、不同产业、不同品类的区域品牌形象具有不同的形象结构。因此，目前尚没有区域品牌形象的明确定义。

但是，也有部分学者从不同的角度提出了自己对于区域品牌形象构念的理解。如贺晓龄（2008）从经济学角度提出，区域品牌形象是一个经济区域在一定时期内所拥有或控制的、关系该区域生存和发展的整体实力在外部市场的反映，是经济活动能力、科技创新能力、产品竞争能力、品牌影响力、政府行政能力、社会发展能力、资源开发和应用能力、精神凝聚力等力量的综合反映。李建军（2010）从农产品角度提出特色农产品区域品牌形象由农产品的品牌形象、地区形象、顾客形象和公司形象四个维度构成。梁海红（2013）认为，农产品区域形象是基于区域产业形象和产品形象两个维度构成。徐燕（2014）以旅游城市品牌形象为切入点，认为旅游城市品牌形象是城市在旅游市场上、在游客心中所展现出的个性特征，它体现游客对城市品牌的评价与认知，同时指出城市品牌形象主要包含品牌识别的有形内容和无形内容。

基于原产国形象、区域形象、品牌形象和区域品牌（化）等相关理论以及部分学者对区域品牌形象内涵的认识，本书认为区域品牌形象的建立基础在于该区域形成了相当规模和在行业内具有竞争优势的特色产业及其具有较高知名度和美誉度的相关名牌企业和名牌产品。该区域由于特色产业和相关名牌企业与产品在消费者心目中建立起较大影响力和较高声誉，进而影响消费者在市场上选购同类产品时的认知与偏好。因此，本书将区域品牌形象界定为：区域内外公众对某一特定地理区域内拥有一定规模与特色的产业、相关企业与产品的总体印象。建立在产品形象、企业形象基础上的产业优势是区域品牌形象形成的基础，区域品牌形象具有明显的产业特性和极强的地域性色彩。

第二节　区域品牌形象维度识别的文献研究

本书通过对大量国内外相关文献的研究发现：区域品牌（化）源自两个研究领域，分别是来源国效应（Kotler et al.，1993；Kotler & Gertner，2002；Tiwari & Bose，2013）和目的地形象（Gallarza et al.，2002）。来源国效应和目的地形象为区域品牌（化）的建立所做出的贡献和在区域品牌（化）后续研究演变中的重要性是相互关联的（Chan & Marafa，2013），来源国效应和目的地形象概念形成了区域品牌（化）的研究基石。区域品牌（化）是在原产国理论研究的影响下推动其发展的（Michael & Skinner，2007）。正在大量涌现的区域品牌"place（or country，nation，etc.）branding"和产品—国家形象（product – country image，简称 PCI）由原来彼此分隔的两个领域最近已逐渐融合为一体，但与新出现的区域品牌不同的是，PCI 的研究已经经历了很长的时间（Nicolas Papadopoulos，2004）。另有学者认为，区域品牌（化）源于品牌化、区域形象和目的地品牌化等相关理论。

随着对原产国形象研究的深入，国内有学者把国与国之间的产地线索推广到同一国家不同地理区域的产地线索上，证实同一国家内存在原产地效应。消费者对来自同一国度不同地区的同类产品的评价受到原产地形象的影响，那么直接以产地名称命名的产品其质量感知更受到该地区形象的影响（牛永革、赵平，2012）。[①]

综上所述，区域品牌理论的演进与原产国效应理论密切相关，同

[①] 牛永革、赵平：《基于消费者视角的产业集群品牌效应研究》，《管理科学》2012 年第 2 期。

时受品牌化、区域形象和目的地品牌化等相关理论的影响，这在一定程度上为区域品牌形象的研究奠定了理论前提与基础。因此，本书将原产国形象效应理论作为区域品牌形象维度识别的主要理论基础，同时结合区域形象和品牌形象等相关理论。

一　原产国（地）形象的维度构成

原产国形象（Country of Origin Image）是指消费者对产自某个国家的产品质量的总体性认知（Bilkey and Nes，1982），是消费者对某个国家持有的固有观念（Nagashima，1970、1977）。原产国形象与该国生产的产品内涵相结合，一同被消费者认知为该国的整体形象（Narayana，1981）。

原产国形象的研究在西方已有 40 多年的历史，但关于原产国形象的测量维度，目前国外学术界尚未达成一致意见。西方学者从不同角度，针对不同国家、不同产品类别提出了原产国形象的构成维度与测评工具，大体上可概括为产品总体形象构面、整体国家形象与整体产品形象构面、消费者认知视角三类。

（一）产品总体形象构面

原产国形象就是消费者对某国生产的产品的整体感知。在学术界较有影响和代表性的研究如 Nagashima（1970，1977）将原产国（地）形象分成价格与价值、服务与工程、广告与声誉、设计与时尚以及消费者印象五个维度；Han 和 Terpstra（1988）认为原产国（地）形象由技术水平、声望、服务、工艺水平、经济适用性、总体质量六个方面构成；Roth 和 Romeo（1992）提出衡量原产国形象的四个构面：创新性、设计力、声望和工艺性；Agarwal 和 Sileri（1996）认为原产国形象包括工业技术、声望、价格三个维度。

（二）整体国家形象与整体产品形象构面

原产国形象受消费者对某个国家持有的固有观念所影响，这种形象由国家特征、政治、经济、文化、历史和传统、技术水平、产品质量等因素所构成。代表性研究如 Bilkey 和 Nes（1982）将原产国形象分为整体国家形象和整体产品形象两个维度；Martin 和 Eroglu（1993）将原产国形象分为政治、经济、技术三个维度；Parameswaran 和 Pisharodi（1994）认为原产国形象包括一般国家属性、一般产品属性和具体产品属性三个方面；Lin 和 Chen（2006）将原产国形象概括为八个维度：经济发展水平、政治民主水平、工业化程度、生活水平、技术先进性、产品质量、拥有产品的自豪感和产品可信度。

（三）消费者认知视角

部分学者另辟蹊径，认为原产国形象是由认知（即消费者对于原产国的整体感知）、情感（即消费者对于原产国具有情感和象征意义，以及对于该国生产的产品的喜爱程度）、规范（原产国对于消费者具有个人和社会规范的意义）、意动（原产国形象体现在消费者的购物行为倾向上）等因素构成。代表性研究如 Verlegh 和 Steenkamp（1999）将原产国形象分为情感、规范、认知三个维度；Laroche 等（2005）提出原产国形象的三个构面：认知、情感和意念；Roth 和 Diamantopoulos（2009）也认为来源国形象由认知、情感和意动三个维度构成。

本书将西方原产国形象构成维度与测项的代表性观点归纳如表 3 - 1。

表 3 - 1　　　　　　　原产国形象测量维度的文献整理与分类

类型	代表性学者	维度	题项指标
产品总体形象	Nagashima（1970，1977）	价格与价值	价格高低、价格合理性、可信度、生活必需品/奢侈品、独家经营、重工业/轻工业
		服务与工程	工艺精湛程度、技术水平、创新性大量生产/手工制作
		广告与声誉	拥有产品的自豪感、广告投入、品牌认可度
		设计与时尚	尺寸和型号、外在设计/内在性能、色彩运用
		消费者印象	年龄、性别、阶级
	Han 和 Terpstra（1988）		技术水平、声望、服务、工艺水平、经济适用性、总体质量

续表

类型	代表性学者	维度	题项指标
产品总体形象	Roth 和 Romeo（1992）	创新性	新技术、工程的先进性
		设计力	外观、时尚度、颜色和多样性
		声望	特殊性、身份地位和品牌声誉
		工艺性	可靠性、耐用性、技能和生产质量
	Martin 和 Eroglu（1993）	政治	政治体制、民主程度、经济体制、政治派别
		经济	生活水平、经济环境稳定度、产品质量、福利制度、劳动力成本
		技术	工业化程度、科研水平、文化水平、大量生产/手工制作
	Agarwal 和 Sileri（1996）	工业技术	生产技能、创新设计、技术细节、稳定结构、质量控制、先进技术、产品性能
		声望	独特性、身份地位、名望
		价格	合理性、性价比和有效评价
整体国家形象与整体产品形象	Bilkey 和 Nes（1982）	整体国家形象；整体产品形象	
	Parameswaran 和 Pisharodi（1994）	一般国家属性	人民形象（友好讨人喜欢的、艺术创新的、有教养的、努力工作、技术教育、实现高标准、生活水平、技术技能）
			互动（相似政治观点、相似经济、相似文化、参与国际事件）
		一般产品属性	价格合理性、奢侈品、工艺水平、创新性、市场占有率、代表性产品、吸引力、耐用性、频繁维修、服务、广告宣传、高科技、各式模型、性价比、声望、容易获得、组装
		具体产品属性	搅拌机（高质量、工艺精湛、外观、备件可获得性、通用性、耐用性、操作简洁、安全性、性价比、操作非常安静）
	Long – Yi Lin 和 Chun – Shuo Chen（2006）	整体国家形象与整体产品形象	经济发展水平、政治民主水平、工业化程度、生活水平、技术先进性、产品质量、拥有产品的自豪感和产品可信度

续表

类型	代表性学者	维度	题项指标
消费者认知视角	Verlegh 和 Steenkamp（1999）	情感	国家情感和象征意义（社会地位、民族自豪感）
		规范	个人和社会规范
		认知	产品质量线索
	Roth 和 Diamantopoulos（2009）	认知	来源国整体感知
		情感	产品喜爱程度
		意动	购物行为倾向

资料来源：作者归纳整理。

　　总体来看，上述原产国形象的构成维度与测量指标都是建立在具体国家或具体产品类别基础上的，不同层面的原产国形象的测量维度、量表及其测量方法并不一致，测量指标之间的差异很大。因此，基于原产国理论构建区域品牌形象构成维度与测量指标时，必须考虑不同产品类别和不同区域品牌类型的差异。

　　二　区域品牌形象维度的构建

　　如前所述，原产国形象测量维度与测量指标可以作为区域品牌形象构建维度的理论基础。同时，考虑到区域品牌形象与原产国品牌形象的不同属性特征，在识别区域品牌形象的维度时，还需要借鉴区域形象、品牌形象和区域品牌的研究成果，以更全面地反映区域品牌形象的本质属性与特点。

　　从原产国形象研究文献来看，原产国形象构成维度的主流观点是将原产国形象划分为国家总体形象和产品形象两个层面，测量维度主要包括政治、经济、技术水平、声望、服务、工艺水平、经济适用性、总体质量等要素；从区域形象研究文献来看，主要将区域形象分为整体地区形象、整体人民形象和整体产品形象三个维度（李东进、周荣海，2007；李东进、武瑞娟，2008），具体包括自然风貌、人文风貌、制度环境、产业形象、科技水平、产品形象等方面（蒋廉雄、朱辉煌、卢泰宏，2006），区域形象中的自然风貌、人文风貌和产业形象是原产国形象构成维度中所未包含的；从品牌形象研究文献来看，Biel（1993）提出品牌形象由公司形象、使用者形象和产品/服务形象构成的观点最有代表性，其他很多学者的研究大多是在此基础上的延伸或拓展。

综合原产国形象、区域形象、品牌形象构念的基本结构，本书初步提出区域品牌形象由区域政治形象、区域经济形象、区域自然地理资源形象、区域历史文化形象、区域产业形象、区域企业形象和区域产品形象7个维度构成。其中，区域政治形象和区域经济形象是根据Martin和Eroglu（1993）的观点，认为这两个维度是原产国形象的重要构成维度。但在区域品牌形象中区域政治形象更多地指区域政策、区域政府效率等，区域经济形象则多指区域经济发展状态与趋势等；历史文化形象和自然地理资源形象是借鉴了区域形象的构成维度，因为区域品牌的形成与当地特定的历史文化和自然地理环境密切相关；产业形象是根据区域品牌的本质特性和区域形象构成维度提出的，区域品牌代表了区域的产业特色和产业形象；企业形象是根据贝尔模型（Biel，1993）提出的，该模型将企业形象作为品牌形象的重要构成因素；产品形象既是对Han和Terpstra（1988）等提出的产品总体形象构成维度的归纳，同时又参考了区域形象和品牌形象的构成维度。消费者对区域品牌最直接的印象来源是对区域内产品和企业的认知，且区域品牌形象的测量也是以具体产品为载体的，因而是区域品牌形象的重要构成维度。综合以上文献研究成果，经项目组反复分析论证，初步形成区域品牌形象构成维度及对应测项如表3-2所示。

表3-2 区域品牌形象的构成维度及测项

构成维度	题项指标
区域政治形象	区域政府效率、区域政策实施、区域法制法规健全程度
区域经济形象	区域经济发展水平、区域经济发展潜力、区域经济效益
区域历史文化形象	区域产业历史、区域文化底蕴、区域文化辐射力
区域自然地理资源形象	区位地理位置、区域产业资源、区域交通情况
区域产业形象	产业地位、产业特色、产业规模、产业生产技术、产业创新水平

构成维度	题项指标
区域企业形象	企业规模、企业市场占有率、企业社会责任感、企业声望
区域产品形象	质量、价格、功能（设计、口感）、技术含量、声望

资料来源：作者归纳整理。

表3-2所示区域品牌形象构成维度及测项，虽然尽可能全面地反映区域品牌的内在属性，同时也考虑了受访者认知的局限，但毕竟是对区域品牌形象构念基本结构的第一次探索性研究，其维度划分是否合理需要通过深访研究进行验证、修订与完善。

第三节　区域品牌形象维度识别的访谈研究

一　研究目的

在通过上述文献研究初步形成区域品牌形象构念基本结构的基础上，进一步通过访谈研究深层次挖掘消费者对区域品牌形象的感知元素和原始描述，并通过内容分析总结出区域品牌形象的构成维度，从而校验、修订与完善区域品牌形象构成维度理论研究的结果。同时，通过对消费者的深度访谈，请他们进一步列出描述区域品牌形象每一构成维度的最适合的指标，以获取更为深入细致的信息，为后续构建区域品牌形象测量的题项库奠定基础。

二　研究方法

本书采用访谈研究，从定性角度检验区域品牌形象维度构建的合理性。访谈研究是研究者通过与研究对象面对面或以电话形式等进行交谈，了解和收集资料的方法。实践证明，访谈研究是一种很好的对理论构思进行初步验证的工具。其优点主要是可以得到问卷法难以得到的深入的数据（李怀祖，2004）。这将有助于检验本书构建的区域品牌形象概念的理论框架，保证研究结果的准确性。

访谈研究根据提问和反应的结构不同可采用不同的类型。本书主要采用半结构化访谈的方法，来获取第一手案例资料。在访谈中，首先请被访者对区域品牌形象的感知元素进行描述，并根据事先拟好的访谈提纲向访谈对象提问，然后将访谈内容按内容分析方法的原则原汁原味整理成若干访谈资料，最后对这些资料进行内容编码（Content Code）与内容分析（Content Analysis），并加以总结提炼，校验与完善区域品牌形象的构成维度。

（一）取样

根据原产国形象构成维度的研究结果发现，不同国家、地区、产业及其品类的原产国形象构成维度及其测量指标具有很大差异。为了能够对不同类型、产业或品类的区域品牌进行准确测量，本书选取不同类型（集群品牌与地理品牌）和不同品类产品（耐用品和便利品）的区域品牌作为研究样本。具体而言，选择"中国乳都"——呼和浩特的牛奶产品、"中国瓷都"——景德镇的瓷器产品、"中国家电之都"——青岛的家电产品和"中国人参之乡"——长白山人参产品作为研究对象。这四类产品所在区域都因盛产该类产品而被政府或行业协会授予国家级的区域品牌名称，在消费者心目中具有较高的知名度和美誉度。其中，呼和浩特"中国乳都"和青岛"家电之都"属于集群品牌，景德镇"中国瓷都"和长白山"人参之乡"属于地理品牌；牛奶和人参产品属于便利品，家电和瓷器产品属于耐用品。

（二）访谈提纲设计

总体而言，访谈提纲包括两个部分：一部分是访谈说明，包括访谈目的和概念解释，让受访对象对于区域品牌形象这样的学术构念有最直观的认识，并迅速进入座谈情境；另一部分是开放性问题，围绕着特定的产品类型，引发大家对于著名产地的联想，进而逐步联想到本书选取的区域品牌上，围绕区域品牌形象的不同维度进行交流，并引导受访对象通过发散性思维谈及更多观点。由于本书选择了四个代表性的区域品牌，这些区域品牌所代表的产品类型有差异，研究人员特意为每一类产品（区域品牌）设计了访谈提纲。节选景德镇瓷器访谈提纲主体问题如下：

（1）景德镇被国家命名为"中国瓷都"，当提到"中国瓷都"这一名称时，您头脑中能联想到哪些方面的信息？

（2）当提到景德镇瓷器产品时，您头脑中能浮现出哪些方面的信息？

（3）景德镇聚集了众多盛产瓷器的企业，您对这些企业的总体印象是什么？

（4）景德镇瓷器产业闻名国内外，提起这一产业，您能想到哪些方面的信息？

（5）景德镇是地处江西省的一个地级市，因为瓷器而出名，请谈谈您对于景德镇这个地方的具体印象？

（三）访谈实施

为了保证获取最直接的一手资料，本次访谈主要采用现场半结构访谈的方式收集资料。访谈主要依据提纲展开，但并不受限于提纲中的问题。在访谈过程中，为保证信息的完整性和丰富性，尽量给受访者充分的自由发挥空间，并根据具体情况，进行适当的追问和提示。访谈分为两个阶段进行，项目组分别以长春市某高校研究生和本科生、长春市某大型商场内特定品类商品的购买者、深圳市普通消费者、北京市普通消费者为访谈对象，进行了焦点小组座谈和一对一的拦截访谈。焦点小组座谈均在 60 分钟至 90 分钟，拦截访问时间在15—20 分钟。访谈采用了录音与书面记录相结合的方式，以便于对访谈材料做访后分析。

（四）访谈资料分析方法

本书采用实证式内容分析法中的定量内容分析技术。内容分析是一种用定量的分析方法来分析定性问题，以文本内容的"量"的变化来推论"质"的变化，可以说是一种定性与定量相结合的研究方法（杨国枢等，2006）。根据研究需要，本书采用定量的语义内容分析方法，以句子为最小分析单元，对访谈获取的目标材料进行分析，最后做出归类。

1. 选择分析单元

分析单元是用来考察和总结同类事物特征，解释其中差异的单元。本书首先对两个阶段访谈资料的原始文本分别进行整理，将具有相对独立完整情景信息的句子或段落作为最小的内容分析单元。第一阶段访谈资料提取了 136 个分析单元，第二阶段访谈资料提取了 233 个分析单元。经过剔除属性不清的分析单元，最终有 363 个分析单元进入正式编码资料。

2. 建立内容分析类别与编码表

在内容分析过程中，关键一环是确立识别和编码内容特征明细规则。结合前期国内外相关理论文献中对于不同维度及指标的解释，并结合研究人员对于各类别内涵的理解，在内容相关、构思域完整、类别之间相关排斥的原则指导下，建立了七个分析类别，并分别对这七个分析类别的内涵与编码要素进行了定义，建立了区域品牌形象构成维度大类编码表，选取其中 3 个维度的编码如表 3 - 3 所示。

表 3 - 3　　　　　　　　　区域品牌形象构成维度大类编码表

维度	定义	编码要素
区域政治形象	一定区域范围内，政府担任对内、对外服务角色时的效率，制定政策的效用和该区域内的法制健全程度。	1. 政府效率：政府人员在处理行政事务时的效率，是否存在干部慵懒散拖奢的问题 2. 区域经济政策：政府制定和实施的旨在协调、促进区域经济发展的各种法令、条例和措施 3. 法制健全程度：区域内各项法律法规的健全程度，如一些地方性的反价格欺诈和反暴利的法规的完善程度等，是否可以保证区域内企业之间公平竞争和消费者权益受到法律保护
区域产业形象	消费者对区域内某一特色产业发展情况的主观感受与综合评价。	1. 产业地位：与国内同类产业相比，该区域产业在国内的市场占有率和影响力 2. 产业特色：区域产业在长期发展过程中所积淀、成型的一种或几种特有的资源、文化、技术、管理、环境、人才等方面的优势 3. 产业规模：是指一类产业的产出规模或经营规模 4. 产业生产技术：区域产业在研发与生产的过程中所运用的技术 5. 产业创新能力：由单个企业首先开展或几个大型企业联合开展的技术创新、产品创新、市场创新或组合创新等，通过扩散成为整个产业的共同创新的能力

续表

维度	定义	编码要素
区域产品形象	消费者对于区域内产品视觉形象、品质形象、社会形象的印象总和。	1. 质量：产品满足消费者明确或隐含需要的特性总和，特性包括耐用性、品质、配套服务等 2. 价格：消费者为产品支付的价钱，消费者心目中产品价格印象（高或低），及消费者在与同类产品对比中对于产品性价比的评价 3. 功能：产品满足用户需求的程度，以及与同类产品相比，带给用户其他的益处 4. 技术含量：消费者感知到的与同类产品相比技术水平高低 5. 声望：指消费者对产品的认可程度 6. 外观与包装：产品外形设计或是包装设计给消费者的总体印象

资料来源：作者归纳整理。

3. 内容编码

根据 Weber（1990）的建议，主要采用单重归类方法，即把每个分析单元归入最合适的内容类别中，即使某个分析单元同时带有其他类别的属性也是如此。参照 D'Aveni 和 Mac Millan 的观点，为了提高编码的信度，应有三位编码者独立进行编码。本书邀请三名企业管理专业硕士研究生作为编码员承担正式编码工作，并进行必要的培训和预编码训练，对整理好的访谈资料中的 363 个分析单元进行各自独立的编码。为控制无关变量的影响，没有告诉编码者研究的真实目的。同时，为简化编码工作，本书设计了标准化的编码表格及统一的编码指导语。

4. 编码信度和效度检验

编码信度检验。根据 Perreault 和 Leigh（1989）、Kolbe 和 Burnett（1991）以及李本乾（2000）等的观点，内容分析的信度一般可以通过计算编码者的一致性程度得出。本书采用编码信度检验公式：$CA = \dfrac{T1 \cap T2 \cap T3}{T1 \cup T2 \cup T3}$，其中 $T1 \cap T2 \cap T3$ 表示三个编码者编码归类相同的个数，$T1 \cup T2 \cup T3$ 表示三个编码者各自编码个数的并集（袁登华，2004）。一般而言，编码者的一致性程度达到 0.8 以上为可接受水平，在 0.90 以上为较好水平（Insch et al. , 1997；Bos & Tarnai, 1999；Ormerod, 2000）。

本书对三位编码员两个阶段深访资料的编码结果进行信度检验。首先，基于访谈对象对于不同维度的感知反馈频率，由于访谈对象很少提及区域政治维度预先设定的编码要素相关内容，分析单元数量过少，因此，剔除了区域政治维度。其次，将区域产业形象中的产业历史和产业文化等内容调整到区域历史文化环境维度中。再次，根据被访者对区域自然地理资源和区域历史文化两个维度的感知内容，将这两个维度的名称重新命名为区域自然形象和区域人文形象。由此得出结果如表 3 - 4。

表 3 - 4　　　　　　　区域品牌形象维度构成访谈资料信度分析

内容类别	编码员 A	编码员 B	编码员 C	信度结果（CA）
区域经济形象	22	20	22	0.83（20/24）
区域自然形象	59	61	60	0.90（56/62）
区域人文形象	41	40	41	0.98（40/41）
区域产业形象	34	31	33	0.83（29/35）
区域企业形象	50	49	51	0.82（45/55）
区域产品形象	157	162	156	0.88（147/167）
分析单元合计	363	363	363	—

编码效度检验。对内容分析技术的效度检验而言，最常用的检验方法是检查其内容效度（Kolbe and Burnett, 1991）。本书中，对内容分析的效度检验采用"内容效度比"（Content Validity Ratio, CVR）来评定，其计算公式为：$CVR = \dfrac{ne - N/2}{N/2}$，以上公式中 ne 为评判中认为某项目很好地表示了测量内容范畴的编码者人数；N 为编码者的总人数。该公式表明当认为项目内容适当的评判者人数不到一半时，CVR 为负数。如果所有人认为内容不当时，CVR = - 1.0；当认为项

目合适和不合适人数相等时，CRV 值为零；而当所有评判者都认为项目内容很好时，CVR = 1.0（王重鸣，1998）。

本书分别计算了 3 个编码者对 363 个分析单元的 CVR，结果显示 363 个分析单元的 CVR = 1.0。由此可见，本书的编码结果有非常好的内容效度。

第四节　研究结果

本书主要以原产国形象测量维度作为区域品牌形象构建维度的理论基础，同时考虑到区域品牌形象与原产国品牌形象的差异，为了更全面地反映区域品牌形象的本质属性与特点，同时借鉴了区域形象、品牌形象和区域品牌的研究成果，识别出区域品牌形象包括区域政治形象、区域经济形象、区域自然地理资源形象、区域历史文化形象、区域人民形象、区域产业形象、区域企业形象和区域产品形象八个维度，构建了初步的区域品牌形象构念的基本结构。通过对长春市、北京市、深圳市三地消费者进行焦点小组座谈和一对一拦截访谈，运用内容分析方法对访谈资料进行定性与定量分析，进一步修正与完善了区域品牌形象理论研究结果，最终获得的区域品牌形象由区域经济形象、区域自然形象、区域人文形象、区域产业形象、区域企业形象和区域产品形象六个维度构成，经检验具有较好的信度与内容效度。

本书通过大量系统的文献研究和深访研究，识别出区域品牌形象构念的基本结构，为下一步区域品牌形象的量表开发奠定了基础，同时对于区域品牌形象基本理论的深入研究，特别是实证研究工作的推进具有重要的学术价值与意义。

第四章　区域品牌形象量表开发

　　科学提炼区域品牌形象的构成维度和开发高质量测评量表，是进行相关实证研究的前提与基础。本章在区域品牌形象维度构建的基础上，通过规范的量表开发程序和大样本数据收集与分析，尝试系统地开发一套区域品牌形象测量量表，以期为区域品牌形象基本理论的深入研究，特别是实证研究工作的推进提供一套可靠的测量工具。

第一节　区域品牌形象量表题项开发

　　本章主要通过文献扫描、小组讨论和专家审核这三个步骤来获取问项，并对问项进行修改和补充。

一　文献扫描

　　本书通过对近年来的文献进行全面扫描，其中包括品牌形象、区域品牌、区域形象、原产国形象等的中英文文献，希望能找到尽可能多的符合访谈研究所构建维度的合适题项指标。经过努力，共挑选出87个题项指标。但是，由于区域品牌形象本身可借鉴的文献较少，所以个别题项指标的合理性需要更多的实践加以验证。

二　小组讨论

　　本书邀请1位市场营销学教授，3位市场营销学副教授和6位市场营销方向的研究生，一共10人组成了量表开发团队，就区域品牌形象量表最初的87个题项指标进行小组讨论。通过小组的反复讨论，题项指标精简到54个，但仍感觉题项之间有交叉重叠，仍待进一步精简。

三　专家审核

笔者将精简后的问项提交给国内本领域 3 位知名学者进行校验，经过他们的调整、删减和补充后，得到区域品牌形象量表的初稿，即包括 6 个维度 49 个题项的量表，如表 4 - 1 所示。

表 4 - 1　　　　　　　区域品牌形象量表初始题项库

维度	编号	题项
区域经济形象	A1	经济发达
	A2	经济发展富有活力
	A3	对外开放程度高
	A4	居民生活水平高
	A5	经济发展势头好
	A6	基础设施建设完善
	A7	资源禀赋丰裕
区域自然形象	B1	自然资源丰富
	B2	自然资源适合该区域产业发展
	B3	自然资源优质
	B4	生态环境好
	B5	自然地理位置优越
	B6	交通便利
	B7	产业发展基地
区域人文形象	C1	热情友好
	C2	勤劳刻苦
	C3	诚实守信
	C4	人文素养高
区域产业形象	D1	发展历史悠久
	D2	历史积淀厚重
	D3	工艺传承久远
	D4	文化底蕴深厚
	D5	文化影响力强
	D6	风俗独具特色
	D7	产业资源独特

续表

维度	编号	题项
区域产业形象	D8	生产技术先进
	D9	工艺流程独特
	D10	产销规模大
	D11	在国内处于领导地位
	D12	有数量众多的相关企业
	D13	是当地的支柱产业
	D14	在国内名气大
	D15	在国内口碑好
区域企业形象	E1	实力雄厚
	E2	技术先进
	E3	创新性强
	E4	知名度高
	E5	值得信赖
	E6	关心环境
	E7	帮助社区
	E8	热心慈善
	E9	支持公益事业
区域产品形象（以陈醋为例）	F1	质地优良
	F2	口感醇厚
	F3	食用安全
	F4	营养丰富
	F5	用途广泛
	F6	规格齐全
	F7	价格合理

第二节　区域品牌形象量表预测试与数据分析

一　预测试方案设计

预测试选择了六个具有较高知名度的区域品牌产业，分别是呼和浩特乳业、山西陈醋产业、温州皮鞋产业、晋江运动鞋产业、景德镇瓷器产业以及涪陵榨菜产业。其中，由于六个产业分别代表六种不同类型的产品，为了在区域品牌形象量表中更为准确地测量区域产品形象维度，研究人员分别针对每一种产品专门设计了七个题项表述产品属性，具体如表4-2所示。最终，依据不同产业共设计了六套调查问卷（仅区域产品形象维度题项表述有差异）。

表4-2 产品形象维度题项汇总对应

呼和浩特乳业	山西陈醋产业	涪陵榨菜产业	温州皮鞋产业	晋江运动鞋产业	景德镇瓷器产业
奶源优质	质地优良	原料优质	材质优良	材质优良	瓷质精良
口感美味	口感醇厚	口感嫩脆	舒适度高	舒适度高	釉色均匀纯正
食用安全	食用安全	食用安全	耐用性好	耐用性好	安全性高
营养丰富	营养丰富	营养丰富	做工精细	色彩时尚	纹饰生动
品种多样	用途广泛	品种齐全	样式齐全	功能多样	品种多样
规格齐全	规格齐全	食用方便	款式新颖	款式新颖	款式新颖
价格合理	价格合理	价格合理	价格合理	价格合理	价格合理

预测试采用网络调查方式，委托问卷星进行付费在线调查。由于设计了六套调查问卷，所以每套问卷调查对象筛选为熟悉上述某一产业及对产地有些了解的普通消费者。量表使用5点李克特量表，1代表"非常不同意"，5代表"非常同意"。共发放问卷630份，回收有效问卷517份，回收有效率为82.1%。对517个样本进行正态分布检验（做偏度和峰度分析），发现区域产品形象维度题项以及区域企业形象维度中"知名度高"和"支持公益事业"题项存在极端值，运用箱图进行极端值的处理后样本剩余497个。

二 项目分析

项目分析的目的在于检验编制的量表或测验个别题项的适合程度或可靠程度。预测试问卷施测完成后，要进行预试问卷项目分析，以及随后的效度检验和信度检验，以作为编制正式问卷的依据。本书分别依据项目与总分的相关系数和同质性检验方法中的信度检验进行项目分析。利用 497 个样本数据对所开发各分量表的内部一致性进行评价，结果显示各维度 α 系数大多数大于 0.7，说明量表项目之间内部一致性较好，但"资源禀赋丰裕"、"交通便利"以及"勤劳刻苦"这三个题项删除后 α 值增加，因此考虑删除这三个题项。

三 探索性因子分析

由于本书是区域品牌形象的量表开发研究，因此需要进行探索性因子分析。首先，利用 SPSS21.0 软件进行 KMO 和 Bartlett 检验。结果显示 KMO 值为 0.923，显著性为 0.000，表明变量间存在明显的相关，而且 KMO 的值大于 0.7，说明量表适合进行因子分析。在进行探索性因子分析时，采用主成分分析法对题项进行删减。分析过程中删除题项的标准为：题项的共同性小于 0.4；因子负荷小于 0.4；单个题项同时在两个以上因子上的载荷大于 0.4；单个因子包含题项少于 3 个；在一个共同因子中，删除非归属于原构面中因子负荷量最大的题项。

基于上述删除题项标准，先后进行了五次探索性因子分析才得到较为理想的结果。第一次分析，删除"营养丰富"、"品种齐全"、"勤劳刻苦"、"价格合理"、"工艺流程独特"以及"技术先进"六个题项；第二次分析，删除"热情友好"题项；第三次分析，删除"企业创新性强"和"产品食用方便"两个题项；第四次分析，通过旋转成分矩阵，删除"地理位置优越"题项；第五次分析，删除"产业在国内处于领导地位"题项。五次探索性因子分析，共计删除 19 个题项，剩余 30 个题项。量表的维度结构也由原来的六个维度变成了五个维度，其中区域产品形象维度部分题项被剔除，部分题项合并到产业形象和企业形象维度中。

四 量表题项斟酌与信度检验

针对探索性因子分析由于题项"产业在国内名气大"和"企业知名度高"语义接近，因此本书考虑保留一项，又因为产业因素是影响区域品牌的关键因素，因此决定删除题项"企业知名度高"。因为原先人文形象维度通过因子分析被归入企业形象维度中，因此本书对人文形象题项进行语句调整，将"人民诚实守信"这一题项改为"诚实守信"；将"人民人文素养高"改为"员工文化素养高"。最后形成的正式测试量表,包括五个维度和29个测评题项。

利用 Cronbach's α 信度检验方法针对预测试后的区域品牌形象量表分别进行总体及其各层面的信度分析。区域品牌形象量表总体的 Cronbach's α 值达到了0.943,非常理想;量表各维度的 Cronbach's α 值也都在0.7以上,处于较好的水平。这表明区域品牌形象量表的内部一致性信度较好。

第三节 区域品牌形象量表第二次测试与数据分析

一 第二次测试方案设计

以预调查分析结果作为量表设计基础,二次测试依然以内蒙古乳业、山西陈醋产业、温州皮鞋产业、晋江运动鞋产业、景德镇瓷器产业以及涪陵榨菜产业为区域品牌调查对象。选择北京、上海、深圳、成都四个城市为调查对象,每个产业在每个城市拟选择20—30个有效调查样本。测试依然采用网络调查方式,委托问卷星进行付费在线调查。由于设计了六套调查,每套问卷调查对象筛选为熟悉上述某一产业及对产地有些了解的普通消费者。合并六个产业后,共收集575个有效样本,进行正态分布检验,删除34个样本,剩余541个样本。

二 项目分析

分别依据项目与总分的相关系数和同质性检验方法中的信度检验进行项目分析。按照预测试五个维度分别计算α值,分维度和量表总体α值都符合要求,但是有两个题项删除后的α值比维度α值高。考虑到量表总体α值大于0.9,暂时保留这两个题项。

三 探索性因子分析

首先,利用 SPSS21.0 软件进行 KMO 和 Bartlett 检验。结果显示 KMO 值为0.938,显著性为0.000,表明变量间存在明显的相关,而且 KMO 的值大于0.7,说明量表适合进行因子分析。

经过两轮探索性因子分析后,共析出四个因子包含29个题项:

区域产业形象，13 个题项；区域企业形象，6 个题项；区域经济形象，6 个题项；区域自然形象，4 个题项。与预测试保留的五个维度有了较大的变化，题项也减少了一个。

对产业形象维度的题项进行独立样本 T 检验，发现"文化底蕴深厚"和"文化影响力强"两个题项之间差异不显著，将这两个题项进行合并保留"区域文化底蕴深厚"并做探索性因子分析，共析出四个因子包含 28 个题项：区域产业形象，12 个题项；区域企业形象，6 个题项；区域经济形象，6 个题项；区域自然形象，4 个题项。

四　验证性因子分析

从 541 个有效样本中随机选择 300 个样本数据对探索性因子分析后的区域品牌形象量表进行验证性因子分析。首先，模型拟合优度结果不是非常理想。RMR 值为 0.054，略大于 0.05；RMSEA 值为 0.067，大于 0.05 但是小于 0.08；GFI 值、AGFI 值、NFI 值、RFI 值、IFI 值、CFI 值等重要的拟合指数都在 0.8 到 0.9 之间，没有超过 0.9 的。其次，标准化回归系数结果也不是很理想。28 个题项的标准化回归系数介于 0.379 到 0.812 之间，大部分数值在 0.6 到 0.7 之间，导致各因子的 AVE 值不太理想。

第四节　区域品牌形象量表第三次测试与数据分析

从预测试到第二次测试，区域品牌形象量表维度在减少，题项数量也大为减少。但是，量表的一些统计学指标并不令人满意。研究人员对第二次测试后的量表又进行了仔细斟酌，同时邀请了两位品牌研究和量表开发方面的专家帮助审核，发现存在部分题项因子归类不合理，部分题项内容过于空泛，部分因子题项过多等问题。因此，研究人员对量表进行了修正和精简，同时认为有必要进行第三次测试。

一　第三次测试方案设计

以前两次测试为基础，第三次测试依然以内蒙古乳业、山西陈醋产业、温州皮鞋产业、晋江运动鞋产业、景德镇瓷器产业以及涪陵榨菜产业为区域品牌调查对象。选择北京、天津、南京、重庆、广州、沈阳六个城市为调查对象。测试依然采用网络调查方式，委托问卷星进行付费在线调查。由于设计了六套调查，每套问卷调查对象筛选为熟悉上述某一产业及对产地有些了解的普通消费者。合并六个产业后，共收集 379 个有效样本，进行正态分布检验，删除 11 个样本，剩余 368 个样本，样本有效率为 94%。

二　项目分析

分别依据项目与总分的相关系数和同质性检验方法中的信度检验进行项目分析。利用 368 个样本数据对所开发各分量表的内部一致性进行评价，结果显示量表总体和各维度 α 系数都大于 0.7，说明量表项目之间内部一致性较好。

三　探索性因子分析

利用 SPSS21.0 软件进行 KMO 和 Bartlett 检验。结果显示 KMO 值为 0.926，显著性为 0.000，表明变量间存在明显的相关，而且 KMO 的值大于 0.7，说明适合进行因子分析。按照前述题项筛选标准剔除不合格题项后，经过多轮探索性因子分析，最终得到共计四个因子 13 个题项的区域品牌形象量表，如表 4-3 所示。其中，区域自然形象包含 3 个题项；区域经济形象包含 3 个题项；区域企业形象包含 4 个题项；区域产业形象包含 3 个题项。总体而言，量表依然保留四个维度，但是每个维度的题项数量大为减少，每个维度题项意思更为明确精练。

表 4-3　　　　　　　　区域品牌形象量表探索性因子分析结果

因子	题项	因子			
		1	2	3	4
区域自然形象	自然资源适合××产业发展	0.844			
	自然资源丰富	0.831			
	自然资源优质	0.788			

续表

因子	题项	因子			
		1	2	3	4
区域经济形象	经济发展势头好		0.858		
	对外开放程度高		0.847		
	经济发展富有活力		0.830		
区域企业形象	企业专业人才集中			−0.824	
	企业创新性强			−0.792	
	企业社会责任感强			−0.745	
	企业技艺精湛			−0.701	
区域产业形象	产业相关企业数量众多				0.835
	产业在国内名气大				0.769
	产业产销规模大				0.755

四 验证性因子分析

(一) 模型拟合优度分析

从 368 个有效样本中随机抽取 200 个样本，利用 AMOS 软件对区域品牌形象量表进行验证性因子分析，得到一些较好的分析结果。模型拟合优度结果非常理想，如表 4-4 所示。反映模型整体拟合优度的主要指标都在参考值范围内，说明验证性因子分析模型估计结果的基本适配指标良好，没有违反模型辨识规则。整体而言，模型的质量佳，测量模型的效度佳。

表 4-4　区域品牌形象量表验证性因子分析拟合优度结果

指标	χ^2/df	RMR	RMSEA	GFI	AGFI	NFI	IFI	TLI	CFI
参考值	<3	<0.05	<0.08	>0.9	>0.9	>0.9	>0.9	>0.9	>0.9
分析值	2.74	0.033	0.069	0.938	0.905	0.908	0.939	0.919	0.939

(二) 量表的聚合效度分析

聚合效度分析的主要方法是基于各因子题项的因子载荷进而检验各个因子的平均方差提取量 (AVE) 值。表 4-5 显示，13 个测量题项的因子载荷（也称标准化系数）介于 0.638 到 0.801 之间，大于 Fornell 和 Larcker（1981）及 Bagozzi 和 Yi（1988）推荐的大于 0.50 的要求。而且，根据 Chin（1998）的观点，对于新开发量表，标准化因子载荷在 0.5—0.6 之间就是可以接受的。显然，区域品牌形象量表的 13 个题项的因子载荷指标符合要求。另外，AVE 值可以直接显示被潜在构念所解释的方差有多少是来自测量误差，一般判断标准为大于 0.5。如果因子所包含题项 AVE 值超过 0.5，则意味着该因子聚合效度较高。表 4-5 显示，区域自然形象和区域经济形象两个因子 AVE 值超过 0.5，聚合效度较高；而区域产业形象和区域企业形象两个因子 AVE 值小于 0.5，但接近 0.5，对于新开发量表而言可以接受（Chin，1998），说明测量误差高于潜变量方差对于总方差的贡献。

表 4-5　　　　　　　区域品牌形象量表聚合效度分析结果

因子	题项	因子载荷	AVE 平均方差提取量	CR 组合信度	AVE 开方
PNI	F3	0.780	0.5538	0.7878	0.744
	F1	0.685			
	F2	0.764			
PEI	E2	0.741	0.5854	0.8088	0.764
	E3	0.752			
	E4	0.801			
PII	C3	0.666	0.4487	0.7091	0.670
	C5	0.638			
	C4	0.704			
PCI	B4	0.666	0.4632	0.7752	0.681
	B6	0.682			
	B2	0.657			
	B3	0.716			

注：PNI 指区域自然形象；PEI 指区域经济形象；PII 指区域产业形象；PCI 指区域企业形象。

（三）量表的区别效度分析

区别效度的检验主要是将两个潜变量之间的相关系数与两个潜变

量自身 AVE 值的均方根进行对比，如果两个潜变量之间的相关系数小于各自的 AVE 值的均方根，则表明各测量题项之间具有较好的区别效度。基于这种思路，我们利用 AMOS21.0 进行验证性因子分析时，特意计算了每两个因子之间的相关系数，同时计算出相关系数的平方，如表 4 - 6 所示。斜对角线表格列出的是对应因子 AVE 值的均方根。结果表明，区域自然形象、区域经济形象、区域产业形象、区域企业形象四个因子两两之间的相关系数均小于各自的 AVE 值的均方根，表明各测量题项之间具有较好的区别效度。

表 4 - 6 区域品牌形象量表区别效度分析结果

因子	PNI	PEI	PII	PCI
PNI	0.744	0.480	0.647	0.653
PEI	0.480	0.764	0.373	0.566
PII	0.647	0.373	0.670	0.627
PCI	0.653	0.566	0.627	0.681

注：PNI 指区域自然形象；PEI 指区域经济形象；PII 指区域产业形象；PCI 指区域企业形象。

第五节 研究结果

从已有文献来看，区域品牌形象是把区域作为一个品牌，从而使区域内外的公众对该品牌有一种良好的总体认识和评价。这种良好的总体认识和评价会对消费者选购该区域产品时产生积极的正面影响。现有的研究成果中尚未有一套可广泛应用的区域品牌形象的测量工具，以至于围绕区域品牌形象对消费者认知、态度及购买行为影响效应的实证研究工作不能有效展开。

本书基于量表开发的一般流程，以 Parameswaran 和 Pisharodi 的"原产国形象量表"为基础，结合文献研究、小组讨论、访谈研究和专家审核，生成了区域品牌形象量表初始题项库。通过三次大样本问卷测试和题项分析、因子分析、信度和效度检验，最终确定了一套包含四个维度 13 个题项的具有较好信度和效度的区域品牌形象测量量表。

这套量表无论是从理论的演绎角度，还是从实证数据分析的验证角度来看，都具备较强的参考价值，可为相关实证研究提供基础。首先，关于区域品牌形象的内涵、构面及主要测评指标皆经过了较为严谨的文献研究、小组讨论和专家审核过程；其次，在大样本问卷调查的基础上，经过题项分析、因子分析、信度检验和效度检验的实证分析过程不断剔除不合格题项，调整量表的因子构成，最终形成具有较好信度和效度的测评量表。这套测评量表所包含的四个维度既有宏观层面的区域经济形象和区域自然形象，也有中观和微观层面的区域产业形象和区域企业形象。从区域品牌作为消费者进行产品评价的重要外部线索而言，该量表涵盖了消费者对区域产品和区域品牌评价的主要方面，并且尽可能简化了每个维度的测项指标，最终量表的每个维度均由 3 个或 4 个关键题项构成，以易于消费者的理解和研究者使用。这一测量工具可以方便决策者更全面了解消费者心目中区域品牌形象塑造的成功程度，从而为各级领导进行科学管理和决策提供重要的信息和参考依据。同时，可以为学者进行区域品牌形象相关实证研究提供工具支持。

第五章　区域品牌形象静态作用机制研究

本章将国与国之间的原产国效应模型应用于同一国家不同地理区域之间区域品牌形象效应的研究。将区域品牌形象纳入 Han（1989）提出的原产国光环效应与概括效应模型（Han, 1989），并在原有模型的基础上加入购买意愿这一新的变量，构建了区域品牌形象的光环扩展模型和概括扩展模型。选择国内具有代表性的区域品牌作为研究对象，通过实验研究、独立样本 T 检验和 Bootstrap 中介效应检验，探索和检验区域品牌形象对区域内公司品牌评价的影响，以全面解释区域品牌形象对公司品牌认知到购买决策整个过程不同阶段的影响作用机制。

第一节　文献回顾与假设提出

一　原产国形象光环模型与概括模型的提出与发展

关于原产国效应作用机制，最有代表性的有光环效应、概括效应以及光环——概括整合模型。Han（1989）通过实证研究得出结论，当消费者不熟悉产品时，原产国形象就会影响消费者产品属性的信念，而消费者对产品属性的信念又会影响消费者对其产品或品牌的评价，这时的原产国效应作用机制表现为光环效应，即国家形象（country image）→信念（belief）→品牌态度（brand attitude）；当消费者对产品熟悉时，消费者对某国产品或品牌的体验就会影响其对该国产品或品牌的信念，进而形成了其对该国形象的认知，这种认知又会影响消费者对该国产品或品牌的评价，这时原产国效应作用机制表现为概括效应，即信念→国家形象→态度。[1] Agrawal 和 Kamakura（1999）认同这一假说，指出，由于来源国的不同，产品的客观质量存在差异，并且消费者对不同来源国产品的评价与相应国家产品的客观质量保持一致。

在 Han（1989）研究基础上，Han（1990）进一步研究了原产国形象对消费者在购买决策行为过程中的影响，并提出国家形象可能被概念化为消费者光环（consumer halo）。为了更好地解释原产国效应的作用机制，Heslop 和 Papadopoulos（1993）提出了光环—概括整合模型。这个模型描述的是一个动态过程，当消费者不了解或不熟悉特定产品时，原产国形象表现为一种光环效应；随着消费者对特定国家的产品熟悉度不断提高时，消费者对产品属性的熟悉度也在不断增加，当消费者获取有限的该国品牌，或者这些品牌在一些关键属性上保持了一致性，那么消费者就会重新修订原产国形象，这时，原产国形象的概括效应就会表现出来。另一方面，如果该原产国的不同品牌在不同属性上没有表现出高度一致性，那么原产国形象的概括效应就不会产生。

二 原产国形象及其效应相关文献回顾

（一）原产国形象概念及其界定

自原产国形象理论成为学术界的热点话题以来，关于原产国形象的定义就众说纷纭，Nagashima（1970）认为原产国形象是指消费者或者企业家对某个国家的产品的形象、知名度和固有观念等。这种形象由代表性的产品、国家特征、政治和经济背景、历史、传统等因素构成。Roth 和 Romeo（1992）则指出原产国形象指消费者对该国的产品和人民的认知、情感和易动反应。Parameswaran 和 Pisharodi（1994）进一步拓宽了原产国形象概念，指出原产国形象的概念是多方面的，可分为三种不同的属性构面：一般国家属性、一般产品属性及特定产品属性。Jaffe 和 Nebenzahl（2001）认为原产国形象是指目

---

[1] Han，C. M.，"Country Image：Halo or Summary Constructs?"，*Journal of Marketing Research*，Vol. XXVI，No. 5，1989，pp. 222 – 229.

标市场消费者对产品（包括服务）的原产国或者原产国的内在印象，是消费者对该国的总体认知。从上述学者的研究来看，原产国形象是一种整体认知，是多重因素的产物。

（二）原产国形象效应

Schooler（1965）最早发现产品来源国会影响消费者认知和产品评价，之后学者开始系统研究原产国形象效应。最开始对原产国形象效应的研究集中于原产国形象对产品评价和品牌态度的影响。第一，在产品评价层面，Johansson 等（1985）采用多线索方法研究了原产国对产品评价的影响，研究发现采用多线索方法研究的原产国效应比此前的发现要弱，而且，原产国效应主要与产品具体属性相关而非整体评价。Roth 和 Romeo（1992）从国家和产品类型匹配的角度来考察原产国效应。研究表明，来自美国、爱尔兰、墨西哥的消费者更加愿意从日本、德国和美国购买汽车和手表，因为这些国家在那些对于与这类产品相关的维度方面的评价很高。Chao（1993）试图通过研究来确定产品—国家形象的多维度特征。研究发现，消费者对在台湾组装的电子产品的质量的评价最高，对日本的设计认知质量评价最高。国内学者吴坚、符国群（2000）较早探讨了原产地形象对消费者购买行为的影响，着重研究了原产地形象在国际市场营销中的重要性，研究表明，原产地形象对消费者的产品评价具有显著影响。吴坚、符国群（2007）在区分品牌来源国和产品制造国的基础上，探索了它们各自对消费者产品质量评价和购买意愿的影响。研究发现，产品制造国对品质评价具有显著影响。第二，在品牌态度层面，Erickson、Johansson 和 Chao（1984）研究了原产国形象在消费者对汽车品牌评价方面的影响。实证研究结果表明原产国会影响信念，原产国形象也间接通过消费者推断来影响消费者信念；原产国形象对消费者态度并不产生直接的影响，而是通过消费者信念来间接影响消费者态度。易牧农、郭季林（2009）揭示了品牌来源国通过购买者的信息认知线索和偏好与信念影响购买者对品牌的态度。杨一翁、孙国辉（2013）的研究也表明公司品牌和产品品牌形象均能正向影响消费者态度和购买意愿，但是国家品牌形象并不直接影响消费者态度。J. P. WooMi 等（2013）

同样通过调查美国消费者对美国西部地区韩餐馆偏好研究发现，国家形象认知从情感方面影响消费者态度。

由于 Han（1989）提出的光环效应和概括效应模型只检验了原产国形象对消费者信念和态度的影响，而很多学者的研究发现原产国形象对消费者的购买意愿也有一定的影响。杨杰等（2011）探索了品牌来源国（地区）形象与产品属性对品牌态度及购买意愿的影响。研究发现，品牌来源国（地区）形象与产品属性对品牌态度及购买意愿有积极影响。但是，就原产国形象对购买意愿的作用机制而言，学者们还存在一定的分歧（张媛媛等，2012）。尽管有部分学者的研究表明原产国形象直接影响购买意愿，但也有一些学者的研究表明，原产国形象间接影响购买意愿。理性行为理论表明，消费者的购买意愿取决于消费者的主观标准以及对待产品的态度。李东进、安钟石等（2008）基于 Fishbein 合理行为模型的国家形象对中国消费者购买意愿影响进行研究，研究表明，国家形象对购买意愿没有直接影响，但是其通过对产品评价、品牌态度、主观规范而间接地影响到购买意愿。张珣、徐彪、彭纪生（2013）基于 IT 行业收集数据，从消费者的角度出发，探讨来源国形象、企业形象对消费者感知价值和购买意愿有直接、正向的影响，且消费者感知价值越大，消费者购买意愿就越大。陈俊郎（2001）将产品涉入度和国家熟悉度作为调节变量来研究国家形象对产品评价与购买意愿的影响。结果发现，国家形象没有对购买意愿产生直接的影响，而是透过品牌态度这个中介变量对消费者的购买意愿产生间接影响。

综上所述，大多数学者认为原产国是通过品牌信念来间接影响品牌态度，又通过品牌态度来间接影响购买意愿。

三　区域品牌形象及其效应相关文献回顾

（一）区域品牌形象概念及其界定

关于区域品牌形象的定义，国内外鲜有文献直接定义和研究区域品牌形象，仅有少数学者对与区域品牌相近的地区（区域）形象的内涵进行了表述。Kotler（2002）从认知心理学角度指出地区形象是消费者对地区整体印象和信念的反映，集中体现了消费者对地区的评价和态度。Papadopoulos 等（2002）认为地区形象是一种心智产品，是消费者从该地区大量的资料信息中获得的本质的认知。我国学者罗治英（1997）率先在国内开展了以城市为空间范畴的区域形象研究，他认为区域形象是表示一个地区的内部公众与外部公众对该地区的内在综合实力、外显前进活力和未来发展前景的具体感知、总体看法和综合评价。蒋廉雄等（2006）认为，区域形象是消费者对区域直接或间接接触而形成的综合性认知。杨杰（2008）认为，区域形象是社会公众基于对区域经济、社会、政治、文化、科技、教育、历史、生态、环保等方面特征的主观认知而形成的印象和看法。曾建明（2010）则直接对区域品牌形象做出了定义，他认为区域品牌形象是高度抽象的系统化的概念，是一个区域的自然、政治、经济、科技、文化等要素的综合运行状态在人们心目中的反应强度及其外化。王龙、刘梦琳（2012）将区域形象理解为区域客观状况的存在方式，并从实体形象、投射形象与感知形象三个层面进行了综述。

综上所述，学者们对地区（区域）形象、区域品牌形象的定义不尽相同，二者的内涵虽有区别，但总体上都被认为是消费者心智中对该区域的一种综合性的认知。参考区域形象与品牌形象的定义，本书将区域品牌形象界定为消费者心智中有关这个集群区域品牌的相关产业、企业和所属品牌产品的联想或知觉所形成的总体印象。

（二）区域品牌形象效应

国内外关于区域品牌形象的研究比较少，大多数的文献是关于地区形象和区域形象的阐述。区域品牌形象和区域形象存在一定的相似性，本书结合区域形象来阐述区域品牌形象效应。

Kotler（2002）从区域营销（place marketing）理论视角指出区域形象将影响目标市场消费者在该区域的投资、办厂、移民、旅游、就业以及对该区域产品的购买态度和行为。李东进、金镛准和朴世桓（2006）以韩国三星电脑和中国联想电脑在上海和沈阳的制造商作为研究样本，创造性地提出了原产地效应的概念，即在一个国家内的某一地区的形象影响消费者评价产品的程度。并且，通过实证研究区分了原产国效应和原产地效应，研究发现，中国消费者评价韩国或中国产品时不受原产国效应的影响，但却受到原产地效应影响。李东进、董俊青、周荣海（2007）在原产国理论的基础上，以上海和郑州为原产地，探讨了中国消费者的产品评价和产品来源地区形象之间的关系，研究发现同一国家的不同地区会显著影响消费者的产品评价，进一步论证了地区效应的存在性。

另有学者进一步对原产地形象对消费者决策的不同阶段的影响开展研究。根据消费行为 Fishbein 模型，产品具有多重属性，消费者对产品属性的信念影响产品态度的形成（Fishbein and Ajzen，1975），而信念是基于各种产品线索。根据 Peterson 和 Jolibert（1995）研究，品牌原产地对品牌信念的影响更直接、更大。王海忠、赵平（2004）通过调查北京、上海、广州、重庆四个地区 1005 个样本，对来自欧洲、美国、日本、中国的产品进行品牌形象研究，发现品牌原产地形象会显著影响消费者的品牌信念和购买意愿。此外还发现，原产地形象与品牌购买意愿的相关性小于原产地形象与品牌信念和态度间的相关性。关于区域形象与购买意愿的关系，也有学者提出了不同的看法，李东进、武瑞娟、魏善斌（2010）通过对天津和上海的地区形象的进一步统计发现，地区形象还会对消费者的购买意愿产生显著正向的直接影响。盛志勇（2013）探讨了滨海新区、浦东新区和深圳特区之间的地区形象差异以及地区形象和消费者产品评价及购买意愿之间的关系，研究也发现相似的结论。Papadopoulos 等（2013）在进一步的研究中发现那些经济发达的地区的产品比那些经济不发达地区的产品知名度更高，而且区域形象的感知也会更高。宋亮（2014）以广西和安徽作为研究对象，实证研究不同区域形象与品牌态度之间的关系，结论表明，对于那些传统优势产业来说，区域原产地形象对公司品牌态度的影响要大于那些非传统优势产业。

综上所述，研究者大多认为，区域形象显著影响消费者对产品的质量感知、产品评价、品牌态度和购买意愿。同时，一些国内学者把国与国之间的产地线索推广到同一国家不同地理区域的产地线索的研究，证实了同一国家内存在原产地效应，这就为区域品牌形象效应的研究提供了理论依据和方向。

四 区域品牌形象对公司品牌评价静态作用机制扩展模型构建

（一）区域品牌形象对公司品牌评价的总体机制

Han（1989）的代表性研究认为：当消费者对产品不熟悉时，国家形象（原产地形象）影响消费者对产品属性的信念，而消费者对产品属性的信念又影响其对品牌（或产品）的评价。即在产品与品牌评价过程中，国家形象（原产地形象）与消费者信念之间具有一种正向关系。当消费者对产品熟悉时，消费者对某国产品或品牌的体验影响其对该国产品或品牌的信念，进而形成了其对该国形象的认知，这种被认知的国家形象最终会影响消费者对该国其他产品或品牌的评价，即国家形象（原产地形象）与消费者对品牌或产品的态度之间存在正向关系。Han（1990）进一步检验了国家形象（原产地形象）对消费者购买决策的影响，实证得出国家形象（原产地形象）会影响消费者对特定公司品牌的态度，进而影响消费者的购买意愿。为了能够更全面地解释区域品牌形象对公司品牌认知到购买决策整个过程不同阶段的影响作用机制，本书整合 Han（1989）和 Han（1990）的代表性研究，将其提出的光环效应和概括效应静态模型加以扩展（如图 5 - 1 所示），借用原产国理论的光环和概括效应模型阐释区域品牌形象对公司品牌评价的静态作用机制，即分别检验在消费者不熟悉公司品牌的条件下，区域品牌形象对公司品牌评价是否表现为光环效应（如图 5 - 1 中的①所表示的影响路径）和在消费者熟悉公司品牌的条件下，区域品牌形象对公司品牌评价是否表现为概括效应（如图 5 - 1 中的②所表示的影响路径）。

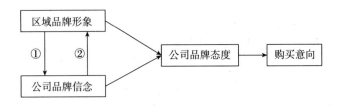

图 5 - 1 区域品牌形象对公司品牌评价的静态作用扩展模型

（二）区域品牌形象对公司品牌评价的光环效应机制

由国家形象（原产地形象）的作用机制可以推断，区域品牌形象存在光环效应。根据 Han（1989）对光环效应的界定，当消费者对产品不熟悉时，原产地形象影响消费者对产品属性的信念，而消费者对产品属性的信念又影响其对品牌（或产品）的评价。即在产品与品牌评价过程中，原产地形象与消费者信念之间具有一种正向关系。但是，光环效应模型只是对消费者信念与态度进行了检验，而西方的研究成果表明，原产国效应对消费者感知、态度和购买意愿均有影响，但影响程度存在明显区别（Papadopoulos & Heslop，2000）。国内学者王海忠和赵平（2004）对欧洲、美国、日本、中国的品牌形象进行了实地调查，研究证实了品牌原产地对消费者品牌信念和品牌购买意愿的显著性作用。杨杰等（2011）探索了品牌来源国（地区）形象与产品属性对品牌态度及购买意愿的影响。研究发现，品牌来源国（地区）形象与产品属性对品牌态度及购买意愿具有积极影响，且产品属性能调节品牌来源国（地区）形象对品牌态度的影响。

但原产地（国）形象对购买意愿的影响不是直接的，而是通过其他如产品评价、品牌态度等因素间接影响购买意愿（Zeithaml，1988；Chattalas，2008；李东进等，2008；Elliot 等，2011；荣梅，2013）。基于此，本书提出如下假设：

H1－1：区域品牌形象对消费者公司品牌信念有正向影响作用。

H1－2：消费者公司品牌信念对消费者公司品牌态度有正向影响作用。

H1－3：消费者公司品牌态度对消费者购买意愿有正向影响作用。

（三）区域品牌形象对公司品牌评价的概括效应机制

本部分检验在消费者熟悉公司品牌的条件下，区域品牌形象对公司品牌评价是否表现为概括效应。根据 Han（1989）的研究结论：当消费者对产品熟悉时，消费者对某国产品或品牌的体验影响其对该国产品或品牌的信念，进而形成了其对该国形象的认知，这种被认知的国家形象最终会影响消费者对该国其他产品或品牌的评价。即原产地形象与消费者对品牌或产品的态度之间存在正向关系。

在心理学中，概括效应是指消费者会对零碎的信息进行重新编码与提炼，形成有序的信息单元或信息模块，从而有利于信息的长期存储与提取（Han，1989；田圣炳，2008）。也就是说，消费者在遇到大量零散的信息时，会根据一定的标准对信息进行概括与重组，将零散的信息抽象成一个或更多的信息模块，以便对产品属性或质量进行评价（田圣炳，2008）。

在 Han（1989）的研究中，原产地形象如同品牌形象一样，可以被看作是一个概括性构念。由于同一原产地的品牌具有非常相似的产品属性，因此消费者能从该国的产品中提炼信息。由于在某种程度上来自同一原产地的品牌被认为具有相似的属性（零散的信息），所以消费者就能够从来自同一原产地的品牌中概括、提炼出产品信息，并有可能进行重新编码（信息提炼），进而形成具体的（模块化的）原产地信息，从而影响产品或品牌态度。

原产地形象是影响消费者形成品牌态度的重要因素之一（Han，1989；Kaynak & Kara，2002；Hsieh et al.，2004；Baldauf et al.，2009）。大部分学者认为，来源国形象显著影响消费者对待产品或公司品牌的态度，良好的原产国形象往往能够使消费者对该国的产品和品牌保持积极的态度（Samiee et al.，2005）。刘文超、孙丽辉（2017）的一项关于区域品牌形象效应的实证研究发现，区域品牌形象对公司品牌态度存在正向影响，区域品牌形象通过公司品牌态度进而影响消费者购买意愿。

本书将区域品牌形象纳入原产国形象概括效应模型，同时，加入购买意愿因素，将 Han（1989）提出的概括效应模型加以扩展，验证在消费者熟悉公司品牌的条件下是如何运用区域品牌形象信息评价区域内公司品牌的。故提出以下研究假设并加以验证：

H2-1：消费者公司品牌信念对区域品牌形象有正向影响作用。

H2-2：区域品牌形象对消费者公司品牌态度有正向影响作用。

H2-3：消费者公司品牌态度对消费者购买意愿有正向影响作用。

第二节　研究设计与数据收集

一　光环效应扩展模型检验的实验设计

（一）实验设计基本思路

本书选择山西老陈醋和景德镇瓷器为研究对象。首先设计了关于区域品牌信息的实验材料，实验组被试看完后填答区域品牌形象调查问卷（控制组不提供区域品牌信息）；然后设计了来自特定区域的某一虚拟公司信息的实验材料，实验组和控制组看完后填答公司品牌信息、公司品牌态度和购买意愿的调查问卷。

（二）实验设计具体过程

第一步，研究人员对实验对象进行甄别和分组。实验组必须是没有购买且没有使用过特定区域品牌产品（如山西老陈醋）的消费者才是合适的实验对象；对照组是既不熟悉也不了解特定产品（如陈醋）的消费者才是合适的实验对象。实验组和对照组的对比可以体现出区域品牌形象的光环效应。

第二步，研究人员向实验组调查对象呈现一段关于特定区域品牌产业介绍的材料（包括文字和图片），请实验对象认真阅读材料后回答问题。如中国名醋——山西老陈醋的产业介绍材料为"山西老陈醋是山西省的地方传统名产，主要分布于太原市以南和晋中市以西地区。至今已有 3000 余年的生产历史，素有'天下第一醋'盛誉。2004 年 8 月，国家质检总局批准对山西老陈醋实施原产地域保护，山西老陈醋成为我国名牌产品和地理标志保护产品。目前，山西省受地理标志保护的食醋生产企业达 18 家。山西老陈醋选用优质高粱、大麦、豌豆等五谷，经蒸、酵、熏、淋、晒的过程酿就而成，以色、香、醇、浓、酸五大特征著称于世，含有丰富的氨基酸、有机酸、糖类、维生素和盐等，其保健醋有软化血管、降低甘油三酯等独特功效。山西老陈醋严格按照工艺规范生产，产品优质稳定，不仅畅销全国，更是远销美国、加拿大、日本、新加坡、马来西亚、俄罗斯、韩

国等国家和地区。"中国名醋——山西老陈醋相关的两张图片如图 5 -
2 和图 5 - 3 所示：

图 5 - 2　山西老陈醋区域品牌示意图（1）

图 5 - 3　山西老陈醋区域品牌示意图（2）

　　请实验对象看完这段区域产业介绍材料和图片后，回答区域品牌
形象测评量表的相关问题。

　　针对对照组，研究人员不呈现上述特定区域品牌产业介绍的材料。

　　第三步，研究人员分别向实验组和对照组调查对象呈现一段关于
特定区域内某一非知名企业的介绍材料（包括文字和图片），请实验
组和对照组调查对象认真阅读这段材料后对该企业的公司品牌信念、
公司品牌态度和购买意愿进行评价。如山西地区 A 陈醋公司的介绍材
料为"A 企业位于山西老陈醋原产地域，是'山西老陈醋'地理标志
保护产品标识许可使用企业。该公司创建于 1995 年，主要生产老陈

醋、米醋等系列产品。企业始终坚持传统工艺酿造，不断提升产品质量。其老陈醋产品醋味香浓，色泽棕红，醇厚柔和，食而绵酸，受到消费者赞誉。企业十分注重产品生产管理和质量控制，拥有完整的检测设备，已通过国家质量安全（QS）认证。经过二十多年发展，企业产品质量稳中有升，生产规模不断扩大，产品畅销陕西、河南、四川、山东、甘肃、北京、广州等省市。"山西地区 A 陈醋公司相关的图片如图 5-4 所示：

图 5-4　山西地区 A 陈醋品牌示意图

第四步，让实验组和对照组调查对象回答几个有关背景信息的问题，结束整个实验。

二　概括效应扩展模型检验的实验设计

（一）实验设计基本思路

本书选择晋江运动鞋和呼和浩特乳制品为研究对象。首先设计了关于区域品牌信息的实验材料，实验组和控制组被试看完后填答区域品牌形象调查问卷；然后设计了来自特定区域的某一虚拟公司信息的实验材料，实验组和控制组调查对象看完后填答公司品牌信念、公司品牌态度和购买意愿的调查问卷。

（二）实验具体过程设计

第一步，研究人员对实验对象进行甄别和分组。实验组必须是购买且使用（消费）过特定区域品牌产品（如呼和浩特乳制品）的消费者才是合适的实验对象；同时，实验组调查对象必须明确表明自己对该区域内某一知名企业品牌比较熟悉才可以进入后续实验。对照组也是购买且使用（消费）过特定区域品牌产品（如呼和浩特乳制品）的消费者才是合适的实验对象，但是对照组调查对象不必明确表明自己对该区域内某一知名企业品牌比较熟悉。实验组和对照组的对比可以体现出区域品牌形象的概括效应。

第二步，研究人员请实验组调查对象对特定产品类型（如乳制品）的属性重要性进行评价。对照组不用进行此项调查。

第三步，研究人员请实验组调查对象分别对特定区域的两家或两家以上的知名企业品牌（如伊利和蒙牛）的代表性产品属性表现进行评价。对照组不用进行此项调查。

第四步，研究人员分别向实验组和对照组调查对象呈现一段关于特定区域及产业的简要介绍材料，请实验组和对照组调查对象阅读该段材料后对该区域品牌形象进行评价。如中国乳都——呼和浩特的介绍材料为"呼和浩特市是内蒙古乳业的主产区，牧场资源丰富，乳制品业发展历史悠久，先后成功培育出伊利、蒙牛等著名品牌。2005 年 8 月 28 日，呼和浩特市被中国轻工业协会和中国乳制品工业协会命名为'中国乳都'"。

第五步，研究人员分别向实验组和对照组调查对象呈现一段关于特定区域某虚拟公司的介绍材料（包括文字和图片），然后请实验组和对照组实验被试根据特定区域及产业的简要介绍材料和特定区域某虚拟公司的介绍材料两部分材料提供的信息，表达对该公司品牌态度和产品购买意愿的看法。如 A 乳品有限公司介绍材料为"A 乳品有限公司位于中国乳都——呼和浩特市，是中国乳都呼和浩特市一家以液态奶生产经营为主，实行种、养、产、销一条龙产业化经营模式的民营企业。A 公司具有几十年乳制品发展经验，现已组建了自有农场、奶牛基地和乳制品加工厂为一体的产业链条，呈现出健康发展的良好态势。公司占地 8438 亩，员工近 700 人，拥有国际先进液态奶生产线 10 条，年生产能力 5 万吨。公司二期工程预计新增生产线 15 条，年生产能力逾十万吨。公司生产的液态奶奶质纯正，口感香醇、营养丰富，受到消费者青睐！公司产品销往内蒙古、福建、山东、浙江、江苏、广东、甘肃、陕西、山西等地，目前在全国已有300多家合作伙伴，上万个销售网点。"并展示该公司的一款代表性产品的图片。

实验组被试阅读完上述两部分材料提供的信息后，表达自己对该公司品牌态度和产品购买意愿的看法。

第六步，请实验组和对照组调查对象回答几个有关背景信息的问题，结束整个实验。

三　测量工具与分析方法设计

（一）测量工具设计

区域品牌形象量表采用本书自行开发的量表，该量表由区域自然形象、区域经济形象、区域产业形象和区域企业形象四个维度构成，共计13个测量题项，比较好地反映了消费者对特定区域品牌的总体认知。量表构成如表5－1所示。

表5－1　　　　　　　　　　区域品牌形象量表

因子	序号	题项
区域自然形象	PNI01	自然资源适合××产业发展
	PNI02	自然资源丰富
	PNI03	自然资源优质
区域经济形象	PEI01	经济发展势头好
	PEI02	对外开放程度高
	PEI03	经济发展富有活力
区域企业形象	PCI01	企业专业人才集中
	PCI02	企业创新性强
	PCI03	企业社会责任感强
	PCI04	企业技艺精湛
区域产业形象	PII01	产业相关企业数量众多
	PII02	产业在国内名气大
	PII03	产业产销规模大

A 公司品牌信念调查问卷参考 Fishbein 和 Ajzen（1975）提出的著名 "Fishbein 模型" 设计，具体由两部分构成：一部分是关于特定产品类型各属性的重要性评价；另一部分是关于 A 品牌产品各项对应属性的实际表现评价。这两部分的题项得分一一对应相乘后加总求和，得到 A 公司品牌信念得分。以老陈醋产品为例，本书所使用的量表如表 5 - 2 所示。

表 5 - 2 **公司品牌信念量表**

序号	题项	属性重要性	属性实际表现
C1	老陈醋的口感		
C2	老陈醋的原料		
C3	老陈醋的安全可靠		
C4	老陈醋的产品种类		
C5	老陈醋的营养成分		
C6	老陈醋的包装		
C7	老陈醋的新鲜程度		

A 公司品牌态度调查问卷基于 Andrew A. Mitchell，Jerry C. Olson（1981）提出的 "消费者态度量表" 改编而成，该量表共有 5 个题项。以老陈醋产品为例，本书所使用的量表如表 5 - 3 所示。

表 5 - 3 **公司品牌态度量表**

序号	题项
E1	A 公司老陈醋产品非常好
E2	A 公司老陈醋整体质量很好
E3	我对 A 公司老陈醋持肯定态度
E4	我非常喜欢 A 公司老陈醋产品
E5	A 公司老陈醋产品很吸引人

A 公司老陈醋产品购买意愿调查问卷基于 Grewal，Krishnan &

Julie Baker 于 1998 年提出的"购买意愿量表"，该量表共有 3 个题项。以老陈醋产品为例，本书所使用的量表如表 5 – 4 所示。

表 5 – 4　　　　　　　　　　购买意愿量表

序号	题项
F1	我会考虑购买 A 公司老陈醋产品
F2	我愿意购买 A 公司老陈醋产品
F3	我会向朋友推荐 A 公司老陈醋产品

以上问卷均采用李克特七级量表（"1"表示"完全不同意"，"7"表示"完全同意"），总分越高表示被试者的相关评价越高。

（二）分析方法设计

独立样本 T 检验。两个独立样本 T 检验的目的是利用来自两个总体的独立样本，推断两个总体的均值是否存在显著性差异。本书主要对山西老陈醋和景德镇瓷器的实验组和控制组样本进行对比分析，从而检验区域品牌形象是否存在光环效应。

Bootstrap 中介效应分析。本书采用 Bootstrap 方法进行简单中介效应检验和多步中介检验。以往研究中，中介效应分析普遍参照 Baron 和 Kenny（1986）的因果逐步回归分析法进行中介检验。但是，近年来诸多学者对该方法的合理性和有效性提出质疑。在此基础上，Preacher 和 Hayes（2004）提出用 Bootstrap 方法进行中介效应的检验，得到很多学者的认同。Zhao 等学者（2010）更是详细探讨了利用 Bootstrap 方法进行中介效应的检验程序。陈瑞等（2013）在此背景下，详细阐述了该分析方法的原理、程序以及具体使用步骤，使得中介效应分析更为有效、科学和便捷。

四　实验对象和研究样本

本书以呼和浩特——"中国乳都"、景德镇——"中国瓷都"、山西老陈醋——"中国名醋"和福建晋江——"中国鞋都"这四个区域品牌作为研究对象。

（一）区域品牌光环效应的实验对象和研究样本

本书选择山西老陈醋——"中国名醋"和景德镇——"中国瓷都"作为区域品牌形象光环效应检验的区域品牌。在这两个代表性区域品牌中，整体区域品牌知名度较高，但是区域内单个企业的知名度不高。

拟邀请没有购买也没有使用过山西老陈醋的普通消费者 200 人为山西老陈醋——"中国名醋"的实验组研究对象；拟邀请既不熟悉也不了解老陈醋产品的普通消费者 200 人为山西老陈醋——"中国名醋"的对照组研究对象。

拟邀请没有购买也没有使用过景德镇出产的瓷器产品的普通消费者 200 人为景德镇——"中国瓷都"的实验组研究对象；拟邀请既不熟悉也不了解瓷器产品的普通消费者 200 人为景德镇——"中国瓷都"的对照组研究对象。

（二）区域品牌概括效应的实验对象和研究样本

本书选择呼和浩特——"中国乳都"和福建晋江——"中国鞋都"作为区域品牌形象概括效应检验的区域品牌。在这两个代表性区域品牌中，整体区域品牌知名度较高，而且区域内代表性单体企业的知名度也很高。

拟邀请购买过且穿过福建晋江市生产的运动鞋（如安踏、匹克、361°等品牌）且对某一著名品牌比较熟悉的普通消费者 180 人为福建晋江——"中国鞋都"的实验组研究对象；拟邀请购买过且穿过福建晋江市生产的运动鞋（如安踏、匹克、361°等品牌）的普通消费者 180 人为福建晋江——"中国鞋都"的对照组研究对象。

拟邀请购买且消费过内蒙古呼和浩特出产的乳制品（如伊利、蒙牛等品牌）且对某一著名品牌比较熟悉的普通消费者 180 人为呼和浩特——"中国乳都"的实验组研究对象；拟邀请购买过且喝过呼和浩特市出产的乳制品（如伊利、蒙牛等品牌）的普通消费者 180 人为呼和浩特——"中国乳都"的对照组研究对象。

五　实验过程和研究数据收集

（一）区域品牌光环效应的实验过程和数据收集

首先，研究人员在长春本地征集了几十位普通消费者作为实验对象，基于山西老陈醋——"中国名醋"和景德镇——"中国瓷都"作为实验素材来源进行了预测试，并完善了实验过程。

其次，研究人员通过问卷星付费方式进行在线实验。研究人员通过在线设计实验场景和实验刺激材料，并设置每一场景阅读时间实现对实验被试进入情境；在每一部分实验材料阅读和浏览完毕后实验被试填答相应的问题。实验材料通过多个网页页面呈现，彼此之间具有紧密的内在逻辑关系，而且每部分都有时间控制。在山西老陈醋——"中国名醋"和景德镇——"中国瓷都"分别预测试10个实验样本后，开始正式实验。

正式实验中，山西老陈醋——"中国名醋"参与实验组的有效样本为202个，参与对照组的有效样本为201个；景德镇——"中国瓷都"参与实验组的有效样本为215个，参与对照组的有效样本为202个。

（二）区域品牌概括效应的实验过程和数据收集

首先，研究人员在长春本地征集了几十位普通消费者作为实验对象，基于呼和浩特——"中国乳都"和福建晋江——"中国鞋都"作为实验素材来源进行了预测试，并完善了实验过程。

其次，研究人员通过问卷星付费方式进行在线实验。研究人员通过在线设计实验场景和实验刺激材料，并设置每一场景阅读时间实现对实验被试进入情境；在每一部分实验材料阅读和浏览完毕后实验被试填答相应的问题。实验材料通过多个网页页面呈现，彼此之间具有紧密的内在逻辑关系，而且每部分都有时间控制。在呼和浩特——"中国乳都"和福建晋江——"中国鞋都"分别预测试15个实验样本后，开始正式实验。

正式实验中，呼和浩特——"中国乳都"参与实验组的有效样本为169个，参与对照组的有效样本为209个；福建晋江——"中国鞋都"参与实验组的有效样本为174个，参与对照组的有效样本为207个。

第三节 数据分析与假设检验

一 样本数据的人口统计特征分析

表5-5是关于山西老陈醋实验组和对照组实验对象的背景信息统计结果。首先，从实验组的样本数据来看。从性别看，男性和女性实验被试的人数比较接近；从年龄段分布来看，实验被试主要集中在26—35岁和25岁及以下，这部分人群也是现在网络使用的主体人群；从家乡所在区域来看，除了东北、西北和华中地区的实验被试人数少一些外，其他几个区域的实验被试都在40人以上。需要特别说明的

表5-5   山西老陈醋实验组和对照组实验对象的背景信息

区域品牌	信息属性	类别	频率	百分比（%）	区域品牌	信息属性	类别	频率	百分比（%）
山西老陈醋（实验组）	性别	男	107	53	山西老陈醋（对照组）	性别	男	114	56.7
		女	95	47			女	87	43.3
		合计	202	100			合计	201	100.0
	年龄	25岁及以下	66	32.7		年龄	25岁及以下	81	40.3
		26—35岁	83	41.1			26—35岁	81	40.3
		36—45岁	36	17.8			36—45岁	24	11.9
		46岁及以上	17	8.4			46岁及以上	15	7.5
		合计	202	100			合计	201	100.0
	家乡所在区域	东北	3	1.5		家乡所在区域	东北	13	6.5
		华北	42	20.8			华北	38	18.9
		西北	5	2.5			西北	9	4.5
		华东	46	22.8			华东	33	16.4
		华中	11	5.4			华中	16	8.0
		华南	50	24.8			华南	45	22.4
		西南	45	22.3			西南	47	23.4
		合计	202	100			合计	201	100.0

是，本书在进行实验被试选择时将所研究的区域产业品牌（山西老陈醋）所在省份的实验被试均排除在外。其次，从对照组的样本数据来看。从性别看，男性比女性稍多一些；从年龄段分布来看，实验被试主要集中在26—35岁和25岁及以下；从家乡所在区域来看，除了西北区域实验被试在10人以下，其他区域实验被试数量较多，分布比较均匀。

表5-6是关于景德镇瓷器实验组和对照组实验对象的背景信息统计结果。

表5-6　　　景德镇瓷器实验组和对照组实验对象的背景信息

区域品牌	信息属性	类别	频率	百分比（%）	区域品牌	信息属性	类别	频率	百分比（%）
景德镇瓷器（实验组）	性别	男	102	47.4	景德镇瓷器（对照组）	性别	男	93	46.0
		女	113	52.6			女	109	54.0
		合计	215	100.0			合计	202	100.0
	年龄	25岁及以下	90	41.9		年龄	25岁及以下	85	42.1
		26—35岁	91	42.3			26—35岁	67	33.2
		36—45岁	32	14.9			36—45岁	39	19.3
		46岁及以上	2	0.9			46岁及以上	11	5.4
		合计	215	100.0			合计	202	100.0
	家乡所在区域	东北	12	5.6		家乡所在区域	东北	14	6.9
		华北	38	17.7			华北	39	19.3
		西北	7	3.3			西北	4	2.0
		华东	37	17.2			华东	46	22.8
		华中	17	7.9			华中	12	5.9
		华南	54	25.1			华南	44	21.8
		西南	50	23.3			西南	43	21.3
		合计	215	100.0			合计	202	100.0

首先，从表5-6中实验组的样本数据来看。从性别看，男性和女性实验被试的人数比较接近，女性略多于男性；从年龄段分布来

看，实验被试主要集中在26—35岁和25岁及以下；从家乡所在区域来看，除了西北地区的实验被试人数少一些外，其他几个区域的实验被试分布较为合理。综上所述，本书在进行实验被试选择时将所研究的区域产业品牌（景德镇瓷器）所在省份的实验被试都排除在外。其次，从对照组的样本数据来看。从性别看，女性比男性稍多一些；从年龄段分布来看，实验被试主要集中在26—35岁以及25岁及以下；从家乡所在区域来看，除了西北区域实验被试在10人以下，其他区域实验被试数量较多，分布比较均匀。

表5-7是关于呼和浩特乳制品实验组和对照组实验对象的背景信息统计结果。首先，从实验组的样本数据来看。从性别看，女性实验被试的人数要高于男性实验被试的人数；从年龄段分布来看，实验

表5-7　呼和浩特乳制品实验组和对照组实验对象的背景信息

区域品牌	信息属性	类别	频率	百分比（%）	区域品牌	信息属性	类别	频率	百分比（%）
呼和浩特乳制品（实验组）	性别	男	69	40.8	呼和浩特乳制品（对照组）	性别	男	89	43.0
		女	100	59.2			女	118	57.0
		合计	169	100.0			合计	207	100.0
	年龄	25岁及以下	21	12.4		年龄	25岁及以下	66	31.9
		26—35岁	106	62.7			26—35岁	87	42.0
		36—45岁	30	17.8			36—45岁	38	18.4
		46岁及以上	12	7.1			46岁及以上	16	7.7
		合计	169	100.0			合计	207	100.0
	家乡所在区域	东北	8	4.7		家乡所在区域	东北	7	3.4
		华北	31	18.3			华北	38	18.4
		西北	6	3.6			西北	11	5.3
		华东	66	39.1			华东	43	20.8
		华中	20	11.8			华中	14	6.8
		华南	36	21.3			华南	48	23.2
		西南	2	1.2			西南	46	22.2
		合计	169	100.0			合计	207	100.0

被试主要集中在 26—35 岁，其次是 36—45 岁；从家乡所在区域来看，除了西南、西北和东北地区的实验被试人数少一些外，其他几个区域的实验被试分布较为合理，而且华东地区实验被试人数最多。综上所述，本书在进行实验被试选择时将所研究的区域产业品牌（呼和浩特乳制品）所在省份的实验被试都排除在外。其次，从对照组的样本数据来看。从性别看，女性实验被试的人数要高于男性实验被试的人数；从年龄段分布来看，实验被试主要集中在 26—35 岁和 25 岁及以下；从家乡所在区域来看，除了东北区域实验被试在 10 人以下，其他区域实验被试数量较多，分布比较均匀。

表 5-8 是关于晋江运动鞋实验组和对照组实验对象的背景信息统计结果。首先，从实验组的样本数据来看。从性别看，女性实验被

表 5-8　　晋江运动鞋实验组和对照组实验对象的背景信息

区域品牌	信息属性	类别	频率	百分比（%）	区域品牌	信息属性	类别	频率	百分比（%）
晋江运动鞋（实验组）	性别	男	79	45.9	晋江运动鞋（对照组）	性别	男	96	46.4
		女	93	54.1			女	111	53.6
		合计	172	100.0			合计	207	100.0
	年龄	25 岁及以下	20	11.6		年龄	25 岁及以下	80	38.6
		26—35 岁	115	66.9			26—35 岁	81	39.1
		36—45 岁	33	19.2			36—45 岁	33	15.9
		46 岁及以上	4	2.3			46 岁及以上	13	6.3
		合计	172	100.0			合计	207	100.0
	家乡所在区域	东北	9	5.2		家乡所在区域	东北	11	5.3
		华北	38	22.1			华北	43	20.8
		西北	9	5.2			西北	7	3.4
		华东	63	36.6			华东	37	17.9
		华中	16	9.3			华中	15	7.2
		华南	34	19.8			华南	48	23.2
		西南	3	1.7			西南	46	22.2
		合计	172	100.0			合计	207	100.0

试的人数要高于男性实验被试的人数；从年龄段分布来看，实验被试主要集中在 26—35 岁，其次是 36—45 岁；从家乡所在区域来看，除了西南、西北和东北地区的实验被试人数偏少外，其他几个区域的实验被试分布较为合理，其中华东地区实验被试人数最多。综上所述，本书在进行实验被试选择时将所研究的区域产业品牌（晋江运动鞋）所在省份的实验被试都排除在外。其次，从对照组的样本数据来看。从性别看，女性实验被试的人数要高于男性实验被试的人数；从年龄段分布来看，实验被试主要集中在 26—35 岁和 25 岁及以下；从家乡所在区域来看，除了西北区域实验被试在 10 人以下，其他区域实验被试数量较多，分布比较均匀。

二 研究工具的信度和效度分析

（一）区域品牌形象量表的信度和效度分析

本书所采用的区域品牌形象量表为项目组之前研究所开发的量表，区域品牌形象量表由区域自然形象、区域经济形象、区域产业形象和区域企业形象四个维度构成，共计 13 个测量题项，比较好地反映了消费者对特定区域品牌的总体认知。为了在本书中使用，特利用山西老陈醋和景德镇瓷器的实验样本数据对该量表进行验证性因子分析。

首先，本书以山西老陈醋实验组样本数据（N = 202）为基础，利用 AMOS 统计分析软件对区域品牌形象量表进行验证性因子分析。区域品牌形象量表的聚合效度和判别效度如表 5 - 9 和表 5 - 10 所示。从表 5 - 9 的区域品牌形象量表聚合效度分析结果可以看出，区域品牌形象量表的四个维度：区域经济形象（PEI）、区域自然形象（PNI）、区域产业形象（PII）和区域企业形象（PCI）的平均方差提取量（AVE）值都在 0.5 以上，符合参考标准，表明各维度的聚合效度较好。同时，上述四个维度的组合信度（CR）值都在 0.8 以上，表明内部一致性信度质量较高。从表 5 - 10 的区域品牌形象量表判别效度分析结果可以看出，四个因子中除了区域产业形象（PII）和区域企业形象（PCI）的相关性较大外，其余因子间的相关系数均小于平均方差提取量（AVE）的开方根。说明，整体上讲区域品牌形象量表的四个维度的判别效度较好。

表5－9　　区域品牌形象量表聚合效度分析结果（山西老陈醋）

因子	题项	因子载荷	平均方差提取量（AVE）	组合信度（CR）	AVE 开方值
PEI	B3	0.880	0.6565	0.8501	0.810
	B2	0.852			
	B1	0.685			
PNI	B6	0.931	0.6712	0.8546	0.819
	B5	0.906			
	B4	0.571			
PII	B9	0.879	0.6727	0.8595	0.820
	B8	0.856			
	B7	0.716			
PCI	B13	0.790	0.6588	0.8853	0.811
	B12	0.802			
	B11	0.825			
	B10	0.829			

注：PEI 表示"区域经济形象"，PNI 表示"区域自然形象"，PII 表示"区域产业形象"，PCI 表示"区域企业形象"。

表5－10　　区域品牌形象量表判别效度分析结果（山西老陈醋）

因子	PEI	PNI	PII	PCI
PEI	0.810	0.683	0.703	0.771
PNI	0.683	0.819	0.614	0.750
PII	0.703	0.614	0.820	0.835
PCI	0.771	0.750	0.835	0.811

注：PEI 表示"区域经济形象"，PNI 表示"区域自然形象"，PII 表示"区域产业形象"，PCI 表示"区域企业形象"。

其次，本书以景德镇实验组样本数据（N＝215）为基础，利用 AMOS 统计分析软件再对区域品牌形象量表进行验证性因子分析。区域品牌形象量表的聚合效度和判别效度如表5－11和表5－12所示。从表5－11的区域品牌形象量表聚合效度分析结果可以看出，区域品牌形象量表的四个维度：区域经济形象（PEI）、区域自然形象（PNI）、区域产业形象（PII）和区域企业形象（PCI）的平均方差提取量（AVE）值都在 0.5 以上，符合参考标准，表明各维度的聚合效度较好。同时，上述四个维度的组合信度（CR）值都在 0.8 以上或接近 0.8，表明内部一致性信度质量较高。从表 5 - 12 的区域品牌形象量表判别效度分析结果可以看出，四个因子中除了区域产业形象（PII）和区域企业形象（PCI）的相关性较大外，其余因子间的相关系数均小于平均方差提取量（AVE）的开方根。说明，整体上讲区域品牌形象量表的四个维度的判别效度较好。

表 5 - 11　区域品牌形象量表聚合效度分析结果（景德镇瓷器）

题项	因子载荷	AVE 平均方差提取量	CR 组合信度	AVE 开方
B3	0.848			
B2	0.826	0.6477	0.846	0.805
B1	0.736			
B6	0.943			
B5	0.859	0.7029	0.8748	0.838
B4	0.694			
B9	0.842			
B8	0.717	0.5673	0.7961	0.753
B7	0.692			
B13	0.737			
B12	0.771	0.5448	0.8271	0.738
B11	0.706			
B10	0.737			

注：PEI 表示"区域经济形象"，PNI 表示"区域自然形象"，PII 表示"区域产业形象"，PCI 表示"区域企业形象"。

表 5 - 12　区域品牌形象量表判别效度分析结果（景德镇瓷器）

因子	PEI	PNI	PII	PCI
PEI	0.805	0.722	0.692	0.793
PNI	0.722	0.838	0.667	0.635
PII	0.692	0.667	0.753	0.899
PCI	0.793	0.635	0.899	0.738

注：PEI 表示"区域经济形象"，PNI 表示"区域自然形象"，PII 表示"区域产业形象"，PCI 表示"区域企业形象"。

（二）公司品牌信念量表的信度和效度分析

公司品牌信念量表参考 Fishbein 和 Ajzen（1975）提出的著名"Fishbein 模型"设计而成。量表的核心部分由一个维度和关于特定产品类型各属性的几个题项构成。在本书中，针对山西老陈醋的公司品牌信念量表由七个题项构成，针对景德镇瓷器的公司品牌信念量表由五个题项构成。为了检验该量表的信度和效度，考虑到是单维度量表，本书利用 SPSS 软件进行探索性因子分析及信度检验。

首先，本书以山西老陈醋实验组样本数据（N = 202）为基础，利用 SPSS 统计分析软件对公司品牌信念量表进行探索性因子分析和信度检验。公司品牌信念量表 KMO 值为 0.889，Bartlett's 检验显著性为 0.000，表示适合进行探索性因子分析。共析出一个特征根大于 1 的因子，解释了总体方差的 65.077%。从表 5 – 13 可以看出，7 个题项的因子载荷都在 0.6 以上或者接近 0.6，表示因子载荷都比较理想。总体而言，公司品牌信念量表的效度较高。同时，公司品牌信念量表的 Cronbach's α 系数为 0.905，大于 0.7 的参考标准，表明公司品牌信念量表的内部一致性较好。

表 5 – 13　公司品牌信念量表成分矩阵与信度结果（山西老陈醋）

序号	题项	成分与因子载荷	Cronbach's α 系数
C1	老陈醋的口感属性重要性	0.803	
C2	老陈醋的原料属性重要性	0.858	
C3	老陈醋的安全可靠属性重要性	0.849	
C4	老陈醋的产品种类属性重要性	0.785	0.905
C5	老陈醋的营养成分属性重要性	0.854	
C6	老陈醋的包装属性重要性	0.596	
C7	老陈醋的新鲜程度属性重要性	0.869	

其次，本书以景德镇瓷器实验组样本数据（N = 215）为基础，利用 SPSS 统计分析软件对公司品牌信念量表进行探索性因子分析和信度检验。公司品牌信念量表 KMO 值为 0.851，Bartlett's 检验显著

性为 0.000，表示适合进行探索性因子分析。共析出一个特征根大于 1 的因子，解释了总体方差的 61.851%。从表 5 - 14 可以看出，5 个题项的因子载荷都在 0.7 以上，表示因子载荷都比较理想。总体而言，公司品牌信念量表的效度较高。公司品牌信念量表的 Cronbach's α 系数为 0.845，大于 0.7 的参考标准，表明公司品牌信念量表的内部一致性较好。

表 5 - 14　公司品牌信念量表成分矩阵与信度结果（景德镇瓷器）

序号	题项	成分与因子载荷	Cronbach's α 系数
C1	瓷器的材质属性重要性	0.718	
C2	瓷器的纹饰属性重要性	0.824	
C3	瓷器的安全可靠属性重要性	0.795	0.845
C4	瓷器的产品种类属性重要性	0.788	
C5	瓷器的外观设计属性重要性	0.803	

（三）公司品牌态度量表的信度和效度分析

公司品牌态度调查问卷基于 Mitchell Andrew A., Olson Jerry C. (1981) 提出的"消费者态度量表"改编而成，该量表共有 5 个题项。为了检验该量表的信度和效度，考虑到是单维度量表，本书利用 SPSS 软件进行探索性因子分析及信度检验。

首先，本书以山西老陈醋实验组样本数据（N = 202）为基础，利用 SPSS 统计分析软件对公司品牌态度量表进行探索性因子分析和信度检验。公司品牌态度量表 KMO 值为 0.875，Bartlett's 检验显著性为 0.000，表示适合进行探索性因子分析。共析出一个特征根大于 1 的因子，解释了总体方差的 80.610%。从表 5 - 15 可以看出，5 个题项的因子载荷都在 0.8 以上，表示因子载荷都比较理想。总体而言，公司品牌态度量表的效度较高。公司品牌态度量表的 Cronbach's α 系数为 0.939，大于 0.7 的参考标准，表明公司品牌态度量表的内部一致性较好。

表 5-15　公司品牌态度量表成分矩阵与信度结果（山西老陈醋）

序号	题项	成分与因子载荷	Cronbach's α 系数
E1	A 公司老陈醋产品非常好	0.910	
E2	A 公司老陈醋整体质量很好	0.887	
E3	我对 A 公司老陈醋持肯定态度	0.915	0.939
E4	我非常喜欢 A 公司老陈醋产品	0.905	
E5	A 公司老陈醋产品很吸引人	0.870	

其次，本书以景德镇瓷器实验组样本数据（N = 215）为基础，利用 SPSS 统计分析软件对公司品牌态度量表进行探索性因子分析和信度检验。公司品牌态度量表 KMO 值为 0.877，Bartlett's 检验显著性为 0.000，表示适合进行探索性因子分析。共析出一个特征根大于 1 的因子，解释了总体方差的 80.058%。从表 5-16 可以看出，5 个题项的因子载荷都在 0.8 以上，表示因子载荷都比较理想。总体而言，公司品牌态度量表的效度较高。公司品牌态度量表的 Cronbach's α 系数为 0.937，大于 0.7 的参考标准，表明公司品牌态度量表的内部一致性较好。

表 5-16　公司品牌态度量表成分矩阵与信度结果（景德镇瓷器）

序号	题项	成分与因子载荷	Cronbach's α 系数
E1	A 公司瓷器产品非常好	0.896	
E2	A 公司瓷器整体质量很好	0.901	
E3	我对 A 公司瓷器持肯定态度	0.891	0.937
E4	我非常喜欢 A 公司瓷器产品	0.894	
E5	A 公司瓷器产品很吸引人	0.892	

（四）购买意愿量表的信度和效度分析

产品购买意愿调查问卷基于 Grewal、Krishnan 和 Julie Baker 于

1998 年提出的"购买意愿量表"，该量表共有 3 个题项。为了检验该量表的信度和效度，考虑到是单维度量表，本书利用 SPSS 软件进行探索性因子分析及信度检验。

首先，本书以山西老陈醋实验组样本数据（N = 202）为基础，利用 SPSS 统计分析软件对产品购买意愿量表进行探索性因子分析和信度检验。产品购买意愿量表 KMO 值为 0.741，Bartlett's 检验显著性为 0.000，表示适合进行探索性因子分析。共析出一个特征根大于 1 的因子，解释了总体方差的 80.610%。从表 5 – 17 可以看出，3 个题项的因子载荷都在 0.9 以上，表示因子载荷都非常理想。总体而言，产品购买意愿量表的效度较高。产品购买意愿量表的 Cronbach's α 系数为 0.918，大于 0.7 的参考标准，表明产品购买意愿量表的内部一致性较好。

表 5 – 17　产品购买意愿量表成分矩阵与信度结果（山西老陈醋）

序号	题项	成分与因子载荷	Cronbach's α 系数
F1	我会考虑购买 A 公司老陈醋产品	0.933	
F2	我愿意购买 A 公司老陈醋产品	0.947	0.918
F3	我会向朋友推荐 A 公司老陈醋产品	0.903	

其次，本书以景德镇瓷器实验组样本数据（N = 215）为基础，利用 SPSS 统计分析软件对产品购买意愿量表进行探索性因子分析和信度检验。产品购买意愿量表 KMO 值 0.717，Bartlett's 检验显著性为 0.000，表示适合进行探索性因子分析。共析出一个特征根大于 1 的因子，解释了总体方差的 84.279%。从表 5 – 18 可以看出，3 个题项的因子载荷都在 0.8 以上，表示因子载荷都非常理想。总体而言，产品购买意愿量表的效度较高。产品购买意愿量表的 Cronbach's α 系数为 0.906，大于 0.7 的参考标准，表明产品购买意愿量表的内部一致性较好。

表 5 – 18 产品购买意愿量表成分矩阵与信度结果（景德镇瓷器）

序号	题项	成分与因子载荷	Cronbach's α 系数
F1	我会考虑购买 A 公司瓷器产品	0.924	
F2	我愿意购买 A 公司瓷器产品	0.947	0.906
F3	我会向朋友推荐 A 公司瓷器产品	0.881	

三 区域品牌形象光环效应的独立样本 T 检验

（一）基于山西老陈醋产业的实验组和控制组数据的分析

第一，将实验组记为 1，控制组记为 2，从总体上对比两组在公司品牌信念、公司品牌态度和购买意愿上所存在的差异。其中，实验组被试接受了山西老陈醋区域产业介绍材料和图片的刺激，控制组没有接受山西老陈醋区域品牌产业介绍材料的刺激。独立样本 T 检验结果如表 5 – 19 所示。

表 5 – 19 山西老陈醋产业实验组和控制组总体上的
独立样本 T 检验结果 单位：人

	H01 实验组别	样本量	均值	标准差	显著性（双尾）
N001	实验组	202	238.1386	68.94500	0.163
	控制组	201	227.5323	82.86405	0.163
E001	实验组	202	5.5426	1.16954	0.011
	控制组	201	5.2090	1.44725	0.011
F001	实验组	202	5.4934	1.26492	0.000
	控制组	201	4.9851	1.57984	0.000

注：N001 表示公司品牌信念；E001 表示公司品牌态度；F001 表示产品购买意愿。

总体而言，山西老陈醋实验组与对照组在对 A 陈醋企业的公司品牌信念的评价方面不存在显著性差异；山西老陈醋实验组与对照组在对 A 陈醋企业的公司品牌态度的评价方面存在显著性差异，实验组显著高于对照组，显著性水平为 0.05；山西老陈醋实验组与对照组在对 A 陈醋企业的产品购买意愿的评价方面存在显著性差异，实验组显著高于对照组，显著性水平为 0.05。

第二，将实验组记为 1，控制组记为 2，从公司品牌信念的七个具体属性上对比两组实验被试的认知差异。其中，实验组被试接受了山西老陈醋区域产业介绍材料和图片的刺激，控制组没有接受山西老陈醋区域品牌产业介绍材料的刺激，实验组和控制组被试都接受 A 公司品牌信息材料刺激。独立样本 T 检验结果如表 5 - 20 所示。

表 5 - 20　　　山西老陈醋产业实验组和控制组公司品牌信念

独立样本 T 检验结果　　　　　　单位：人

	H01 实验组别	样本量	均值	标准差	显著性（双尾）
D1 A 品牌	实验组	202	5.71	1.141	0.046
老陈醋的口感	控制组	201	5.45	1.449	0.046
D2 A 品牌	实验组	202	5.70	1.176	0.039
老陈醋的原料	控制组	201	5.43	1.479	0.039
D3 A 品牌老陈醋的	实验组	202	5.79	1.246	0.045
安全可靠	控制组	201	5.51	1.533	0.045
D4 A 品牌老陈醋的	实验组	202	5.43	1.245	0.478
产品种类	控制组	201	5.33	1.498	0.478
D5 A 品牌老陈醋的	实验组	202	5.58	1.208	0.183
营养成分	控制组	201	5.41	1.433	0.183
D6 A 品牌老陈醋的	实验组	202	5.32	1.253	0.490
包装	控制组	201	5.22	1.572	0.490
D7 A 品牌老陈醋的	实验组	202	5.68	1.209	0.162
新鲜程度	控制组	201	5.50	1.443	0.162

从实验组和对照组对于 A 公司品牌信念属性评价的具体对比来看，实验组在老陈醋的口感、原料、安全可靠三个属性上的评价得分要显著高于对照组，显著性水平为 0.05。实验组在老陈醋的产品种类、营养成分、包装、新鲜程度四个属性上的评价得分与对照组不存在显著性差异。

第三，将实验组记为 1，控制组记为 2，从公司品牌态度的五个具体题项上对比两组实验被试的认知差异。其中，实验组被试接受了山西老陈醋区域产业介绍材料和图片的刺激，控制组没有接受山西老陈醋区域品牌产业介绍材料的刺激，实验组和控制组被试都接受 A 公司品牌信息材料刺激。独立样本 T 检验结果如表 5 – 21 所示。

表 5 – 21　　　山西老陈醋产业实验组和控制组公司品牌态度
独立样本 T 检验结果　　　　单位：人

	H01 实验组别	样本量	均值	标准差	显著性（双尾）
E1 A 公司老陈醋产品非常好	实验组	202	5.55	1.316	0.041
	控制组	201	5.26	1.524	0.041
E2 A 公司老陈醋整体质量很好	实验组	202	5.63	1.303	0.026
	控制组	201	5.32	1.476	0.026
E3 我对 A 公司老陈醋持肯定态度	实验组	202	5.67	1.231	0.002
	控制组	201	5.25	1.506	0.002
E4 我非常喜欢 A 公司老陈醋产品	实验组	202	5.47	1.316	0.015
	控制组	201	5.12	1.526	0.015
E5 A 公司老陈醋产品很吸引人	实验组	202	5.40	1.350	0.041
	控制组	201	5.09	1.599	0.042

从实验组和对照组对于 A 公司品牌态度评价的具体对比来看，实验组在公司品牌态度五个题项上的评价得分都显著高于对照组，显著性水平为 0.05。

第四，将实验组记为 1，控制组记为 2，从产品购买意愿的三个具体题项上对比两组实验被试的认知差异。其中，实验组被试接受了山西老陈醋区域产业介绍材料和图片的刺激，控制组没有接受山西老陈醋区域品牌产业介绍材料的刺激，实验组和控制组被试都接受 A 公司品牌信息材料刺激。独立样本 T 检验结果如表 5 – 22 所示。

表 5 – 22　　　　山西老陈醋产业实验组和控制组产品购买意愿
独立样本 T 检验结果　　　　　单位：人

	H01 实验组别	样本量	均值	标准差	显著性（双尾）
F1 我会考虑购买	实验组	202	5.54	1.361	0.001
A 公司老陈醋产品	控制组	201	5.04	1.632	0.001
F2 我愿意购买	实验组	202	5.56	1.315	0.000
A 公司老陈醋产品	控制组	201	5.01	1.589	0.000
F3 我会向朋友推荐	实验组	202	5.37	1.416	0.003
A 公司老陈醋产品	控制组	201	4.90	1.730	0.003

从实验组和对照组对于 A 公司产品购买意愿评价的具体对比来看，实验组在产品购买意愿三个题项上的评价得分都显著高于对照组，显著性水平为 0.05。

（二）基于景德镇瓷器产业的实验组和控制组数据的分析

第一，将实验组记为 1，控制组记为 2，从总体上对比两组在公司品牌信念、公司品牌态度和购买意愿上所存在的差异。其中，实验组被试接受了景德镇瓷器区域产业介绍材料和图片的刺激，控制组没有接受景德镇瓷器区域品牌产业介绍材料的刺激。独立样本 T 检验结果如表 5 – 23 所示。

表 5 – 23　　　　景德镇瓷器产业实验组和控制组总体上的
独立样本 T 检验结果　　　　　单位：人

	H01 实验组别	样本量	均值	标准差	显著性（双尾）
N001	实验组	215	176.7953	41.28480	0.000
	控制组	202	147.5149	44.78164	0.000
E001	实验组	215	5.5637	1.08722	0.000
	控制组	202	4.9426	1.05485	0.000
F001	实验组	215	5.0171	1.34466	0.000
	控制组	202	4.2673	1.25959	0.000

注：N001 表示公司品牌信念；E001 表示公司品牌态度；F001 表示产品购买意愿。

总体而言，景德镇瓷器实验组与对照组在对 A 瓷器企业的公司品牌信念的评价方面存在显著性差异，实验组显著高于对照组，显著性水平为 0.05；景德镇瓷器实验组与对照组在对 A 瓷器企业的公司品牌态度的评价方面存在显著性差异，实验组显著高于对照组，显著性水平为 0.05；景德镇瓷器实验组与对照组在对 A 瓷器企业的产品购买意愿的评价方面存在显著性差异，实验组显著高于对照组，显著性水平为 0.05。

第二，将实验组记为 1，控制组记为 2，从公司品牌信念的五个具体属性上对比两组实验被试的认知差异。其中，实验组被试接受了景德镇瓷器区域产业介绍材料和图片的刺激，控制组没有接受景德镇瓷器区域品牌产业介绍材料的刺激，实验组和控制组被试都接受 A 公司品牌信息材料刺激。独立样本 T 检验结果如表 5 – 24 所示。

表 5 – 24 　　　景德镇瓷器产业实验组和控制组公司品牌信念

独立样本 T 检验结果　　　　单位：人

	H01 实验组别	样本量	均值	标准差	显著性（双尾）
D1 A 公司品牌瓷器的材质	实验组	215	5.77	1.036	0.000
	控制组	202	5.33	1.199	0.000
D2 A 公司品牌瓷器的纹饰	实验组	215	5.72	0.966	0.000
	控制组	202	5.21	1.183	0.000
D3 A 公司品牌瓷器的安全可靠	实验组	215	5.70	1.048	0.000
	控制组	202	5.17	1.226	0.000
D4 A 公司品牌瓷器的产品种类	实验组	215	5.62	1.033	0.000
	控制组	202	5.07	1.146	0.000
D5 A 公司品牌瓷器的外观设计	实验组	215	5.75	0.986	0.000
	控制组	202	5.27	1.167	0.000

从实验组和对照组对于 A 公司品牌信念属性评价的具体对比来看，实验组在瓷器的材质、纹饰、安全可靠、产品种类、外观设计五

个属性上的评价得分要显著高于对照组，显著性水平为 0.05。

第三，将实验组记为 1，控制组记为 2，从公司品牌态度的五个具体题项上对比两组实验被试的认知差异。其中，实验组被试接受了景德镇瓷器区域产业介绍材料和图片的刺激，控制组没有接受景德镇瓷器区域品牌产业介绍材料的刺激，实验组和控制组被试都接受 A 公司品牌信息材料刺激。独立样本 T 检验结果如表 5 - 25 所示。

表 5 - 25　　　景德镇瓷器产业实验组和控制组公司品牌态度
独立样本 T 检验结果　　　　　　　单位：人

	H01 实验组别	样本量	均值	标准差	显著性（双尾）
E1A 公司瓷器产品非常好	实验组	215	5.61	1.158	0.000
	控制组	202	4.97	1.161	0.000
E2A 公司瓷器整体质量很好	实验组	215	5.65	1.137	0.000
	控制组	202	5.08	1.110	0.000
E3 我对 A 公司瓷器持肯定态度	实验组	215	5.64	1.211	0.000
	控制组	202	5.05	1.198	0.000
E4 我非常喜欢 A 公司瓷器产品	实验组	215	5.48	1.275	0.000
	控制组	202	4.74	1.313	0.000
E5A 公司瓷器产品很吸引人	实验组	215	5.44	1.295	0.000
	控制组	202	4.87	1.249	0.000

从实验组和对照组对于 A 公司品牌态度评价的具体对比来看，实验组在公司品牌态度五个题项上的评价得分都显著高于对照组，显著性水平为 0.05。

第四，将实验组记为 1，控制组记为 2，从产品购买意愿的三个具体题项上对比两组实验被试的认知差异。其中，实验组被试接受了景德镇瓷器区域产业介绍材料和图片的刺激，控制组没有接受景德镇瓷器区域品牌产业介绍材料的刺激，实验组和控制组被试都接受 A 公司品牌信息材料刺激。独立样本 T 检验结果如表 5 - 26 所示。

表 5 - 26　　　　景德镇瓷器产业实验组和控制组产品购买意愿

独立样本 T 检验结果　　　　　　单位：人

	H01 实验组别	样本量	均值	标准差	显著性（双尾）
F1 我会考虑购买	实验组	215	5.03	1.422	0.000
A 公司瓷器产品	控制组	202	4.21	1.414	0.000
F2 我愿意购买	实验组	215	4.93	1.469	0.000
A 公司瓷器产品	控制组	202	4.22	1.395	0.000
F3 我会向朋友推荐	实验组	215	5.09	1.506	0.000
A 公司瓷器产品	控制组	202	4.37	1.471	0.000

从实验组和对照组对于 A 公司产品购买意愿评价的具体对比来看，实验组在产品购买意愿三个题项上的评价得分都显著高于对照组，显著性水平为 0.05。

四　区域品牌形象光环效应扩展模型的分析与检验

（一）山西老陈醋和景德镇瓷器实验组合并数据的分析

本书借用原产国理论的光环效应模型阐释区域品牌形象对公司品牌评价的静态作用机制，即检验在消费者不熟悉公司品牌的条件下，区域品牌形象对公司品牌评价是否表现为光环效应。

根据本书的理论模型，以区域品牌形象（B001）为自变量，公司品牌信念（N001）和公司品牌态度（E001）为中介变量，购买意愿（F001）为因变量进行 Bootstrap 多步中介效应分析。选择 Bootstrap 模型 6 并进行样本量为 5000 的自抽样，设置 95% 的置信区间。

首先，查看中介效应存在的路径数量及其显著性状况。从间接效应分析结果可知存在三条中介效应路径：第一条中介效应路径是区域品牌形象（B001）→公司品牌信念（N001）→购买意愿（F001）；第二条中介效应路径是区域品牌形象（B001）→公司品牌信念（N001）→公司品牌态度（E001）→购买意愿（F001）；第三条中介效应路径是区域品牌形象（B001）→公司品牌态度（E001）→购买意愿（F001）。其中，第一条中介效应路径的中介分析结果值 BootLLCI 和 BootULCI 为（0.0684，0.1839），不包括 0，说明中介效应存

在，中介作用大小为 0.1214；第二条中介效应路径的中介分析结果值
BootLLCI 和 BootULCI 为（0.1278，0.2260），不包括 0，说明中介效
应存在，中介作用大小为 0.1717；第三条中介效应路径的中介分析结
果值 BootLLCI 和 BootULCI 为（0.2061，0.4013），不包括 0，说明中
介效应存在，中介作用大小为 0.3000。进一步检验这三条中介效应路
径是完全中介还是部分中介。从自变量区域品牌形象（B001）对因
变量购买意愿（F001）的直接影响结果看，自变量对因变量的直接影
响结果值 LLCI 和 ULCI 为（-0.1406，0.0854），包括 0，说明这三
条中介效应路径为完全中介。

其次，检验各变量间的直接影响关系及其显著性状况。从区域品
牌形象（B001）对公司品牌信念（N001）的影响来看，影响结果值
LLCI 和 ULCI 为（24.9465，35.8845），不包括 0，说明这种影响关
系显著；同时，影响系数为 30.4155，说明是存在显著正向影响关系，
研究假设 H1-1 得到支持。从区域品牌形象（B001）对公司品牌态
度（E001）的影响来看，影响结果值 LLCI 和 ULCI 为（0.3451，
0.5159），不包括 0，说明这种影响关系显著，影响系数为 0.4305，
为显著正向影响关系；从公司品牌信念（N001）对公司品牌态度
（E001）的影响来看，影响结果值 LLCI 和 ULCI 为（0.0068，
0.0094），不包括 0，说明这种影响关系显著，影响系数为 0.0081，
为显著正向影响关系，研究假设 H1-2 得到支持。从区域品牌形象
（B001）对购买意愿（F001）的影响来看，影响结果值 LLCI 和 ULCI
为（-0.1406，0.0854），包括 0，说明这种影响关系不显著；从公
司品牌信念（N001）对购买意愿（F001）的影响来看，影响结果值
LLCI 和 ULCI 为（0.0022，0.0058），不包括 0，说明这种影响关系
显著，影响系数为 0.0040，为显著正向影响关系；从公司品牌态度
（E001）对购买意愿（F001）的影响来看，影响结果值 LLCI 和 ULCI
为（0.5818，0.8117），不包括 0，说明这种影响关系显著，影响系
数为 0.6968，为显著正向影响关系，研究假设 H1-3 得到支持。具
体检验结果如图 5-5 所示。

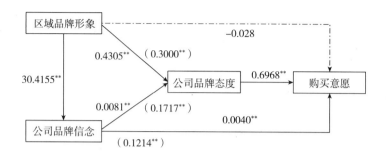

图 5-5 区域品牌形象光环效应扩展模型的分析结果（1）

注：**表示在 $\alpha = 0.05$ 水平上显著，（ ）表示中介效应的作用值。

（二）晋江运动鞋和呼和浩特乳制品控制组合并数据的分析

在本书所选取的晋江运动鞋和呼和浩特乳制品控制组实验中，设计了以区域品牌形象为自变量，公司品牌态度为中介变量，购买意愿为因变量的分析框架。因此，为了进一步检验区域品牌形象的光环效应，本书以区域品牌形象（B001）为自变量，公司品牌态度（C001）为中介变量，购买意愿（D001）为因变量进行 Bootstrap 简单中介效应分析。选择 Bootstrap 模型 4 并进行样本量为 5000 的自抽样，设置 95% 的置信区间。

首先，查看中介效应存在的路径及其显著性状况。从间接效应分析结果可知存在中介效应：区域品牌形象（B001）→公司品牌态度（C001）→购买意愿（D001）。中介效应的分析结果值 BootLLCI 和 BootULCI 为（0.5496，0.9284），不包括 0，说明中介效应存在，中介作用大小为 0.7415。进一步检验中介效应是完全中介还是部分中介。从自变量区域品牌形象（B001）对因变量购买意愿（D001）的直接影响结果看，自变量对因变量的直接影响结果值 LLCI 和 ULCI 为（0.0218，0.2606），不包括 0，说明中介效应为部分中介。

其次，检验各变量间的直接影响关系及其显著性状况。从区域品牌形象（B001）对公司品牌态度（C001）的影响来看，影响结果值 LLCI 和 ULCI 为（0.7334，0.9461），不包括 0，说明这种影响关系显著，影响系数为 0.8398；从区域品牌形象（B001）对购买意愿（D001）的影响来看，影响结果值 LLCI 和 ULCI 为（0.0218，0.2606），不包括 0，说明这种影响关系显著，影响系数为 0.1412；从公司品牌态度（C001）对购买意愿（D001）的影响来看，影响结果值 LLCI 和 ULCI 为（0.7966，0.9694），不包括 0，说明这种影响关系显著，影响系数为 0.8830。具体检验结果如图 5-6 所示。

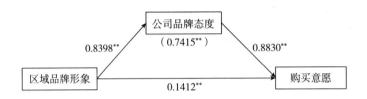

图 5-6　区域品牌形象光环效应扩展模型的分析结果（2）

注：＊＊表示在 α＝0.05 水平上显著，（　）表示中介效应的作用值。

五　区域品牌形象概括效应扩展模型的分析与检验

本书借用原产国理论的概括效应模型阐释区域品牌形象对公司品牌评价的静态作用机制，即检验在消费者熟悉公司品牌的条件下，区域品牌形象对公司品牌评价是否表现为概括效应。

（一）基于呼和浩特乳制品数据的分析

根据本书的理论模型，以公司品牌信念（P001）为自变量，区域品牌形象（D001）和公司品牌态度（E001）为中介变量，购买意愿（F001）为因变量进行 Bootstrap 多步中介效应分析。选择 Bootstrap 模型 6 并进行样本量为 5000 的自抽样，设置 95％ 的置信区间。

首先，查看中介效应存在的路径数量及其显著性状况。从间接效应分析结果可知存在三条中介效应路径：第一条中介效应路径是公司品牌信念（P001）→区域品牌形象（D001）→购买意愿（F001）；第二条中介效应路径是公司品牌信念（P001）→区域品牌形象（D001）→公司品牌态度（E001）→购买意愿（F001）；第三条中介效应路径是公司品牌信念（P001）→公司品牌态度（E001）→购买意愿（F001）。其中，第一条中介效应路径的中介分析结果值 BootLL-CI 和 BootULCI 为（-0.0001，0.0055），包括 0，说明中介效应不存在；第二条中介效应路径的中介分析结果值 BootLLCI 和 BootULCI 为（0.0000，0.0024），不包括 0，说明中介效应存在，中介作用大小为 0.001；第三条中介效应路径的中介分析结果值 BootLLCI 和 BootULCI 为（0.0015，0.0050），不包括 0，说明中介效应存在，中介作用大小为 0.003。进一步检验这三条中介效应路径是完全中介还是部分中介。从自变量公司品牌信念（P001）对因变量购买意愿（F001）的直接影响结果看，自变量对因变量的直接影响结果值 LLCI 和 ULCI 为（-0.0049，0.0014），包括 0，说明这两条成立的中介效应路径为完全中介。

其次，检验各变量间的直接影响关系及其显著性状况。从公司品牌信念（P001）对区域品牌形象（D001）的影响来看，影响结果值 LLCI 和 ULCI 为（0.0081，0.0103），不包括 0，说明这种影响关系显著，影响系数为 0.0092，为显著性正向影响关系，假设 H2-1 得到支持；从公司品牌信念（P001）对公司品牌态度（E001）的影响来看，影响结果值 LLCI 和 ULCI 为（0.0029，0.0072），不包括 0，说明这种影响关系显著，影响系数为 0.0050，为显著性正向影响关系；从区域品牌形象（D001）对公司品牌态度（E001）的影响来看，影响结果值 LLCI 和 ULCI 为（-0.0107，0.3634），包括 0，说明这种影响关系不显著，假设 H2-2 没有得到支持；从公司品牌信念（P001）对购买意愿（F001）的影响来看，影响结果值 LLCI 和 ULCI 为（-0.0049，0.0014），包括 0，说明这种影响关系不显著；从区域品牌形象（D001）对购买意愿（F001）的影响来看，影响结果值 LLCI 和 ULCI 为（0.0188，0.5333），不包括 0，说明这种影响关系显著，影响系数为 0.2760，为显著性正向影响关系；从公司品牌态度（E001）对购买意愿（F001）的影响来看，影响结果值 LLCI 和 ULCI 为（0.3859，0.8031），不包括 0，说明这种影响关系显著，影响系数为 0.5945，为显著性正向影响关系，假设 H2-3 得到支持。具体检验结果如图 5-7 所示。

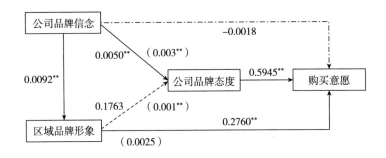

图 5 – 7　区域品牌形象概括效应扩展模型的分析结果（1）

注：＊＊表示在 α = 0.05 水平上显著。（　）表示中介效应的作用值。

（二）基于晋江运动鞋数据的分析

根据本书的理论模型，以公司品牌信念（P001）为自变量，区域品牌形象（E001）和公司品牌态度（F001）为中介变量，购买意愿（G001）为因变量进行 Bootstrap 多步中介效应分析。选择 Bootstrap 模型 6 并进行样本量为 5000 的自抽样，设置 95% 的置信区间。

首先，查看中介效应存在的路径数量及其显著性状况。从间接效应分析结果可知存在三条中介效应路径：第一条中介效应路径是公司品牌信念（P001）→区域品牌形象（E001）→购买意愿（G001）；第二条中介效应路径是公司品牌信念（P001）→区域品牌形象（E001）→公司品牌态度（F001）→购买意愿（G001）；第三条中介效应路径是公司品牌信念（P001）→公司品牌态度（F001）→购买意愿（G001）。其中，第一条中介效应路径的中介分析结果值 BootLLCI 和 BootULCI 为（ − 0.0022，0.0010），包括 0，说明中介效应不存在；第二条中介效应路径的中介分析结果值 BootLLCI 和 BootULCI 为（0.0005，0.0026），不包括 0，说明中介效应存在，中介作用大小为 0.0014；第三条中介效应路径的中介分析结果值 BootLLCI 和 BootULCI 为（0.0011，0.0041），不包括 0，说明中介效应存在，中介作用大小为 0.0024。进一步检验这三条中介效应路径是完全中介还是部分中介。从自变量公司品牌信念（P001）对因变量购买意愿（G001）的直接影响结果看，自变量对因变量的直接影响结果值 LLCI 和 ULCI 为

（0.0003，0.0047），不包括0，说明这两条成立的中介效应路径为部分中介。

其次，检验各变量间的直接影响关系及其显著性状况。从公司品牌信念（P001）对区域品牌形象（E001）的影响来看，影响结果值LLCI和ULCI为（0.0063，0.0090），不包括0，说明这种影响关系显著，影响系数为0.0077，为显著性正向影响关系，研究假设H2－1得到支持；从公司品牌信念（P001）对公司品牌态度（F001）的影响来看，影响结果值LLCI和ULCI为（0.0028，0.0062），不包括0，说明这种影响关系显著，影响系数为0.0045，为显著性正向影响关系；从区域品牌形象（E001）对公司品牌态度（F001）的影响来看，影响结果值LLCI和ULCI为（0.197，0.484），不包括0，说明这种影响关系显著，影响系数为0.3405，为显著性正向影响关系，研究假设H2－2得到支持；从公司品牌信念（P001）对购买意愿（G001）的影响来看，影响结果值LLCI和ULCI为（0.0003，0.0047），不包括0，说明这种影响关系显著，影响系数为0.0025，为显著性正向影响关系；从区域品牌形象（E001）对购买意愿（G001）的影响来看，影响结果值LLCI和ULCI为（－0.2770，0.0863），包括0，说明这种影响关系不显著；从公司品牌态度（F001）对购买意愿（G001）的影响来看，影响结果值LLCI和ULCI为（0.3440，0.7056），不包括0，说明这种影响关系显著，影响系数为0.5248，为显著性正向影响关系，研究假设H2－3得到支持。具体检验结果如图5－8所示。

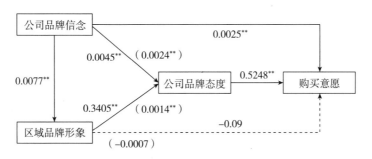

图5－8　区域品牌形象概括效应扩展模型的分析结果（2）

注：＊＊表示在α＝0.05水平上显著，（　）表示中介效应的作用值。

第四节　研究结论与讨论

一　研究结论

（一）区域品牌形象对消费者的具体品牌认知存在显著性影响

本书以山西老陈醋和景德镇瓷器两个代表性区域品牌为研究对象，验证在消费者不熟悉公司品牌的条件下是如何运用区域品牌形象信息评价区域内公司品牌的。通过实验组和控制组的独立样本 T 检验实证得出如下结论：

第一，区域品牌的光环效应存在。实验组在公司品牌信念、公司品牌态度和产品购买意愿方面都显著高于控制组。山西老陈醋实验组与对照组在对 A 陈醋企业的公司品牌态度的评价方面存在显著性差异，实验组显著高于对照组；山西老陈醋实验组与对照组在对 A 陈醋企业的产品购买意愿的评价方面存在显著性差异，实验组显著高于对照组。景德镇瓷器实验组与对照组在对 A 瓷器企业的公司品牌信念的评价方面存在显著性差异，实验组显著高于对照组；景德镇瓷器实验组与对照组在对 A 瓷器企业的公司品牌态度的评价方面存在显著性差异，实验组显著高于对照组；景德镇瓷器实验组与对照组在对 A 瓷器企业的产品购买意愿的评价方面存在显著性差异，实验组显著高于对照组。

第二，区域品牌形象对消费者的公司品牌信念产生影响。山西老陈醋实验组在老陈醋的口感、原料、安全可靠三个属性上的评价得分要显著高于对照组；实验组在老陈醋的产品种类、营养成分、包装、新鲜程度四个属性上的评价得分与对照组不存在显著差异。景德镇瓷器实验组在瓷器的材质、纹饰、安全可靠、产品种类、外观设计五个属性上的评价得分要显著高于对照组。

第三，区域品牌形象对消费者的公司品牌态度产生影响。山西老陈醋实验组在公司品牌态度五个具体指标上的评价得分都显著高于对照组。景德镇瓷器实验组在公司品牌态度五个具体指标上的评价得分都显著高于对照组。

第四，区域品牌形象对消费者的产品购买意愿产生影响。山西老陈醋实验组在产品购买意愿三个指标上的评价得分都显著高于对照组。景德镇瓷器实验组在产品购买意愿三个指标上的评价得分都显著高于对照组，显著性水平为 0.05。

（二）区域品牌形象光环效应扩展模型得到验证和发展

本书借用原产国理论的光环效应模型阐释区域品牌形象对公司品牌评价的静态作用机制，即检验在消费者不熟悉公司品牌的条件下，区域品牌形象对公司品牌评价是否表现为光环效应。研究假设不仅得到支持，而且研究结果扩展了本书最初的假设。

1. 山西老陈醋和景德镇瓷器实验组数据分析结果支持研究假设

通过选择山西老陈醋和景德镇瓷器为实验对象，并将两组实验数据进行合并分析，根据本书的理论模型，以区域品牌形象为自变量，公司品牌信念和公司品牌态度为中介变量，购买意愿为因变量进行Bootstrap 多步中介效应分析得出如下结论：

首先，区域品牌形象对产品购买意愿的影响存在三条显著性影响路径：第一条路径是区域品牌形象→公司品牌信念→购买意愿；第二条路径是区域品牌形象→公司品牌信念→公司品牌态度→购买意愿；第三条路径是区域品牌形象→公司品牌态度→购买意愿。而且这三条中介效应路径为完全中介。

其次，各变量之间存在直接影响关系。区域品牌形象对公司品牌信念存在显著正向影响关系；区域品牌形象对公司品牌态度存在显著正向影响关系；公司品牌信念对公司品牌态度存在显著正向影响关系；公司品牌信念对购买意愿存在显著正向影响关系；公司品牌态度对购买意愿存在显著正向影响关系。

2. 晋江运动鞋和呼和浩特乳制品控制组数据分析结果支持研究假设

本书所选取的晋江运动鞋和呼和浩特乳制品控制组实验中，设计了以区域品牌形象为自变量，公司品牌态度为中介变量，购买意愿为因变量的分析框架。因此，为了进一步检验区域品牌形象的光环效应，本书以区域品牌形象为自变量，公司品牌态度为中介变量，购买意愿为因变量进行 Bootstrap 简单中介效应分析得出如下结论：

首先，区域品牌形象对消费者购买意愿的间接效应分析结果显示存在中介效应路径：区域品牌形象→公司品牌态度→购买意愿，而且是部分中介。

其次，各变量之间也存在直接影响关系。区域品牌形象对公司品牌态度存在显著性正向影响关系；区域品牌形象对购买意愿存在显著性正向影响关系；公司品牌态度对购买意愿存在显著性正向影响关系。

（三）区域品牌形象概括效应扩展模型得到验证和发展

本书借用原产国理论的概括效应模型阐释区域品牌形象对公司品牌评价的静态作用机制，即检验在消费者熟悉公司品牌的条件下，区域品牌形象对公司品牌评价是否表现为概括效应。研究假设不仅得到支持，而且研究结果扩展了本章第一节中的假设 H2-1，H2-2，H2-3。

本书先后以呼和浩特乳制品和晋江运动鞋两个代表性区域品牌为研究对象，以公司品牌信念为自变量，区域品牌形象和公司品牌态度为中介变量，购买意愿为因变量进行 Bootstrap 多步中介效应分析得出以下研究结论。

1. 呼和浩特乳制品数据分析验证了研究假设

首先，公司品牌信念对产品购买意愿的影响存在两条显著性影响路径：第一条中介效应路径是公司品牌信念→区域品牌形象→公司品牌态度→购买意愿；第二条中介效应路径是公司品牌信念→公司品牌态度→购买意愿。这两条中介效应路径都为完全中介。

其次，各变量之间存在直接影响关系。公司品牌信念对区域品牌形象存在显著性正向影响关系；公司品牌信念对公司品牌态度存在显著性正向影响关系；区域品牌形象对购买意愿存在显著性正向影响关系；公司品牌态度对购买意愿存在显著性正向影响关系。

2. 晋江运动鞋数据分析验证了研究假设

首先，公司品牌信念对产品购买意愿的影响存在两条显著性影响路径：第一条中介效应路径是公司品牌信念→区域品牌形象→公司品牌态度→购买意愿；第二条中介效应路径是公司品牌信念→公司品牌态度→购买意愿。这两条中介效应路径都为部分中介。

其次，各变量之间存在直接影响关系。公司品牌信念对区域品牌形象存在显著性正向影响关系；公司品牌信念对公司品牌态度存在显著性正向影响关系；区域品牌形象对公司品牌态度存在显著性正向影响关系；公司品牌信念对购买意愿存在显著性正向影响关系；公司品牌态度对购买意愿存在显著性正向影响关系。

二　讨论

（一）区域品牌形象存在光环效应且对消费者的认知产生显著影响

本书是在原产国形象效应基础上进行的验证和拓展研究。首先，验证了学术界将国与国之间的产地线索推广到同一国家不同地理区域的产地线索上也存在着原产地效应，特别是区域品牌形象的光环效应得到直接验证。这可以通过本书的山西老陈醋和景德镇瓷器两个代表性区域品牌实验组和对照组的样本对比分析得出。

在本书中，山西老陈醋和景德镇瓷器两个区域品牌的实验组被试接受了区域产业介绍材料和图片的刺激，控制组没有接受区域品牌产业介绍材料的刺激。总体上，实验组在对虚拟设计的 A 公司的公司品牌信念、公司品牌态度和产品购买意愿方面的评价得分都显著高于控制组。从区域品牌形象对消费者的公司品牌信念产生的具体影响来看，山西老陈醋和景德镇瓷器实验组在产品的多个重要属性上的评价得分要显著高于对照组。从区域品牌形象对消费者的公司品牌态度产生的具体影响看，山西老陈醋和景德镇瓷器实验组在公司品牌态度五个具体指标上的评价得分都显著高于对照组。从区域品牌形象对消费者的产品购买意愿产生的具体影响看，山西老陈醋和景德镇瓷器实验组在产品购买意愿三个指标上的评价得分都显著高于对照组。

上述显著性分析结果在本书的初始设计中有所考虑，但是没有形成具体假设。实证数据却给出了重要启示，区域品牌形象的刺激材料对消费者能产生实际影响。区域内的特定企业在推广和宣传自身企业品牌和产品时，可以突出区域品牌形象和区域产业相关背景信息的宣传，让区域品牌形象发挥出应有的光环效应。

（二）区域品牌形象对公司品牌评价的光环效应扩展模型需要进一步拓展

在 Han（1989）提出的原产国光环效应模型中，只有一条影响路径：国家形象→品牌信念→品牌态度。本书虽然引入了消费者购买意愿作为新的因变量并拓展了光环效应模型，但是实证研究发现，在区域品牌形象光环效应模型中，不仅仅存在一条显著的影响路径。

山西老陈醋和景德镇瓷器两组实验数据的合并分析结果显示，区域品牌形象对产品购买意愿的影响存在三条显著性影响路径：第一条路径是区域品牌形象→公司品牌信念→购买意愿；第二条路径是区域品牌形象→公司品牌信念→公司品牌态度→购买意愿；第三条路径是区域品牌形象→公司品牌态度→购买意愿。这三条中介效应路径为完全中介。而且各变量之间存在较为复杂的直接影响关系。区域品牌形象对公司品牌信念存在显著正向影响关系；区域品牌形象对公司品牌态度存在显著正向影响关系；公司品牌信念对公司品牌态度存在显著正向影响关系；公司品牌信念对购买意愿存在显著正向影响关系；公司品牌态度对购买意愿存在显著正向影响关系。

晋江运动鞋和呼和浩特乳制品控制组合并数据分析显示，区域品牌形象对消费者购买意愿的间接效应分析结果显示存在中介效应路径：区域品牌形象→公司品牌态度→购买意愿，而且是部分中介。各变量之间也存在较为复杂的直接影响关系。区域品牌形象对公司品牌态度存在显著性正向影响关系；区域品牌形象对购买意愿存在显著性正向影响关系；公司品牌态度对购买意愿存在显著性正向影响关系。

本书的研究结果比最初所提出的研究假设丰富了很多，同时研究也更清晰地解释了区域品牌形象对公司品牌评价和消费者购买意愿之间的复杂影响机制。

（三）区域品牌形象对公司品牌评价的概括效应扩展模型需要进一步拓展

在 Han（1989）提出的原产国概括效应模型中，只有一条影响路径：品牌信念→国家形象→品牌态度。本书虽然引入了消费者购买意愿作为新的因变量并拓展了概括效应模型，但是实证研究发现，在区域品牌形象概括效应模型中，不仅仅存在一条显著的影响路径。

对呼和浩特乳制品数据的分析显示，公司品牌信念对产品购买意愿的影响存在两条显著的影响路径：第一条中介效应路径是公司品牌信念→区域品牌形象→公司品牌态度→购买意愿；第二条中介效应路径是公司品牌信念→公司品牌态度→购买意愿。这两条中介效应路径都为完全中介。各变量之间存在复杂的直接影响关系。公司品牌信念对区域品牌形象存在显著的正向影响关系；公司品牌信念对公司品牌态度存在显著的正向影响关系；区域品牌形象对购买意愿存在显著的正向影响关系；公司品牌态度对购买意愿存在显著的正向影响关系。

对晋江运动鞋数据的分析显示，公司品牌信念对产品购买意愿的影响存在两条显著的影响路径：第一条中介效应路径是公司品牌信念→区域品牌形象→公司品牌态度→购买意愿；第二条中介效应路径是公司品牌信念→公司品牌态度→购买意愿。这两条中介效应路径都是部分中介。各变量之间存在复杂的直接影响关系。公司品牌信念对区域品牌形象存在显著的正向影响关系；公司品牌信念对公司品牌态度存在显著的正向影响关系；区域品牌形象对公司品牌态度存在显著的正向影响关系；公司品牌信念对购买意愿存在显著的正向影响关系；公司品牌态度对购买意愿存在显著的正向影响关系。

上述结果比本书最初所提出的研究假设丰富了很多，同时亦更清晰地显示和说明了区域品牌形象对公司品牌评价和消费者购买意愿之间的复杂影响机制。

第六章 区域品牌形象动态作用机制研究

本章在验证和阐释区域品牌形象对公司品牌评价的静态作用机制的基础上，对 Papadopoulos 和 Heslop（1993）提出的国家形象光环—概括效应组合模型进行修订，引入"多品牌信息一致性属性"变量，选择具有使用经验的消费者作为被试，采用多组实验设计，运用方差分析和结构方程建模分析，验证区域内多品牌不同属性信息（积极、消极和中性信息）对消费者区域品牌形象评价及其公司品牌态度与购买意愿的影响作用机制，进一步从动态的视角阐释区域品牌形象对公司品牌评价的作用机理。

第一节 文献回顾

自 Han（1989）提出原产国形象效应（country of origin effect）的光环效应模型与概括效应模型以来，国内外学者不断在理论与实践两个方面对原产国形象在消费者购买过程中所发挥作用的作用机制进行深入探讨，不断用实践丰富和完善原产国效应作用机制，提出更完整的理论模型，并在不同消费情境下对其实际运作机理模型进行修订、拓展和实证检验。

一 国外原产国形象"光环—概括效应动态模型"的提出与发展

（一）原产国形象光环模型的修订与拓展

光环效应最初是一个心理学概念，通常，光环效应就是指评价主体对评价对象的总体与某些属性的印象对评价主体对该对象其他属性评价的影响。

Han（1989）指出原产国形象作为一种光环直接影响消费者对产品属性的信念，并通过所形成的信念间接影响产品的总体评价。[①] 即原产国形象作为国际产品或品牌的一种突出属性，首先影响消费者对产品或品牌其他属性的信念，进而间接影响消费者对产品或品牌的态度。

后续研究过程中，光环效应概念从光环成因的角度被细分为三个子概念：总体印象光环（overall impression halo）、突出属性光环（salient – trait halo）与内部属性光环（inter – trait halo）（Oh and Ramaprasad，2003）[②]。总体印象光环指人们对某人（某物）的总体印象会影响其对该人（物）的所有属性的评价。突出属性光环是指人们对某人（物）的某一突出属性的评价会影响他们对该人（物）其他属性的评价。内部属性光环是指对每一属性的评价都会影响对其他所有属性的评价。

实际上，内部属性光环是突出属性光环的延伸与扩展，也可以看作是突出属性光环的普遍形式，但其效应不如突出属性光环明显。因而，在谈论或研究光环效应时，一般只考虑总体印象和突出属性光环。由于在认知过程中，人们一般只能了解事物的某一属性，所以，突出属性光环在实践中更为普遍。

也有研究指出，在所谓的多属性环境下，消费者需要被证实使用他们的产品——国家知识作为替代指标，通过这一指标他们推断产品质量属性，特别是在消费者对于属性信息不熟悉或缺失的情况下（Erickson et al.，1984；Johansson et al.，1985；Han，1989；Knight and Calantone，2000；Laroche et al.，2005）。此外，当消费者面临模糊属性信息时，他们似乎喜欢使用原产国线索。在这种情境下，处理原产国线索被视为认知性调节或光环机制。后者被定义为一种原产国

---

① Han, C. M. 1989. "Country image：Halo or Summary constructs?"，*Journal of marketing research*，Vol. XXⅥ，No. 5，1989，pp. 222 – 229.

② Oh, M. Y. and Ramaprasad, J.，"Halo effect：Conceptual dlefinieion and empirical exploration with regard to Soueh Korean subsidiaries of us and Japanese muleirational Corporations"，*Journal of Communieation Management*，Vol. 7，4，pp. 317 – 330.

效应对整体产品评价是间接的并且表现较弱，因为它受到与产品有关特定属性信念形成的调节。光环效应将是一种次要的原产国处理过程，因为原产国对消费者对某产品做出最终评价仅发挥间接作用，并且作用有限。

Sicillia 等（2005）加入产品介入度后提出基于双重调节假设与情感转移假设的原产国效应模型（图 6 - 1）。多线索环境下，在评价高介入度商品时，消费者不可能仅仅基于产品——国家形象来做决策。产品介入度对于产品的来源国态度有相当大的影响作用。产品介入度对增加产品态度无论是正向还是反向作用都有重要影响。消费者态度的形成与产品介入度的高低有关，这是两种不同的过程：核心路径和次要路径。次要路径（低介入度）发生在对于单一相关线索的态度直接影响对于消费者所关注的产品或品牌的态度。因此，如果原产国形象就是这一个单一线索的话，那么消费者的态度可能全部基于他对原产国形象态度的影响。另外，消费者对相关信息的态度主要与其前期收集的与产品有关的信息相关，高介入度产品态度的形成通过核心路径起作用。这两种作用路径后者的过程基于双调节假设，而前者则基于情感转移假设。

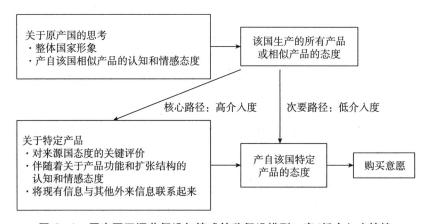

图 6 - 1　原产国双调节假设与情感转移假设模型：高/低介入度情境

资料来源：Sicilia, M., S. Ruiz, and N. Reynolds, "Attitude formation online：How the consumer's need for cognition affects the relationship between attitude toward the website and attitude toward the brand". *International Journal of Market Research*, Vol. 48, No. 2, 2005, pp. 139 – 154.

（二）原产国形象概括模型的拓展与应用

除了光环效应，Han（1989）提出基于原产国效应的第二种类型的认知过程。在这一认知过程中，原产国线索不再表现为推断属性信息的替代指标，但是作为概括效应对消费者趋势评价有更多的直接影响。Han 把概括效应定义为消费者形成的关于某国生产的多种品牌的一系列信息，以对产品的全面评价存储在他们记忆中，在评价品牌的过程中被迅速激活。而除此之外的额外产品信息被废弃或丢失，这一过程与光环作用一致。原产国线索对产品整体评价的影响是间接的并且作用较弱。在概括效应中，其他产品信息没有被准确地考虑，因其受原产国线索的概括，原产国线索对整体产品评价有直接的、实质性的影响。

来自同一原产国的品牌具有非常相似的产品属性（零散的信息），消费者能够从该国的产品中提炼信息并有可能进行重新编码（信息提炼），进而形成模块化的原产国信息，从而影响产品或品牌态度。这就是原产国形象的概括效应模型。

在原产国形象的概括效应模型中，原产国形象的作用机制是：消费者通过对来自同一原产国的不同产品或品牌的体验，形成对产品或品牌属性的信念。消费者从对产品属性的信念中，抽象出原产国形象信息，从而影响消费者对产品和品牌的态度。

对于原产国形象概括效应的检验，在学界已被广泛证实。

Jaffe 和 Nebenzahl（2001）对原产国的光环效应和概括效应的关系作如下总结。光环假设有两个方面的理论启示。其一，消费者通过国家形象推断产品质量；其二，国家形象影响对产品属性的评价。研究报告显示，国家形象作为光环直接影响消费者关于产品属性的信念，间接通过这些信念影响整体产品评价。因此光环假设提出如下结构关系：国家形象影响消费者信念（关于产品属性的），进而影响消费者品牌态度。①

---

① Jaffe and Nebenzahl, *National Image and Competitive Advantage*, Copenhagen Business School Press, 2001, pp. 343 - 360.

概括效应假设有两个方面的管理启示。其一，消费者将产品信息抽象成国家信息，又反过来受到光环假设的暗示作出推断；其二，国家形象直接影响消费者对来自某国品牌的态度，而非间接地通过产品属性评价来影响它（Wright，1975）。因而概括模型假设指出如下作用关系：信念影响国家形象，进而影响品牌态度。

简单来说，光环模型假设国家形象在产品评价过程中作为一个光环来起作用，而概括效应模型假设国家形象作为概括构面而发挥作用。当消费者对某国产品不熟悉时，国家形象可能成为一个光环，通过这个光环，消费者推断某品牌产品的属性，并间接通过产品属性评价影响态度，因为产品属性是推断出来的；反之当消费者对某国产品熟悉以后，国家形象可能成为一种概括，总结消费者对产品属性的信念，并直接影响他们对某品牌的态度。

（三）原产国光环—概括动态模型的提出

原产国的研究文献频繁地引述 Han（1989）描述线索认知过程的工作。光环模型和概括模型在不断被检验、拓展的同时，也受到来自学界的批判和再思考。Knight 和 Calantone（2010）提出这些模型，国家形象和产品信念在低和高产品知识情境下不是直接对态度产生影响的。他们指出，在某些个案中，消费者既使用整体国家形象，也同时使用产品信念来形成态度。[1] 在此基础上，Knight 和 Calantone 提出国家形象效应的弹性模型，将直接影响和间接影响结合起来。如图 6-2 所示。

上述所有模型都假设原产国信息是可以获取的，并且消费者对此线索是有反应的。然而消费者往往只有在购买商品的时候才注意到原产国信息。Lin 和 Johnson（2005）指出品牌模式自动地起作用。Heslop 和 Papdopoulos（1993）也有相似发现，从八个国家收集的消费者信息显示消费者几乎不关心来源国信息。普遍知识和特定知识对态度

---

① Knight, G. A., and R. K. Calantone, "A flexible model of consumers' country – of – origin perception: A cross – cultural investigation". *International Marketing Review*, Vol. 17, No. 2, 2000, pp. 127 – 145.

信息的认知过程均有贡献。

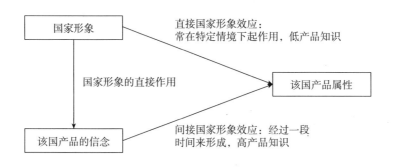

图 6 – 2　国家形象效应弹性模型

资料来源：Knight，G. A.，and R. K. Calantone. "A flexible model of consumers' country – of – origin perception：A cross – cultural investigation". *International Marketing Review*，Vol. 17，No. 2，2000，pp. 127 – 145.

在静态比较实证实验中，单独检验时弹性模型优于光环模型和概括模型。这些研究都采用静态截面数据，研究证据显示国家形象可能以光环、概括或两种效应的结合同时起作用。基于此，有学者提出一种光环和概括模型的修订模型，将两个自变量整合成一个多阶段动态模型。

Lampert 和 Jaffe（1998）提出动态模型，基于该模型，在消费者对某国商品不熟悉的情境下，国家形象表现为光环效应，因为消费者获得关于某国产品的经验时，他们获取了关于这些产品的真实属性的熟悉度。一方面，如果只有少数品牌被熟悉，或者当产自某国的不同品牌属性相对一致并凝练成某些关键属性时，这些信息将修改与这些属性有关的国家形象。至此，国家形象将表现为这些品牌的概括效应。另一方面，如果产自某国的产品被感知到在很多属性方面有较大的差异，概括效应将失效。在这种情况下，国家形象效应在形成消费者感知过程中作用不大。

模型指出，从一段时间来看，国家形象的改变源于消费者的暴露和对该国制造产品的体验结果，或者受此类产品品质改变的影响。此外，还有一系列研究发现在产品熟悉度和使用制造线索方面存在正相关关系（Johansson, Douglas and Nonaka, 1985；Johansson and Nebenzahl, 1986；Johanson, 1989）。其他研究试图指出，使用制造线索是基于熟悉度和对这一线索信任和预测价值的交互作用的结果（Heimbach, Hohansson and MachLachlan, 1989；Eroglu and Machleit, 1989）。此外，研究发现在产品熟悉度和制造线索之间存在正向联系（Heimbach etc., 1989），但是相关系数较低。

所有先行研究都是采用截面数据的静态检验过程，可以概括为有线索国家形象可能作为概括效应以及光环效应，或同时发挥作用。因此，Jaffe 和 Nebenzahl（2001）提出对光环模型和概括模型的修订，将两个独立的、甚至是相互替代的模型合并为一个多阶段动态模型而非静态模型。具体模型如图 6 - 3。

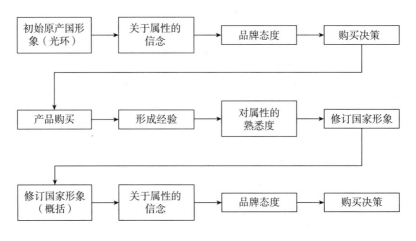

图 6 - 3 多阶段动态模型

资料来源：Jaffe and Nebenzahl, *National Image and Competitive Advantage*, Copenhagen Business School Press, 2001, pp. 343 - 360.

模型将消费过程初步分为三个阶段。在初始阶段，取得消费经验之前，国家形象作为光环影响产品期望属性的信念，进而影响对品牌或产品的态度；在第二个阶段，购买之后，消费者经验开始修订关于产品属性的知识，进而修订国家形象。国家形象越是取决于现实经验，国家形象的概括效应越显著于光环效应；第三个阶段，修订后的国家形象用于构建关于产品属性的期望（信念）。

该模型指出，当消费者持有有限信息来评价产品时，消费者使用他们对国家形象的感知来构成品牌态度。为了有效地评价新产品，消费者拥有的关于制造国产品的使用经验会促使其修订该制造国国家形象，修订后的国家形象被消费者用于构建关于该国生产的这些或其他产品与品牌的态度。

总之，上述动态模型指出，从一段时期来看，国家形象的角色从最初对某国产品没有相关信息的光环作用转变为当消费者逐渐增加产品体验熟悉后的概括作用。该模型基于消费者对产自某一特定国家的品牌具有相同的属性感知假设下，例如质量（多个品牌之间相似属性的差异较小），国家形象成为概括概念。如果消费者体验后，对于某国产的不同品牌的属性感知差异较大，国家形象的作用就不那么重要了。

但该模型也存在着一些缺陷，例如没有全面呈现出品牌和国家形象的关系，同时忽视了多国形象同时作用的情况。

二 国内原产国形象"光环—概括效应动态模型"的研究现状

国内学术界对于原产国效应的相关研究主要集中在原产国光环效应和概括效应的理论回顾及实证检验，也有部分学者对原产国形象的作用机制进行了延伸、拓展及检验。

其中，在模型的回顾和拓展方面开展工作较为全面的是田圣炳（2008）和李东进（2012）的相关研究成果，田圣炳（2008）提出两种新的原产国形象作用机制，即首因效应与品牌效应，以此作为光环效应和概括效应的补充。李东进（2012）将原产国形象划分为认知形象和情感形象，分别研究其作用机制。

（一）原产国形象的首因效应

在心理学中，首因即首次印象或"第一感"，即日常生活中所说的第一印象。在认知过程中，最先接触的信息对人的认知具有重要的影响，这种影响就是所谓的首因效应（Primary effect）。

原产国形象的首因效应是指，当初次购买来自某国的产品后，消费者会通过亲身体验而熟悉或了解该产品，并形成对产品的第一印象。由于第一印象对消费者的认知会产生重大影响，消费者就会根据对产品的第一印象来推断产品的原产国形象，并据此评价来自该国的同产业或相关产业的产品。此后，虽然消费者会多次购买该企业或品牌的产品，第一印象仍然会发生作用。只是，随着消费者获得信息的增加，第一印象的影响可能会逐步减少。

此时原产国形象的作用机制表现为首因效应，消费者通过对来自某国或经济体的先行企业产品的初次体验，对产品或品牌的属性形成了第一印象。根据对产品或品牌属性的第一印象来推断产品的原产国信息，进而影响对来自该国或经济体的同产业或相关产业产品的评价，如图6-4。

产品的初次体验 → 对产品的第一印象 → 原产国形象 → 品牌态度

图6-4 原产国形象的首因效应

资料来源：田圣炳：《原产地营销》，学林出版社2008年版。

首因效应的出现与决策风险的高低有明显的相关性。在风险较低的决策中，消费者不愿意付出较大的认知努力，因而决策过程相对简单，此时，首因效应的影响较大；在风险较高的决策中，消费者一般要付出较大的认知努力，会努力综合各方面信息来评价产品，因而决策过程比较复杂而全面，此时，首因效应的影响较小。

消费者产品评价中的首因效应也并非不可改变。随着消费者消费产品次数的增多，消费者的产品体验增加，对产品的熟悉或了解程度提高，第一印象在产品评价中的作用就会降低，首因效应就会逐渐淡化甚至消失。

田圣炳（2008）认为对价值较低的一般消费品，原产国形象的作用机制可能会更多地表现为首因效应；而对于高价值的贵重消费品，消费者通过第一印象来推断产品原产国形象的可能性较低，首因效应对消费者产品评价的影响也较小。首因效应会随着消费者产品体验的增加而淡化甚至消失。

（二）原产国形象的品牌效应

消费者经常依靠品牌信息来推断原产国形象，在消费者熟悉或了解产品或品牌的属性信息后尤为如此。当一国或经济体的某先行企业新进入到目标市场后，消费者往往通过对产品的第一印象来推断产品的原产国形象，并据此评价与该国有联系的同类产品或相关产品。此时，原产国形象的作用机制表现为首因效应。但随着消费者对同一企业的同类或相关产品购买次数的增加，所获得的产品信息不断增多，对产品的了解也不断提高，消费者逐步熟悉了产品或品牌的属性，首因效应对消费者产品评价的影响就会逐渐淡化甚至消失。此时，消费者会通过所形成的品牌信息来推断产品的原产国形象，进而据此评价与该国有联系的同类产品或相关产品。因而，在消费者熟悉或了解了产品或品牌属性后，原产国形象的作用机制就表现为品牌效应：通过对同一企业或品牌的产品的多次体验，消费者熟悉了该产品或品牌，并归纳出了有关该品牌属性的相关信息，进而依靠自己所掌握的品牌信息推断产品的原产国形象，进而影响对其他与该国有联系的同类或相关产品的评价。原产国品牌效应作用机制如图6-5所示：

图6-5　原产国形象的品牌效应

资料来源：田圣炳：《原产地营销》，学林出版社2008年版。

概括效应也可以看作是品牌效应的一种特殊表现形式。但是，原产国形象的概括效应与品牌效应又有本质区别，品牌效应建立在消费者只体验某国的单一品牌基础上，而概括效应则是建立在消费者对来自该国两种以上的品牌有所了解的基础上。

（三）原产国形象静态作用机制的综合

在引入首因效应与品牌效应之前，学术界用光环效应与概括效应分别解释消费者不熟悉产品与熟悉产品条件下原产国形象的作用机制，并且已经为学术界的实证研究所证明。原产国形象如何发挥作用，即原产国形象如何影响消费者的品牌态度和购买意图，主要取决于消费者对产品的熟悉度。换句话说，消费者的产品体验是决定原产国形象作用机制的重要变量。

在消费者产品评价过程中，原产国形象的作用机制是表现为首因效应还是品牌效应，产品体验或产品了解仍然是一个重要的决定因素。当消费者通过初次产品体验而形成对产品的第一印象后，就会通过第一印象推断产品原产国信息，进而评价与该国有联系的其他同类或相关产品。此时，原产国形象的作用机制表现为首因效应；随着消费者对该企业同类产品的体验的增加，消费者就会熟悉企业的产品或品牌属性，并形成品牌认知，进而以品牌信息推断产品原产国信息，并据此对其他产品进行评价。显然，如同光环效应与概括效应作用机制的转换一样，建立在产品体验基础上的产品了解是决定首因效应还是品牌效应的关键。

因此，在静态的原产国形象作用机制中，原产国形象是表现为光环效应、首因效应、品牌效应，还是概括效应，产品体验是关键。消费者对来自某国一种或多种产品或品牌的体验在某种程度上决定了原产国形象的作用机制。产品体验对原产国形象作用机制的影响如图6-6所示。

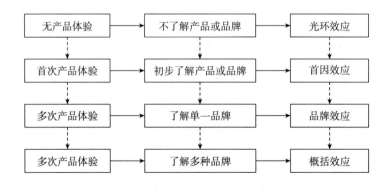

图6-6 产品体验与原产国形象的作用机制

资料来源：田圣炳：《原产地营销》，学林出版社2008年版。

随着消费者产品体验的增多，消费者对产品的了解不断增加，原产国形象的光环效应会逐步减弱，并随企业母国相关产业在目标市场上的发展而逐步演变为首因效应、品牌效应与概括效益分别影响消费者的产品评价，也可以通过几种静态作用机制的协同同时影响消费者的产品评价。以消费者对产品的体验或产品了解这一变量为纽带，将光环效应、首因效应、品牌效应与概括效应有机联系起来，形成原产国形象作用机制的综合模型。

虽然田圣炳（2008）认为，原产国形象作用机制的综合模型是一个静态模型，但本书认为综合模型实际上也是一个动态模型，即在影响消费者产品评价的过程中，原产国形象的光环效应、首因效应、品牌效应与概括效应会进行动态转换，并相互影响，共同推动了原产国形象的动态变化。

不仅如此，田圣炳（2008）指出原产国形象的动态作用机制可以解释为什么原产国形象不起作用，品牌的作用越来越强大。随着时间的流逝，更多的消费者将基于对产品的切身体验与了解来评价产品，而依据原产国光环来评价产品的消费者将越来越少。

原产国形象作用机制在三类人群中存在差异：对某产品或品牌只使用过一次的消费者，尝试或使用过两种以上产品或品牌的消费者，对该国产品没有任何体验的消费者。对那些只使用过一种品牌的消费者，原产国形象的作用机制表现为首因效应与品牌效应；对那些有过多种品牌体验的消费者，原产国形象的作用机制表现为概括效应；对该国产品没有任何体验的消费者，原产国形象的作用机制仍然主要基于光环效应。

在多种品牌条件下，原产国形象的作用机制表现为概括效应，即消费者对产品的评价建立在对多种品牌属性的体验基础上。然而要透彻把握多种品牌条件下原产国形象影响消费者产品评价的机制，还需要视相互竞争的多种品牌的营销战略而定。

海外市场上，来自同一原产国的多种品牌在品牌形象上无非存在两种情况：一是相互竞争的同一原产国的多种品牌具有高度的共性；二是相互竞争的同一原产国的多种品牌不具有共性。在这两种情形中，原产国形象影响消费者的机制是不同的。

来自同一原产国的相互竞争品牌具有高度的共性，即这些品牌在形象上就具有高度的统一性和一致性，则将这种现象称为形象结晶化（image crystallization）（Lampert and Jaffe，1998）。在消费者看来，跨品牌形成的原产国形象越是统一和一致，则形象结晶化或模块化的程度就越高。跨品牌形成的原产国形象越分散和不一致，则形象结晶化或模块化的程度就越低。因此，在消费者产品评价过程中，原产国形象的作用机制表现为概括效应。

对某一国来说，形象结晶化的程度并非越高越好。原产国形象结晶化到底是利还是弊，要视初始的原产国形象即原产国形象光环的性质而定。如果初始的原产国形象是积极的，新进入的品牌又能强化这一形象，则高水平的结晶化显然有利。在不牺牲品牌个性的基础上，来自同一原产国的相互竞争的品牌保持了一个或更多的主要共同特征，有利于强化消费者对产品原产国形象的认知。原因在于，高度结晶化的原产国形象会简化消费者的选择。

相反，如果初始的原产国形象是消极的，进入新市场的品牌又不能扭转这一倾向，则形象的高度结晶化势必会进一步强化消费者对原产国形象的负面看法。当然，即使初始的原产国形象是消极的，但如果新进入市场的品牌形象大于初始的原产国形象，即进入市场的品牌能够扭转消费者对原产国形象的消极看法，则品牌形象的高度结晶化对提升原产国形象是有利的，这正是包括中国在内的广大发展中国家企业所希望出现的局面。

此外，李东进等（2012）指出，现有的研究结果显示原产国形象对产品评价的影响作用强于购买意愿（Josiassen and Harzing，2008；Peterson and Jolibert，1995），是源于大多数研究更关注原产国效应的认知视角而非情感视角。其研究结果将国家形象划分为认知国家形象和情感国家形象，并且检验这两种国家形象对于理性购买和经验性购买而言是否差异化地影响产品判断和购买意愿。

第二节　区域品牌形象动态作用机制模型构建与假设提出

一　区域品牌形象动态作用机制模型构建

本研究借鉴原产国形象效应的作用机理提出区域品牌形象效应具有相似的作用机制，前文已有论述，在此不再论证。

产品制造被日益融入全球事务中，国际营销中消费者行为作用机制的实现过程对于理解跨区域商务活动发挥着日益重要的作用。

在影响消费者产品评价的过程中，原产地形象的光环效应、首因效应、品牌效应与概括效应会进行动态转换，并相互影响，共同推动了原产地形象的动态变化。单纯的光环效应和概括效应已不能全面地解释国际营销事务中的现实情况，有鉴于此，本书在对相关文献综合回顾的基础上，借鉴原产国形象动态作用机制模型，提出区域品牌形象效应动态作用机制模型，以期将所有影响因素考虑进来，更接近实际情况地反映区域品牌形象效应的作用过程与机理。

本书基于 Jaffe 和 Nebenzahl（2001）提出的多阶段动态模型（如图 6 - 3 所示），结合区域品牌形象作用机制将区域品牌形象在消费者购买决策过程中所发挥的作用机制概括为如图 6 - 7 的模型。

在本书第五章，对模型的前半部分进行了系统的论证与检验，本章主要对多线索条件下区域品牌形象概括效应模型的扩展部分进行完善与检验。

二　区域品牌形象动态作用机制模型假设的提出

（一）消费者接触的多品牌信息属性对区域品牌形象的修订作用

Lampert 与 Jaffe（1998）指出，来自同一原产国的相互竞争品牌具有高度的共性，即这些品牌在形象上就具有高度的统一性和一致性，则将这种现象称为形象结晶化（image crystallization）。在消费者看来，跨品牌形成的原产国形象越是统一和一致，则形象结晶化或模块化的程度就越高。跨品牌形成的原产国形象越分散和不一致，则形

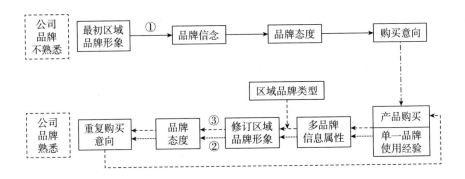

图6-7 区域品牌形象光环—概括动态效应整合作用机制模型

注：图中①——→代表消费者未有使用经验的情境下，各变量之间的作用关系；

②——→代表消费者对单一品牌有过使用经验的情境下，各变量之间的作用关系；

③--→代表消费者对单一品牌有过多次使用经验和对多品牌信息熟悉的情境下，各变量之间的作用关系。

象结晶化或模块化的程度就越低。

对一个国家来说，形象结晶化的程度并非越高越好。原产国形象结晶化到底是利还是弊，要视初始的原产国形象即原产国形象光环的性质而定。如果初始的原产国形象是积极的，新进入的品牌又能强化这一形象，则高水平的结晶化显然有利。在不牺牲品牌个性的基础上，来自同一原产国的相互竞争的品牌保持了一个或更多的主要共同特征，有利于强化消费者对产品原产国形象的认知。原因在于，高度结晶化的原产国形象会简化消费者的选择。相反，如果初始的原产国形象是消极的，进入新市场的品牌又不能扭转这一倾向，则形象的高度结晶化势必会进一步强化消费者对原产国形象的负面看法。当然，即使初始的原产国形象是消极的，但如果新进入市场的品牌形象大于初始的原产国形象，即进入市场的品牌能够扭转消费者对原产国形象的消极看法，则品牌形象的高度结晶化对提升原产国形象是有利的。

消费者在实际消费过程中，不可能只接触到单一品牌信息，现实消费环境下，他们接触的信息是多元的，且方向性也有差异。在消费者对某一品牌有过多次使用经验、并且对多品牌信息熟悉的情境下，如果消费者所接触的多品牌信息与最初的使用经验是一致的，即消费者在同一产业集群区域内多次消费过的某品牌信息与消费者所接触的其他品牌信息是一致的（都是正面信息，或都是负面信息），那么消费者的多种品牌属性信念对修订区域品牌形象有正向影响作用。亦即消费者在产业集群区域内所接触的多品牌信息是一致向好或一致向差的，那么消费者体验后的多种品牌属性信念对修订区域品牌形象具有正向的叠加作用。如果消费者所接触的多品牌信息与最初的使用经验是不一致的，那么消费者的多种品牌属性信念对修订区域品牌形象有负向的影响作用。亦即消费者在产业集群区域内多次消费的某品牌评价与所接触的其他多品牌信息是不一致的，或优、或劣，那么消费者体验后的多种品牌属性信念对修订区域品牌形象具有负向作用。

本书将消费者在消费过程中所接触的多品牌信息的一致性程度界定为多品牌信息属性，即，消费者在产业集群区域内多次消费某品牌所形成的品牌评价与其所接触的其他多品牌信息的一致程度。消费者多次消费某品牌形成良好的品牌评价，其所接触的其他多品牌信息也是积极的、良性的，那么多品牌信息属性的一致程度较高，即结晶化程度高，且为正向结晶；相反则为负向结晶。但现实消费过程中可能存在正、负信息混杂的情况，因为研究设计及程度控制过程复杂，在此本书暂不作讨论。

有鉴于此，本书认为多品牌信息的一致性程度在消费者购买决策过程中会修订消费者感知的区域品牌形象。作用机制如图6-8所示：

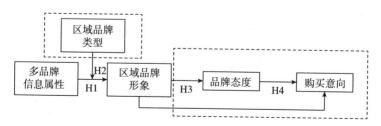

图6-8　多品牌信息属性对消费者区域品牌形象感知的修订作用图

注：虚线部分不在本部分考察范围内。

据此本书提出相应研究假设，具体如下：

H1：消费者接触的多品牌信息属性对消费者区域品牌形象评价有

正向影响作用。

子假设如下：

H1-1：向消费者提供区域内同一品牌或其他单体品牌的正向信息刺激，会正向修订消费者对区域品牌形象的评价。

H1-2：向消费者提供区域内同一品牌或其他单体品牌的负向信息刺激，会负向修订消费者对区域品牌形象的评价。

H1-3：向消费者提供区域内同一品牌或其他单体品牌的中性信息刺激，对消费者区域品牌形象评价既不产生正向影响也不产生负向影响。

（二）区域品牌类型在多品牌信息属性对区域品牌形象的修订过程中起调节作用

李东进等（2012）以汽车和运动服饰为例研究产品类别在国家形象对消费者购买意愿的影响过程中发挥多大程度的作用。Aboulnasr（2004）等多项研究提出产品介入度在原产国效应作用下消费者购买过程中的调节作用。田圣炳（2008）指出，对于低介入度商品，消费者在做出购买决策过程中，原产国形象发挥了较为重要的作用；而对于高介入度商品，随着消费者收集到的相关产品知识的增加，原产国形象的作用在逐渐削弱，光环作用逐渐消失，而产品本身品牌的品牌效应更加突显。

本书基于消费者介入度以及区域品牌形成的原因，基于前文文献回顾的结果，将以产业集群为基础的区域品牌进行分类，将区域品牌划分为地理依赖型区域品牌和非地理依赖型区域品牌。

有鉴于此，本书认为区域品牌类型调节多品牌信息属性对区域品牌形象的影响作用。即，对于地理依赖型区域品牌，与负向多品牌信息和中性多品牌信息相比，正向多品牌信息会提高消费者对区域品牌形象的评价；但是对于非地理依赖型区域品牌，多品牌信息属性对区域品牌形象的影响将消失。作用机制如图6-9所示：

据此提出相应研究假设如下：

H2：区域品牌类型调节多品牌信息属性对区域品牌形象的影响。即，对于地理依赖型区域品牌，与负向多品牌信息和中性多品牌信息相比，正向多品牌信息会提高消费者对区域品牌形象的评价；但是对于非地理

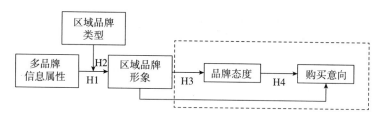

图 6 - 9　区域品牌类型调节作用

注：虚线部分不在本部分考察范围内。

依赖型区域品牌，多品牌信息属性对区域品牌形象的影响将减弱。

（三）修订后的区域品牌形象对消费者最初单一多次使用的产品品牌的品牌态度具有正向影响作用

消费者在产业区域内只能接触单一品牌信息是不现实的，随着竞争的激烈和相互模仿，消费者会在真实的消费情境下接触多品牌信息。接触到多品牌信息后消费者会重新修订区域品牌形象，修订后的区域品牌形象对于消费者对当初单一多次使用的商品品牌的品牌态度具有正向影响作用，即修订后的区域品牌形象会对当初消费者单一多次使用品牌的品牌态度产生一致的叠加效应。亦即，消费者接触多品牌信息后如果原有的区域品牌形象提升了，那么消费者对当初曾单一多次使用品牌的品牌态度也提升了；反之亦然。当消费者接触多品牌信息后如果原有的区域品牌形象被削弱了，那么消费者对当初曾单一多次使用品牌的品牌态度也会削弱。

有鉴于此，本书认为修订后的区域品牌形象对消费者最初单一多次使用的产品品牌的品牌态度具有正向影响作用。作用机制如图 6 - 10 所示：

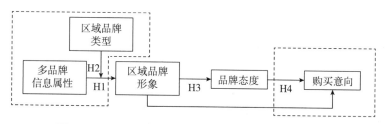

图 6 - 10　区域品牌形象对消费者品牌态度感知作用

注：虚线部分不在本部分考察范围内。

据此本书提出相应研究假设如下：

H3：修订后的区域品牌形象正向影响消费者品牌态度。

（四）消费者在接触多品牌信息情境下的品牌态度仍对消费者是否做出重复购买决策有正向的影响

当消费者接触某产业区域内的多品牌信息后，随着其对区域品牌形象做出修订，品牌态度的调整，随后在消费者的最终行为环节会表现出对其购买决策的影响。当消费者对区域内的某类产品品牌持积极的态度，那么其重复购买的可能性就较大；反之，当消费者对区域内的某类产品品牌持消极的态度，那么其重复购买该类商品的可能性就较小。故消费者在接触多品牌信息情境下的品牌态度对消费者是否做出重复购买决策有正向的影响作用。

有鉴于此，本书认为消费者在接触多品牌信息情境下的品牌态度仍对消费者是否做出重复购买决策有正向的影响。作用机制如图 6 - 11 所示：

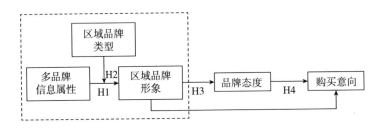

图 6 - 11　消费者品牌形象与购买决策作用

注：虚线部分不在本部分考察范围内。

据此本书提出相应研究假设如下：

H4：修订后的消费者品牌态度正向影响消费者购买意愿。

（五）消费者品牌态度在区域品牌形象对消费者购买意愿的影响过程中发挥中介作用

基于上述论证，本书提出接触到多品牌信息后消费者会重新修订其所感知的区域品牌形象，修订后的区域品牌形象对消费者当初单一多次使用的产品品牌的品牌态度具有正向影响作用，即修订后的区域品牌形象会对当初消费者单一多次使用品牌的品牌态度产生一致的叠加效应，而消费者在接触多品牌信息情境下的品牌态度仍对消费者是否做出重复购买决策有正向的影响。因此本书认为消费者品牌态度在区域品牌形象对消费者购买意愿的影响过程中发挥中介作用。作用机制如图 6 - 12 所示：

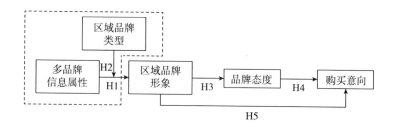

图 6 - 12　消费者品牌态度中介作用

注：虚线部分不在本部分考察范围内。

据此本书提出相应研究假设如下：

H5：消费者品牌态度在区域品牌形象对消费者购买意愿的正向影响中，发挥中介作用。

综上所述，本书提出区域品牌形象效应动态作用机制中概括效应扩展模型的概念模型（图 6 - 13）及相应假设。具体假设汇总如表 6 - 1 所示。

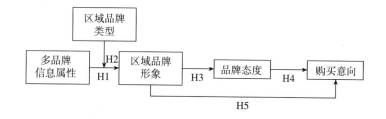

图 6 - 13　区域品牌形象效应动态作用机制模型

表6-1 区域品牌形象效应动态作用机制中概括
效应扩展模型假设汇总表

序号		假设
H1	H1-1	消费者接触的多品牌信息属性对消费者区域品牌形象评价有正向影响作用。向消费者提供区域内同一品牌或其他单体品牌的正向信息刺激，会对消费者区域品牌形象评价产生正向影响。
	H1-2	向消费者提供区域内同一品牌或其他单体品牌的负向信息刺激，会对消费者区域品牌形象评价产生负向影响。
	H1-3	向消费者提供区域内同一品牌或其他单体品牌的中性信息刺激，对消费者区域品牌形象评价既不产生正向影响也不产生负向影响。
H2		区域品牌类型调节多品牌信息属性对区域品牌形象的影响。即，对于地理依赖型区域品牌，与负向多品牌信息和中性多品牌信息相比，正向多品牌信息会提高消费者对区域品牌形象的评价；但是对于非地理依赖型区域品牌，多品牌信息属性对区域品牌形象的影响将减弱。
H3		修订后的区域品牌形象正向影响消费者品牌态度。
H4		修订后的消费者品牌态度正向影响消费者购买意愿。
H5		消费者品牌态度在区域品牌形象对消费者购买意愿的正向影响中，发挥中介作用。

第三节　研究方法与数据采集

一　研究设计

本章研究的重点工作之一在于检验当消费者对产业区域内某企业生产的产品积累了一定的消费经验以后，即发生过多次购买并产生了一定的消费体验，在现实消费环境下，消费者不会处于信息真空区，他们会接触到来自各方面的其他品牌信息，这样在他们做出购买决策的时候就不再是单一线索下的消费行为，而是接触到多线索信息。这可能会使得消费者重新修订其对区域品牌形象信息的感知和评价，进而修订对最初接触品牌的品牌态度，从而重新产生购买意愿，做出购买决策。这就是区域品牌形象效应动态作用机制的后续环节，本书根据研究需要，拟采用实验法和数据调查法，应用本书基于原产国理论测量工具自主开发的区域品牌形象量表，以及在学界研究相对已较为成熟的品牌态度量表和购买意愿量表对本书的概念模型中涉及的各构面以及构面之间的关系进行操作化测量与检验。

（一）实验设计

1. 实验目的

在消费者对区域品牌形象或区域内知名单体品牌比较熟悉的情况下，向消费者提供区域内其他单体品牌的不同属性信息时，消费者对区域品牌形象的认知是否发生变化，其变化是否会影响消费者对原有单体品牌的态度，重新修订后的消费者品牌态度是否会影响消费者对原有单体品牌购买意愿的修订。

2. 自变量与因变量

本实验研究的自变量是不同性质的刺激信息，因变量是通过区域品牌形象量表所获得的被试对该区域品牌形象的评价。

本实验研究涉及的所有变量如下：

①多品牌信息属性——影响区域品牌形象修订的自变量。

②区域品牌类型——调节变量（研究多品牌信息属性对区域品牌形象评价影响过程中的调节变量）。

③区域品牌形象——受多品牌信息属性影响的因变量，影响消费者购买态度的自变量。

④消费者购买态度——受区域品牌形象影响的因变量，影响消费者购买意愿的自变量。

⑤消费者购买意愿——受消费者购买态度影响的因变量。

3. 实验被试

本部分研究以"中国乳都"（呼和浩特）和"中国鞋都"（晋江）两个区域品牌为例，选择实验被试必须满足以下两个甄别条件：

全部被试必须满足出生并且生活在呼和浩特或晋江之外的其他区域，以保证被试群体能全面、真实、准确地代表消费者群体；

全部被试必须熟悉单体品牌"蒙牛"或"安踏"，并持有积极态度，以保证刺激材料能产生刺激作用。

主体实验部分共有 662 位被试参与实验，其中一半参与地理依赖型区域品牌实验，另一半参与非地理依赖型区域品牌实验。参与不同实验组的被试数量分配如表 6－2 所示：

表 6－2 实验被试样本分配表

	地理依赖品牌	非地理依赖品牌
正向	112	117
中性	115	109
负向	104	105
总计	331	331

4. 实验材料

考虑被试对实验刺激物熟悉度、量表题项理解准确性等因素，选取"蒙牛"和"安踏"分别作为地理依赖型区域品牌以及非地理依赖型区域品牌实验刺激物。

提供给被试的同一区域内多品牌信息属性作为本实验的自变量。本研究分别拟定 2×3 组实验刺激材料，分为正向刺激材料、中性刺激材料以及负向刺激材料三个水平（见附表 4）。

本书拟定的实验刺激材料均为针对本研究需要设置的虚拟材料。为了使刺激信息能对被试区域品牌形象评价产生更大的影响，本实验通过问卷星发放 100 份问卷以选取消费者对乳制品和运动鞋最重视的属性，得到的结果如下：

乳制品消费者最看重的属性（按重要性排序）依次为：安全可靠、新鲜程度、口感、奶源、营养成分；运动鞋消费者最看重的属性（按重要性排序）依次为：舒适程度、外观设计、耐用性、材质。

因此，对于地理依赖型区域品牌刺激材料的编写，本实验将从奶源安全程度、生产质量管理、营养成分三个角度编写刺激材料，而对于非地理依赖型区域品牌刺激材料的编写，将从原材料、质量管理、技术创新三个角度编写刺激材料。另外，由于企业的社会责任越发受到消费者的重视并将其作为判断企业形象的考虑因素，因此将社会责任属性同时纳入刺激材料的编写中。

为保证正向、中性、负向刺激材料对被试的刺激程度一致，同一角度的正向刺激材料和负向刺激材料的情景及句式完全一致，仅关键词含义完全相反。

5. 实验工具

区域品牌形象测量。本书基于原产国形象理论自主开发的区域品牌形象量表用来测量区域品牌形象（具体过程见第四章），包括以下四个维度：经济形象（3个题项）、自然形象（3个题项）、产业形象（3个题项）、企业形象（4个题项）。

品牌态度测量。主要用来测量消费者对曾经多次体验的产品的品牌态度评价，问卷中使用的品牌态度测量量表参考了 Andrew A. Mitchell，Jerry C. Olson（1981）在测量消费者的品牌态度时所使用的评价量表（好/坏；非常喜欢/非常不喜欢；令人愉悦的/令人不愉悦的；质量较差/质量较好），以及 Maclnnis，Park（1991）所使用的语义差别量表（好/不好；赞成/不赞成；吸引人/不吸引人；喜欢/不喜欢）。由于本书既要测量消费者对熟悉品牌的态度，又要测量消费者对虚拟品牌的态度，因此对消费者多次使用的品牌，选择使用"赞成/不赞成"，针对虚拟品牌的态度测量，选择"吸引人/不吸引人"。我们通过好/坏，质量较差/质量较好，赞成/不赞成（熟悉品牌），非常喜欢/非常不喜欢，吸引人/不吸引人（虚拟品牌）几个方面确定最终的品牌态度测量量表。

购买意愿测量。主要用来测量消费者对多次体验的产品的购买意愿，本书采用王海忠（2007）和马向阳、徐骄（2015）的购买意愿量表，包括3个题项。

以上量表均采用李克特七级量表（"1"表示"完全不同意"，"4"代表"中立"，"7"表示"完全同意"），总分越高，表示被试者的相关评价越高。

6. 实验设计

采用2（地理依赖 vs. 非地理依赖）×3（正向刺激材料 vs. 负向

刺激材料 vs. 中性刺激材料）被试间实验设计，每一实验（地理依赖 vs. 非地理依赖）所给予的多品牌信息属性有三个水平（正向刺激材料 vs. 负向刺激材料 vs. 中性刺激材料）。这里需要说明的一点问题是，本书通过刺激材料的属性来测试现实消费环境下多品牌信息属性对消费者区域品牌形象感知的影响作用，正向刺激和负向刺激信息可以有针对性地差异化消费者接触信息，但是中性信息也是一种现实情况，而且消费者接触中性信息后对区域品牌形象感知的测试结果也可以视为未接受多品牌信息前的消费者区域品牌形象感知评价，结果相当于实验的前测。

区域品牌类型、多品牌信息属性为被试间变量，多品牌信息属性是影响区域品牌形象修订的自变量，因变量是通过区域品牌形象量表所获得的被试对该区域品牌形象的评价。检验在消费者对产业区域内某一单一品牌有过多次购买体验的条件下，地理依赖性程度不同的区域品牌，在其区域内加入其他单体品牌信息，消费者接收到的这些信息如果是积极的，将对原有区域品牌形象有正向的叠加作用；如果是中性的，对原有区域品牌形象没有显著差异的影响；如果是消极的，将对原有区域品牌形象有负向的削减作用，进而进一步影响消费者的态度和购买意愿。

（二）实验过程

首先将每一实验组（地理依赖型区域品牌 vs. 非地理依赖型区域品牌）的被试随机分为三组，分别随机给予三组被试正向多品牌信息材料、中性多品牌信息材料以及负向多品牌信息材料（两类区域品牌总计 6 组），在被试阅读实验信息材料后，请被试按照顺序依次填写区域品牌形象问卷、品牌态度问卷、购买意愿问卷。

具体实验流程与操作设计如下：

Step 1：将每一实验组的受试者分为三组：R_1、R_2、R_3；

Step 2：随机向 R_1、R_2、R_3 三组被试分别给予以下不同实验材料刺激；

R_1：给予正向的多品牌信息 X_1；

R_2：给予负向的多品牌信息 X_2；

R_3：给予中性的多品牌信息 X_3；

Step 3：用区域品牌形象量表（附录1）测量 R_1、R_2、R_3 三组被试对区域品牌形象的评价，分别得到区域品牌形象数据 RBI_1、RBI_2、RBI_3；

Step 4：用态度测量量表（附录2）测量三组受试者 R_1、R_2、R_3 对原有品牌态度，分别得到消费者态度测量数据 CA_1、CA_2、CA_3；

Step 5：用购买意愿量表（附录2）测量三组受试者 R_1、R_2、R_3 对 "蒙牛" 的购买意愿，分别得到消费者购买意愿测量数据 CPI_1、CPI_2、CPI_3。

二　测量工具与分析方法

（一）测量工具

本书采用实验法和问卷调查法实施调查，以收集数据对本书的理论架构进行检验。鉴于本书理论框架涉及的构面较多，研究过程相对比较复杂，总体来说本研究调查涉及三大模块——区域品牌形象、消费者品牌态度和消费者购买意愿。为了收集关于这三大模块的信息，本书采用心理学的量表来完成操作化的测量。

1. 区域品牌形象量表

本书基于原产国形象理论自主开发的区域品牌形象量表用来测量区域品牌形象（具体过程见第四章），包括以下四个维度：经济形象（3个题项）、自然形象（3个题项）、产业形象（3个题项）、企业形象（4个题项）。基于区域品牌类别的差异，设计两套问卷分别测量地理依赖型和非地理依赖型区域品牌的品牌形象（详见附录1）。

2. 品牌态度量表

主要用来测量消费者对曾经多次体验的产品品牌的品牌态度评价结果。本书使用的品牌态度测量量表参考了 Andrew A. Mitchell，Jerry C. Olson（1981）在测量消费者品牌态度时所使用的评价量表（好/坏；非常喜欢/非常不喜欢；令人愉悦的/令人不愉悦的；质量较差/质量较好），以及 MacInnis，Park（1991）所使用的语义差别量表（好/不好；赞成/不赞成；吸引人/不吸引人；喜欢/不喜欢）。由于本书既要测量消费者对熟悉品牌的态度，又要测量消费者对虚拟品牌的态度，因此对消费者多次使用的品牌，选择使用"赞成/不赞成"，针对虚拟品牌的态度测量，选择"吸引人/不吸引人"。因此，我们通过好/坏，质量较差/质量较好，赞成/不赞成（熟悉品牌），非常不喜欢/非常喜欢，吸引人/不吸引人（虚拟品牌）几个方面确定最终的品牌态度测量量表。品牌态度量表质量评价具体过程在前文章节中有详尽的检验和评定。（见附录2）

3. 消费者购买意愿量表

主要用来测量消费者对多次体验的产品的购买意愿。本书采用王海忠（2007）和马向阳、徐骄（2015）的购买意愿量表，包括3个题项（见附录2）。

以上量表均采用李克特七点制量表（"1"表示"完全不同意"，"4"代表"中立"，"7"表示"完全同意"），总分越高表示被试者的相关评价越高。

本实验将以上涉及的测量构面设计在一份调查问卷中，以期对被试实施全面测量。问卷主要包括六个部分，第一部分是甄别问卷，只有那些出生且生活在呼和浩特或晋江地区之外，同时对"蒙牛"乳制品或"安踏"运动鞋持有积极态度的被试属于本实验的调查样本；第二部分是随机给予满足甄别条件的被试正向刺激材料或负向刺激材料中的任意一组刺激材料，并强制被试至少花费一分钟的时间阅读刺激材料；第三部分是让被试填写由区域品牌形象量表构成的区域形象调查问卷；第四部分是让被试填写由消费者态度测量量表组成的消费者品牌态度调查问卷；第五部分是让被试填写由消费者购买意愿量表组成的消费者购买意愿调查问卷；第六部分是被试人口统计信息，主要包括性别、年龄、主要从事工作、月收入以及家乡所在区域。

由于本实验是2（地理依赖型品牌/非地理依赖型品牌）×3（正向多品牌刺激信息/中性多品牌刺激信息/负向多品牌刺激信息）的被试间实验设计，因此，本实验共设计了6套问卷，6套问卷只有品牌和刺激材料存在差异，其余部分完全一致，每位被试只填答其中的一套。（以针对地理依赖型区域品牌，给予正向刺激信息为例，正式调查问卷如附录5所示）

（二）拟采用的分析方法

1. 方差分析

本书采用实验法检验多线索条件下多品牌信息属性对区域品牌形象的修订作用，以及区域品牌类型在这一过程中的调节作用。对于实验研究结果拟采用方差分析，对样本均数的差异进行显著性检验，比较向消费者提供区域内其他单体品牌的不同属性信息时，消费者对区域品牌形象的认知是否发生变化，即 RBI_1、RBI_2、RBI_3 差异是否显著。运用有交互项的双因素方差分析，检验区域品牌类型在多品牌信息属性对区域品牌形象修订过程中的调节作用，检验区域品牌形象认知的差异是否会影响消费者对原有单体品牌的态度，即 CA_1、CA_2、CA_3 差异是否显著，检验态度的变化是否会影响消费者对原有单体品牌购买意愿的变化，即 CPI_1、CPI_2、CPI_3 差异是否显著。

2. 结构方程建模分析

运用结构方程建模分析"区域品牌形象——品牌态度——消费者购买意愿"作用路径。

三　研究过程与数据采集

为了确保本研究的可靠性与结果的无偏性，本书分几个阶段展开。在研究的初期阶段，鉴于采用的实验刺激材料为了确保多品牌信息属性一致性程度确实可以被消费者感知到差异程度，实施了消费者实验刺激差异程度感知前测。接下来，考虑到样本采集的便利性，本书拟采用网络调查收集样本数据。拟委托目前国内规模最大、业界口碑最佳的问卷星公司实施网络数据采集。但为确保网络数据的无偏性，本研究在线下做了小规模人员访问调查，对线上数据与线下数据的差异性做对比检验，确保线上数据的无偏性。最后，本研究通过大样本调查，实施数据的采集工作。具体研究过程如下。

（一）前测——刺激信息的鉴别度检验

为了有效区分正向、中性、负向三组刺激材料的消费者感知差异，保证多品牌信息属性的一致性程度确实可以被消费者有效地感知，本研究实施消费者实验刺激资料差异程度感知的前测。选择 129

名前测样本进行测试，样本均为在校本科学生，采取拦截访问的方式实施调查。其中 65 人接受测试地理依赖型区域品牌形象感知（21 人接受正向刺激信息；24 人接受中性刺激信息；20 人接受负向刺激信息），64 人接受测试非地理依赖型区域品牌形象感知（22 人接受正向刺激信息；21 人接受中性刺激信息；21 人接受负向刺激信息）。（以针对地理依赖型区域品牌、正向刺激信息为例，前测调查问卷如附录 5 所示）

（二）预测试——线上线下数据无偏性对比检验

本书拟采用网络调查收集样本数据，考虑到网络数据的质量保障问题，确保网络数据的无偏性，本研究进行了小规模的预测试。在线下做了小规模人员访问调查，在线上做了小规模的网络调查，然后就线上数据与线下数据差异性作检验。

本书线上样本来自问卷星公司采用配额抽样收集的，线下样本来自对 MBA 学员的人员访问调查。其中线上样本总计 222 人，针对地理依赖型区域品牌测试 114 人（38 人接受正向刺激信息；43 人接受中性刺激信息；33 人接受负向刺激信息），针对非地理依赖型区域品牌测试 108 人（37 人接受正向刺激信息；38 人接受中性刺激信息；33 人接受负向刺激信息）；线下测试有效样本 28 人，针对地理依赖型区域品牌测试 13 人（5 人接受正向刺激信息；6 人接受中性刺激信息；2 人接受负向刺激信息），针对非地理依赖型区域品牌测试 15 人（6 人接受正向刺激信息；5 人接受中性刺激信息；4 人接受负向刺激信息）。

（三）正式调查

本书的核心问题在于检验消费者对产业区域内某品牌有过购买经验后，对区域品牌或区域内知名单体品牌比较熟悉的情况下，如果接受到来自产业区域内其他单体品牌的不同属性信息时，区域品牌形象的感知是否发生变化及其变化是否会影响消费者对原有单体品牌的态度，对原有品牌态度的变化是否会影响消费者对原有单体品牌购买意愿的变化。

正式实验一共分为 6 组进行，包括 3 个地理依赖型区域品牌实验组以及 3 个非地理依赖型区域品牌实验组，共设计 6 套问卷，每套问卷只有刺激品牌和刺激材料的差异，其他部分完全一致（量表完全一致）。每位通过甄别测试的被试将随机分配阅读正向刺激材料、中性刺激材料和负向刺激材料三组刺激材料中的任意一组，阅读材料后请被试按照顺序依次填写正式调查问卷的各部分内容。

正式调查采用线上网络调查的方式收集数据，具体样本按被试接受刺激信息的情况分配如表 6 - 3 所示。

表 6 - 3	正式调查样本分布	单位：人
信息属性	地理依赖型品牌	非地理依赖型品牌
正向	112	117
中性	115	109
负向	104	105
总计	331	331

第四节　数据分析与假设检验

一　前测调查结果

本书实施消费者实验刺激资料差异程度感知的前测。选择 129 名前测样本进行测试，样本均为在校本科学生，前测采取线下发放问卷现场填写的方法实施调查。其中 65 人接受测试地理依赖型区域品牌形象感知（21 人接受正向刺激信息；24 人接受中性刺激信息；20 人接受负向刺激信息），64 人接受测试非地理依赖型区域品牌形象感知（22 人接受正向刺激信息；21 人接受中性刺激信息；21 人接受负向刺激信息）。

实验结果通过 T 检验对前测数据进行统计分析，分析结果显示受试者对不同属性的刺激材料感知存在差异，本实验编写的刺激材料确实能导致消费者感知差异，可以用于正式调查。

二 预测试调查结果

本书拟采用网络调查收集样本数据，考虑到网络数据的质量保障问题，确保网络数据的无偏性，本研究进行了小规模的预测试。在线下做了小规模人员访问调查，在线上做了小规模的网络调查，然后就线上数据与线下数据作差异性检验。

本书线上样本来自问卷星公司采用配额抽样收集的，线下样本来自对MBA学员的访问调查。其中线上样本总计222人，针对地理依赖型区域品牌测试114人（38人接受正向刺激信息；43人接受中性刺激信息；33人接受负向刺激信息），针对非地理依赖型区域品牌测试108人（37人接受正向刺激信息；38人接受中性刺激信息；33人接受负向刺激信息）；线下测试有效样本28人，其中针对地理依赖型区域品牌测试13人（5人接受正向刺激信息；6人接受中性刺激信息；2人接受负向刺激信息），针对非地理依赖型区域品牌测试15人（6人接受正向刺激信息；5人接受中性刺激信息；4人接受负向刺激信息）。

本书采用独立样本T检验对线上线下同类型区域品牌同种刺激信息属性的样本数据进行对比，通过逐一检验三个主要测量量表各题项的差异性发现线上线下的样本数据不存在显著差异，因此本书拟采用线上调查的方式实施正式实验操作。

三 正式调查结果

本章的核心问题是检验消费者在对产业区域内某品牌有过购买经验后，对区域品牌或区域内知名单体品牌比较熟悉的情况下，如果接受来自产业区域内其他单体品牌的不同属性信息时，区域品牌形象的感知是否发生变化及其变化是否会影响消费者对原有单体品牌的态度，对原有品牌态度的变化是否会影响消费者对原有单体品牌购买意愿的变化。

鉴于预测试结果，线上线下样本数据不存在显著差异，因此本实验委托目前国内业务规模最大、最专业的问卷星公司实施网络调查。一方面调查效率较高，可以在短时间内收集大量高质量答卷；另一方面，针对性强，可以指定样本性别分布、年龄分布和地区分布。

本实验集中选择上海、北京、广州为样本主要来源地区，出于以下两方面考虑：一方面，三地区经济发展较快，蒙牛、安踏在这三个城市具有较大的消费群体，与其他城市相比能较快达到目标样本量；另一方面，三个城市分别位于中国北部、中部和南部且人口流动较快，具有部分外来人口，因此与其他城市相比，这三个城市的被试更具有代表性与普遍性。

本实验上传了6套调查问卷，每份调查问卷设定了100人的填答数量，总共回收600份调查问卷。为了提升材料阅读效果，提升被试者对刺激材料的关注度，将刺激材料独立成页，并限定了最低阅读时间为60秒。

问卷星公司利用一周的时间，完成了问卷收集工作。本实验通过问卷星公司共发放670份问卷，收回661份问卷，其中有效问卷608份，问卷有效率为92%。在筛选有效问卷的过程中，依据以下几条标准：回答时间在2分钟以上；全部问卷除甄别问卷外，共18个问题，不存在全部问题只填答一个分数的现象；区域品牌形象量表和态度量表评分波动较小；样本基本满足正态分布。

现对收集上来的样本数据作如下分析与检验。

（一）描述性统计分析

首先分别对地理依赖型区域品牌和非地理依赖型区域品牌两个实验组的样本数据的人口统计特征信息做描述性统计分析处理。分析结果如表6－4和表6－5所示。

表6－4　　地理依赖型区域品牌实验组描述性统计分析结果 单位：人，%

分类		正向刺激组		中性刺激组		负向刺激组		合计	
		人数	比例	人数	比例	人数	比例	人数	比例
性别	男	45	40.9	52	49.1	34	38.6	131	43.1
	女	65	59.1	54	50.9	54	61.4	173	56.9
	合计	110	100.0	106	100.0	88	100.0	304	100.0

续表

分类		正向刺激组		中性刺激组		负向刺激组		合计	
		人数	比例	人数	比例	人数	比例	人数	比例
年龄	18—25 岁	19	17.3	26	24.5	19	21.6	64	21.1
	26—35 岁	39	35.5	26	24.5	36	40.9	101	33.2
	36—45 岁	32	29.1	37	34.9	24	27.3	93	30.6
	46—55 岁	17	15.5	16	15.1	8	9.1	41	13.5
	55 岁以上	3	2.7	1	0.9	1	1.1	5	1.6
	合计	110	100.0	106	100.0	88	100.0	304	100.0
收入	2000 元以下	2	1.8	1	0.9	6	6.8	9	3.0
	2000—4000 元	14	12.7	11	10.4	7	8.0	32	10.5
	4001—6000 元	21	19.1	30	28.3	22	25.0	73	24.0
	6001—8000 元	33	30.0	30	28.3	23	26.1	86	28.3
	8001—10000 元	19	17.3	17	16.0	21	23.9	57	18.8
	10001 元以上	21	19.1	17	16.0	9	10.2	47	15.5
	合计	110	100.0	106	100.0	88	100.0	304	100.0
户籍所在地	东北	6	5.5	5	4.7	3	3.4	14	4.6
	华北	26	23.6	17	16.0	19	21.6	62	20.4
	西北	1	0.9	40	37.7	1	1.1	2	0.7
	华东	38	34.5	0	0	29	33.0	107	35.2
	华中	5	4.5	4	3.8	6	6.8	15	4.9
	华南	34	30.9	38	35.8	29	33.0	101	33.2
	西南	0	0	2	1.9	1	1.1	3	1.0
	合计	110	100.0	106	100.0	88	100.0	304	100.0

表 6-5　　非地理依赖型区域品牌实验组描述性统计分析结果

单位：人，%

分类		正向刺激组		中性刺激组		负向刺激组		合计	
		人数	比例	人数	比例	人数	比例	人数	比例
性别	男	40	34.8	54	51.4	37	44.0	131	43.1
	女	75	65.2	51	48.6	47	56.0	173	56.9
	合计	115	100.0	105	100.0	84	100.0	304	100.0

续表

分类		正向刺激组		中性刺激组		负向刺激组		合计	
		人数	比例	人数	比例	人数	比例	人数	比例
年龄	18—25 岁	34	29.6	23	21.9	22	26.2	79	26.0
	26—35 岁	35	30.4	40	38.1	29	34.5	104	34.2
	36—45 岁	32	27.8	26	24.8	26	31.0	84	27.6
	46—55 岁	11	9.6	13	12.4	6	7.1	30	9.9
	55 岁以上	3	2.6	3	2.9	1	1.2	7	2.3
	合计	115	100.0	105	100.0	84	100.0	304	100.0
收入	2000 元以下	1	0.9	3	2.9	5	6.0	9	3.0
	2000—4000 元	12	10.4	10	9.5	8	9.5	30	9.9
	4001—6000 元	28	24.3	31	29.5	30	35.7	89	29.3
	6001—8000 元	29	25.2	33	31.4	21	25.0	83	27.3
	8001—10000 元	33	28.7	12	11.4	9	10.7	54	17.8
	10001 元以上	12	10.4	16	15.2	11	13.1	39	12.8
	合计	115	100.0	105	100.0	84	100.0	304	100.0
户籍所在地	东北	7	6.1	8	7.6	5	6.0	20	6.6
	华北	25	21.7	19	18.1	15	17.9	59	19.4
	西北	1	0.9	0	0	1	1.2	2	0.7
	华东	43	37.4	40	38.1	30	35.7	113	37.2
	华中	5	4.3	7	6.7	7	8.3	19	6.3
	华南	32	27.8	30	28.6	25	29.8	87	28.6
	西南	2	1.7	1	1.0	1	1.2	4	1.3
	合计	115	100.0	105	100.0	84	100.0	304	100.0

从描述性统计分析结果来看，地理依赖型区域品牌实验组受试性别比例基本相似；年龄在 26—45 岁的占比较高，其他各年龄段均有一定数量的样本代表；受试者月收入大多在 4001—8000 元；样本的地域来源以华北、华东和华南地区为主。

非地理依赖型区域品牌实验组受试女性占比相对较高，占65.2%；年龄在 18—45 岁的占比较高，其他各年龄段均有一定数量的样本代表；受试者月收入大多在 4001—10000 元；样本的地域来源同样以华北、华东和华南地区为主。

（二）数据质量评价

本书理论模型中共涉及三个量表，包括本书基于原产国形象理论自主开发的区域品牌形象量表、品牌态度评价量表和消费者购买意愿量表。本书使用正式调查取得的 608 份有效样本数据对采用的三个量表进行质量评价。

1. 信度水平检验

本书采用 SPSS21.0 版统计软件，运用 608 份有效样本数据对区域品牌形象量表、消费者品牌态度量表和消费者购买意愿量表进行信度水平检验，采用内部一致性信度检验结果，如表 6-6 至表 6-8 所示，区域品牌形象量表的 Cronbach's α 系数为 0.892，消费者品牌态度量表的 Cronbach's α 系数为 0.815，消费者购买意愿量表的 Cronbach's α 系数为 0.788，各量表的克隆巴赫系数均大于 0.7，具有较高的内部一致性水平。

表 6-6　　　　　　　　区域品牌形象量表信度水平检验

题项	该项已删除的 Cronbach's α 值	Cronbach's α
企业专业人才集中	0.891	
企业技艺精湛	0.883	
企业创新性强	0.882	
企业社会责任感强	0.881	
对外开放程度高	0.887	
经济发展势头好	0.885	
经济发展富有活力	0.893	0.892
自然资源适合产业发展	0.881	
自然资源丰富	0.884	
自然资源优质	0.885	
产业相关企业数量众多	0.876	
产业在国内名气大	0.877	
产业产销规模大	0.878	

表 6 - 7　　　　　　　　消费者品牌态度量表信度水平检验

题项	该项已删除的 Cronbach's α 值	Cronbach's α
该产品非常好	0.771	
该产品整体质量很好	0.784	
我对该产品持肯定态度	0.789	0.815
我非常喜欢该产品	0.771	
该产品很吸引人	0.781	

表 6 - 8　　　　　　　　消费者购买意愿量表信度水平检验

题项	该项已删除的 Cronbach's α 值	Cronbach's α
我会考虑购买该产品	0.676	
我愿意购买该产品	0.708	0.788
我会向朋友推荐该产品	0.759	

2. 效度水平检验

首先，本书对区域品牌形象量表、消费者品牌态度量表、消费者购买意愿量表分别进行探索性因子分析；此外，鉴于区域品牌形象量表为本书自主开发的工具，所以对其进行验证性因子分析检验。

（1）区域品牌形象量表探索性因子分析

本书采用主成分分析方差最大法正交旋转，对两组实验所得 608 份样本数据进行探索性因子分析，指定析出 4 个因子。KMO 和巴特力球体检验结果显示，KMO 值为 0.893，巴特力球体检验结果显著（$\chi^2 = 3638.063$，df = 78，sig. = 0.000），表明数据适合进行探索性因子分析。

接下来对区域品牌形象量表进行共同度分析发现（结果如表 6 - 9 所示），除题项"企业专业人才集中"的提取值小于 0.5 以外，其余各题项的共同度均大于 0.5。故删除题项"企业专业人才集中"再次进行探索性因子分析，分析结果如表 6 - 10 至表 6 - 11 所示。表 6 - 10 显示，各题项共同度均超过 0.5，本书指定析出因子数为 4，累计解释方差变异百分比为 73.515%，如表 6 - 11 所示，析出各公因子负载良好且与量表原有维度划分一致。

表 6 - 9　　　　　　　区域品牌形象量表共同度检验

题项	初始值	提取值
对外开放程度高	1.000	0.745
经济发展势头好	1.000	0.722
经济发展富有活力	1.000	0.676
自然资源适合运动鞋产业发展	1.000	0.613
自然资源丰富	1.000	0.823
自然资源优质	1.000	0.841
产业相关企业数量众多	1.000	0.728
产业在国内名气大	1.000	0.676
产业产销规模大	1.000	0.610
企业专业人才集中	1.000	0.469
企业技艺精湛	1.000	0.764
企业创新性强	1.000	0.776
企业社会责任感强	1.000	0.771

表 6 - 10　　　　　区域品牌形象量表共同度检验（删除后）

题项	初始值	提取值
对外开放程度高	1.000	0.746
经济发展势头好	1.000	0.725
经济发展富有活力	1.000	0.678
自然资源适合运动鞋产业发展	1.000	0.616
自然资源丰富	1.000	0.829
自然资源优质	1.000	0.841
产业相关企业数量众多	1.000	0.747
产业在国内名气大	1.000	0.679
产业产销规模大	1.000	0.637
企业技艺精湛	1.000	0.764
企业创新性强	1.000	0.785
企业社会责任感强	1.000	0.775

表6－11　区域品牌形象量表探索性因子分析旋转后主成分矩阵

题项	主成分			
	1	2	3	4
对外开放程度高			0.849	
经济发展势头好			0.769	
经济发展富有活力			0.698	
自然资源适合运动鞋产业发展		0.534		
自然资源丰富		0.882		
自然资源优质		0.869		
产业相关企业数量众多				0.842
产业在国内名气大				0.645
产业产销规模大				0.657
企业技艺精湛	0.786			
企业创新性强	0.826			
企业社会责任感强	0.812			

（2）消费者品牌态度量表探索性因子分析

同上文方法一致，本书用正式调研所得数据对消费者品牌态度量表部分信息进行探索性因子分析。KMO和巴特力球体检验结果显示，KMO值为0.844，巴特力球体检验结果显著（$\chi^2 = 923.577$，$df = 10$，sig. $= 0.000$），表明数据适合进行探索性因子分析。

各题项共同度均超过0.5，本书指定析出特征根大于1的公因子，最终析出一个公因子，累计解释方差变异百分比为57.795％，如表6－12所示，析出公因子负载良好且与量表原有维度划分一致。该量表具有较好的效度水平。

表6－12　消费者品牌态度量表探索性因子分析主成分矩阵

题项	主成分
	1
非常好	0.787
整体质量很好	0.744

续表

题项	主成分
	1
持肯定态度	0.730
我非常喜欢	0.781
很吸引人	0.757

（3）消费者购买意愿量表探索性因子分析

同上文方法一致，本书用正式调研所得数据对消费者购买意愿量表部分信息进行探索性因子分析。KMO 和巴特力球体检验结果显示，KMO 值为 0.699，巴特力球体检验结果显著（$\chi^2 = 550.143$，df = 3，sig. = 0.000），表明数据适合进行探索性因子分析。

各题项共同度均超过 0.5，本书指定析出特征根大于 1 的公因子，最终析出一个公因子，累计解释方差变异百分比为 70.680%，如表 6 - 13 所示，析出公因子负载良好且与量表原有维度划分一致。该量表具有较好的效度水平。

表 6 - 13　　消费者购买意愿量表探索性因子分析主成分矩阵

题项	主成分
	1
我会考虑购买……	0.864
我愿意购买……	0.844
我会向朋友推荐……	0.813

（4）区域品牌形象量表验证性因子分析

区域品牌形象量表为本书基于原产国形象理论自主开发的量表，因此在探索性因子分析的基础上，本书继续用实验数据（N = 608）对量表进行验证性因子分析。

区域品牌形象量表的聚合效度和判别效度如表 6 - 14 和表 6 - 15 所示。从表 6 - 14 的区域品牌形象量表聚合效度分析结果可以看出区域品牌形象量表的四个维度中，除区域产业形象（PII）平均方差提取量（AVE）值为0.468外，区域经济形象（PEI）、区域自然形象（PNI）和区域企业形象（PCI）的平均方差提取量（AVE）值都在0.5以上，符合参考标准，表明各维度的聚合效度较好。此外，整体量表平均方差提取量（AVE）值为0.615，虽然其中PII维度AVE值偏低，但量表整体聚合效度良好。同时，上述四个维度的组合信度（CR）值都在0.7以上（Hair，1997），表明内部一致性信度质量较高。

表6-14　　　　　区域品牌形象量表聚合效度分析结果

因子	题项	因子载荷	平均方差提取量（AVE）	组合信度（CR）	AVE开方值
PEI	Q5	0.622	0.543	0.779	0.737
	Q6	0.803			
	Q7	0.773			
PNI	Q8	0.653	0.594	0.812	0.771
	Q9	0.792			
	Q10	0.853			
PII	Q11	0.471	0.468	0.716	0.684
	Q12	0.806			
	Q13	0.730			
PCI	Q15	0.843	0.697	0.873	0.835
	Q16	0.847			
	Q17	0.814			
整体量表	PEI	0.732	0.615	0.863	0.784
	PNI	0.685			
	PII	0.784			
	PCI	0.916			

注：PEI表示"区域经济形象"，PNI表示"区域自然形象"，PII表示"区域产业形象"，PCI表示"区域企业形象"。

从表6-15的区域品牌形象量表判别效度分析结果可以看出，四个因子间的相关系数均小于平均方差提取量（AVE）的开方值。说明区域品牌形象量表的四个维度的判别效度较好。

表 6 – 15   区域品牌形象量表判别效度分析结果

因子	PEI	PNI	PII	PCI
PEI	0.737	0.416	0.422	0.535
PNI	0.416	0.771	0.451	0.570
PII	0.422	0.451	0.684	0.547
PCI	0.535	0.570	0.547	0.835

注：PEI 表示"区域经济形象"，PNI 表示"区域自然形象"，PII 表示"区域产业形象"，PCI 表示"区域企业形象"；对角线值为 AVE 开方值。

（三）实验结果分析与假设检验

在对 608 份实验有效样本数据进行分析之前，本研究对样本数据的分布形态进行了检验，数据基本符合常态分布。608 份样本数据中，225 份为正向刺激材料所得数据，211 份为中性刺激材料所得数据，172 份为负向刺激材料所得数据。

1. 多品牌信息属性对区域品牌形象的影响作用分析与检验

本书采用单因素方差分析检验多线索条件下多品牌信息属性对区域品牌形象的修订作用，对样本均数的差异进行显著性检验。用于比较向消费者提供区域内其他单体品牌的不同属性信息时，消费者对区域品牌形象的感知是否发生变化，对品牌态度的评价和购买意愿的决策是否有差异。

如表 6 – 16 所示，向受试者出示关于产业区域内其他相关产品品牌的正向、中性及负向信息后，消费者对区域品牌形象各维度及整体评价三组结果差异均显著；且当消费者阅读关于产业区域内其他产品品牌的积极信息后，对区域品牌形象的评价高于中性信息组，而阅读中性信息的受试者对区域品牌形象的评价又高于负向信息阅读组。同样，消费者的品牌态度评价和购买意愿也呈现同样的规律。这说明现实消费环境中消费者在产业区域内会面临多品牌信息的传播，而多品

牌信息属性对消费者区域品牌形象评价具有显著的影响，具体体现
为，当消费者接受正向信息时，其对区域品牌形象的评价要高于负向
信息。故假设 H1 通过检验。

表 6 – 16 方差分析结果

变量	信息属性	样本数（份）	均值	标准差	标准误	F	Sig.
区域经济形象	正向	225	5.834	0.689	0.046	110.953	0.000
	中性	211	5.276	0.707	0.049		
	负向	172	4.713	0.853	0.065		
	总计	608	5.323	0.870	0.035		
区域自然形象	正向	225	6.025	0.655	0.044	72.887	0.000
	中性	211	5.479	0.861	0.059		
	负向	172	5.016	0.990	0.076		
	总计	608	5.550	0.926	0.038		
区域产业形象	正向	225	6.150	0.498	0.033	92.361	0.000
	中性	211	5.733	0.662	0.046		
	负向	172	5.229	0.850	0.065		
	总计	608	5.745	0.763	0.031		
区域企业形象	正向	225	6.111	0.544	0.036	187.080	0.000
	中性	211	5.179	0.920	0.063		
	负向	172	4.397	1.153	0.088		
	总计	608	5.303	1.121	0.045		
区域品牌形象	正向	225	6.030	0.378	0.025	232.046	0.000
	中性	211	5.417	0.512	0.035		
	负向	172	4.839	0.745	0.057		
	总计	608	5.480	0.728	0.030		
品牌态度	正向	225	6.219	0.482	0.032	165.336	0.000
	中性	211	5.716	0.519	0.036		
	负向	172	5.269	0.565	0.043		
	总计	608	5.775	0.645	0.026		

续表

变量	信息属性	样本数（份）	均值	标准差	标准误	F	Sig.
购买意愿	正向	225	6.280	0.583	0.039	89.818	0.000
	中性	211	5.807	0.700	0.048		
	负向	172	5.382	0.722	0.055		
	总计	608	5.862	0.757	0.031		

2. 区域品牌类型在多品牌信息属性对区域品牌形象的修订过程中的调节作用分析与检验

为检验不同类型区域品牌在消费者接触多品牌信息属性对区域品牌形象影响过程中的调节作用，本研究采用双因素有交互项的方差分析进行统计检验。结果如表 6-17 和表 6-18 所示。从表 6-18 所见，区域品牌类型和刺激材料属性对消费者区域品牌形象的感知主效应显著，且交互效应也显著，数据分析结果显示刺激信息属性对消费者区域品牌形象感知受区域品牌类型的调节。

表 6-17 各组描述性统计结果

区域品牌类型	刺激信息属性	均值	标准差	样本数（份）
非地理依赖型	正向	5.9601	0.38590	115
	中性	5.2651	0.53718	105
	负向	4.4702	0.74666	84
地理依赖型	正向	6.1030	0.35641	110
	中性	5.5668	0.43907	106
	负向	5.1903	0.55161	88
总计	正向	6.0300	0.37779	225
	中性	5.4167	0.51202	211
	负向	4.8387	0.74547	172

表 6 − 18 双因素方差分析结果

	TypeⅢ离差平方和	DF	均方	F	Sig.
修订模型	167.891	5	33.578	131.413	0.000
截距	17660.767	1	17660.767	69118.157	0.000
区域品牌类型	22.605	1	22.605	88.469	0.000
刺激材料属性	141.852	2	70.926	277.579	0.000
区域品牌类型 * 刺激材料属性	8.402	2	4.201	16.441	0.000
误差项	153.820	602	0.256		
总计	18581.035	608			

鉴于双因素方差分析全模型中交互作用显著，通过进一步对区域品牌类型在刺激信息不同属性水平上的简单效应检验分析（结果如表6 − 19所示），本书发现不同类型的区域品牌，多品牌信息属性对消费者区域品牌形象感知的影响作用是有显著差异的。

表 6 − 19 配对比较分析结果

区域品牌类型	(I) 刺激材料属性	(J) 刺激材料属性	均差 (I − J)	标准误	Sig.	95%置信区间	
						下限	上限
非地理依赖型	正向	中性	0.695	0.068	0.000	0.532	0.858
		负向	1.490	0.073	0.000	1.316	1.664
	中性	正向	− 0.695	0.068	0.000	− 0.858	− 0.532
		负向	0.795	0.074	0.000	0.618	0.972
	负向	正向	− 1.490	0.073	0.000	− 1.664	− 1.316
		中性	− 0.795	0.074	0.000	− 0.972	− 0.618
地理依赖型	正向	中性	0.536	0.069	0.000	0.371	0.701
		负向	0.913	0.072	0.000	0.740	1.086
	中性	正向	− 0.536	0.069	0.000	− 0.701	− 0.371
		负向	0.376	0.073	0.000	0.202	0.551
	负向	正向	− 0.913	0.072	0.000	− 1.086	− 0.740
		中性	− 0.376	0.073	0.000	− 0.551	− 0.202

图 6 - 14 所示，多品牌信息属性对消费者区域品牌形象的感知作用，当区域品牌为地理依赖型时这种影响作用显著大于非地理依赖型区域品牌，但对于两种类型的区域品牌而言，当消费者接收到来自产业区域内的正向多品牌信息时，会提高区域品牌形象评价水平，反之，则会降低区域品牌形象评价水平。

这一分析结果部分地通过了假设 H2 的检验。无论对于地理依赖型区域品牌还是非地理依赖型区域品牌，多品牌信息属性对消费者区域品牌形象感知均有显著的影响作用，但是多品牌信息属性对于地理依赖型区域品牌相比非地理依赖型区域品牌的影响作用更大。

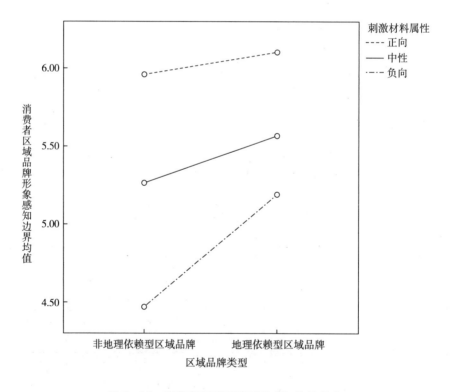

图 6 - 14　消费者区域品牌形象感知均值分布

3. "修订后的区域品牌形象——品牌态度——购买决策"影响作用分析与检验

本书认为修订后的区域品牌形象对消费者最初单一多次使用的产品品牌的品牌态度具有正向影响作用，进而消费者在接触多品牌信息情境下的品牌态度仍对消费者是否做出重复购买决策有正向的影响。本书构建"区域品牌形象——品牌态度——购买意愿"主效应模型，通过结构方程建模分析，运用 AMOS 软件进行检验，分析结果如表 6 - 20 和图 6 - 15 所示。

表 6 - 20　　　"区域品牌形象——消费者态度——购买意愿"
效应模型路径分析

			回归权重估计	S. E.	C. R.	P	标准化回归权重估计
品牌态度	←	区域品牌形象	0.261	0.024	11.049	***	0.682
购买意愿	←	品牌态度	1.026	0.078	13.101	***	1.007
购买意愿	←	区域品牌形象	-0.033	0.022	-1.496	0.135	-0.084
PEI	←	区域经济形象	1.000				0.636
PNI	←	区域自然形象	1.164	0.086	13.574	***	0.695
PII	←	区域产业形象	0.934	0.070	13.312	***	0.677
PCI	←	区域企业形象	1.637	0.110	14.816	***	0.808
Q22	←	产品态度	1.000				0.689
Q21	←	产品态度	1.007	0.063	15.952	***	0.718
Q20	←	产品态度	0.886	0.059	15.054	***	0.674
Q19	←	产品态度	0.860	0.060	14.418	***	0.643
Q18	←	产品态度	0.846	0.054	15.800	***	0.711
Q23	←	购买意愿	1.000				0.774
Q24	←	购买意愿	1.040	0.057	18.216	***	0.746
Q25	←	购买意愿	1.096	0.062	17.802	***	0.730

注：***表示在 $\alpha = 0.05$ 水平上显著。

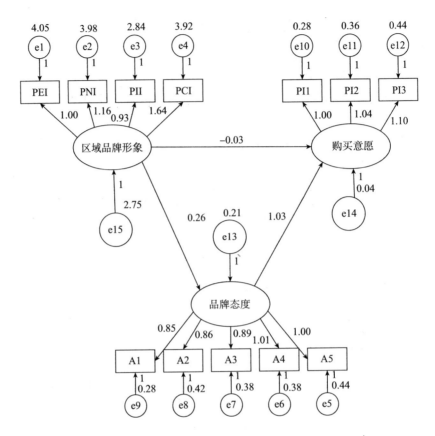

图 6 – 15 "区域品牌形象——消费者态度——购买意愿"结构方程模型

模型的拟合指标经统计汇总为表 6 – 21，从拟合优度指标来看，模型的拟合情况基本良好。

表 6 – 21 模型拟合优度指标汇总

统计检验量	适配标准或临界值	检验结果数据	模型适配判断
绝对适配度指数			
χ^2	P > 0.05（未达到显著水平）	129. 655 （p = 0. 000 < 0. 05）	
RMR	< 0.05	0.073	基本可以接受
RMSEA	< 0.08	0.050	良好

续表

统计检验量	适配标准或临界值	检验结果数据	模型适配判断
绝对适配度指数			
GFI	>0.90 以上	0.964	良好
AGFI	>0.90 以上	0.944	良好
增值适配度指标			
NFI	>0.90 以上	0.958	良好
RFI	>0.90 以上	0.945	良好
IFI	>0.90 以上	0.974	良好
TLI（NNFI）	>0.90 以上	0.966	良好
CFI	>0.90 以上	0.974	良好
简约适配度指标			
PGFI	>0.05 以上	0.630	良好
PNFI	>0.05 以上	0.740	良好
PCFI	>0.05 以上	0.753	良好
CN	>200	322	良好
χ^2/df	介于 1 和 3 之间	2.542	良好
AIC 值	理论模型值小于独立模型值，同时小于饱和模型值	183.655 > 156.000 183.655 < 3094.892	不太理想
CAIC 值	理论模型值小于独立模型值，同时小于饱和模型值	329.730 > 577.994 329.730 < 3159.814	不太理想

由以上数据分析结果可见，假设 H3 和 H4 通过检验，即修订后的区域品牌形象对消费者最初单一多次使用的产品品牌的品牌态度具有显著的正向影响作用，消费者在接触多品牌信息情境下的品牌态度仍对消费者做出重复购买决策有显著的正向影响。

4. 消费者品牌态度在区域品牌形象对消费者购买意愿的影响过程中发挥中介作用

本书采用适合复杂模型中介作用检验的 Bootstrapping 程序（Preacher & Hayes，2004，2008）对消费者品牌态度在区域品牌形象对消费者购买意愿的影响过程中发挥中介作用进行检验，分析结果如下。

Run MATRIX procedure：

* * * * * * * * * * * PROCESS Procedure for SPSS Release 2. 16. 3 * * * * * * * * * * * * * * *

Written by Andrew F. Hayes，Ph. D.　　　www. afhayes. com

* *

Model = 4

　Y = PI

　X = RBI

　M = BA

Sample size

608

* *

Outcome：BA

Model Summary

R	R - sq	MSE	F	df1	df2	p
. 5625	. 3164	7. 1134	280. 4636	1. 0000	606. 0000	. 0000

Model

	coeff	se	t	p	LLCI	ULCI
constant	15. 0255	. 8341	18. 0136	. 0000	13. 3874	16. 6636
RBI	. 1947	. 0116	16. 7470	. 0000	. 1719	. 2175

* *

Outcome：PI

Model Summary

R	R - sq	MSE	F	df1	df2	p
. 7711	. 5945	2. 0974	443. 5624	2. 0000	605. 0000	. 0000

Model

	coeff	se	t	p	LLCI	ULCI
constant	1. 4745	. 5612	2. 6272	. 0088	. 3723	2. 5767
BA	. 5084	. 0221	23. 0501	. 0000	. 4651	. 5518
RBI	. 0201	. 0076	2. 6310	. 0087	. 0051	. 0351

* * * * * * * * * * * * * * * * * DIRECT AND INDIRECT EFFECTS * * * * * * * * * * * * * * * *

Direct effect of X on Y

Effect	SE	t	p	LLCI	ULCI
. 0201	. 0076	2. 6310	. 0087	. 0051	. 0351

Indirect effect of X on Y

	Effect	Boot SE	BootLLCI	BootULCI
BA	. 0990	. 0092	. 0814	. 1176

* * * * * * * * * * * * * * * * ANALYSIS NOTES AND WARNINGS * * * * * * * * * * * * * * * *

Number of bootstrap samples for bias corrected bootstrap confidence intervals：

5000

Level of confidence for all confidence intervals in output：

95. 00

－ － － － － END MATRIX － － － － －

消费者接受多品牌信息属性激发后感知的区域品牌形象对其做出购买决策有显著直接影响（直接作用 LLCI，ULCI 值区间不包含 0）；而消费者感知的区域品牌形象对消费者做出购买决策的间接作用显著（间接效应 LLCI，ULCI 值区间不包含 0）。由此可见，消费者品牌态度在消费者接触多品牌信息属性激发后感知的区域品牌形象对消费者做出购买决策发挥部分中介作用。故假设 H5 通过检验。

本书将全部假设检验结果汇总如表 6－22 所示，全部假设通过检验。

表 6－22 假设检验结果汇总

序号		假设	结果
H1	H1－1	消费者接触的多品牌信息属性对消费者区域品牌形象评价有正向影响作用。向消费者提供区域内同一品牌或其他单体品牌的正向信息刺激，会对消费者区域品牌形象评价产生正向影响。	支持 支持
	H1－2	向消费者提供区域内同一品牌或其他单体品牌的负向信息刺激，会对消费者区域品牌形象评价产生负向影响。	支持
	H1－3	向消费者提供区域内同一品牌或其他单体品牌的中性信息刺激，对消费者区域品牌形象评价既不产生正向影响也不产生负向影响。	支持
H2		区域品牌类型调节多品牌信息属性对区域品牌形象的影响。即，对于地理依赖型区域品牌，与负向多品牌信息和中性多品牌信息相比，正向多品牌信息会提高消费者对区域品牌形象的评价；但是对于非地理依赖型区域品牌，多品牌信息属性对区域品牌形象的影响将减弱。	支持
H3		修订后的区域品牌形象正向影响消费者品牌态度。	支持
H4		修订后的消费者品牌态度正向影响消费者购买意愿。	支持
H5		消费者品牌态度在区域品牌形象对消费者购买意愿的正向影响中发挥中介作用。	支持部分中介

第五节　研究结论与讨论

一　研究结论

在影响消费者产品评价的过程中，原产地形象的光环效应、首因效应、品牌效应与概括效应会进行动态转换，并相互影响，共同推动了原产地形象的动态变化。单纯的光环效应和概括效应已不能全面地解释国际营销事务中的现实情况。有鉴于此，本书在对相关文献综合回顾的基础上，借鉴原产国形象动态作用机制模型，本书提出区域品牌形象效应动态作用机制模型，并通过实证检验方法对模型进行验证。

基于 Jaffe 和 Nebenzahl（2001）提出的多阶段动态模型（如图 6-3所示），结合区域品牌形象作用机制，本书将区域品牌形象在消费者做出重复购买决策过程中所发挥的作用机制概括为如下模型（如图 6-16 所示）。

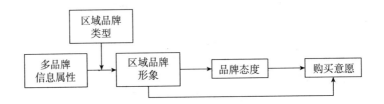

图 6-16　区域品牌形象概括效应扩展（动态作用机制）模型

（一）多品牌信息属性对区域品牌形象具有正向的修订作用，并且这一作用过程受区域品牌类型的调节

本书将消费者在消费过程中所接触的多品牌信息的一致性程度界定为多品牌信息属性。消费者多次消费某品牌形成良好的品牌评价，其所接触的其他多品牌信息也是积极的、良性的，那么多品牌信息属性的一致程度较高，即结晶化程度高，且为正向结晶；相反则为负向

结晶。但现实消费过程中可能存在正、负信息混杂的情况，因为研究设计及程度控制过程复杂，在此本书暂不作讨论。

本书通过多品牌信息属性设计实验刺激资料，通过向消费者展示产业区域内的正向、中性、负向其他品牌信息资料，检验品牌信息属性对消费者重新评价区域品牌形象的修订作用，本书采用2（地理依赖 vs. 非地理依赖）×3（正向刺激材料 vs. 负向刺激材料 vs. 中性刺激材料）被试间实验设计，每一实验组（地理依赖 vs. 非地理依赖）所给予的多品牌信息属性有三个水平（正向刺激材料 vs. 负向刺激材料 vs. 中性刺激材料），进行实验激发操作，研究结果证明假设通过检验。

消费者接触的多品牌信息属性对消费者区域品牌形象评价有正向影响作用，即消费者接触的多品牌信息是正向信息，那么他们对区域品牌形象的评价就会得到提升；如果消费者接触的多品牌信息是负向信息，那么他们对区域品牌形象的评价就会降低。这一作用受到区域品牌类型的调节作用，当区域品牌为地理依赖型时这种影响作用显著大于非地理依赖型区域品牌，但对于两种类型的区域品牌而言，当消费者接收到来自产业区域内的正向多品牌信息时，会提高区域品牌形象评价水平，反之，则会降低区域品牌形象评价水平。

（二）"修订后的区域品牌形象——品牌态度——购买决策"影响作用机理

消费者在产业区域内只能接触单一品牌信息是不现实的，随着竞争的激烈和相互模仿，消费者一定会在真实的消费情境下接触多品牌的信息。接触到多品牌信息后消费者会重新修订区域品牌形象，修订后的区域品牌形象对于消费者对当初单一多次使用的商品品牌的品牌态度具有正向影响作用，即修订后的区域品牌形象会对当初消费者单一多次使用品牌的品牌态度产生一致的叠加效应。亦即，消费者接触多品牌信息后如果原有的区域品牌形象提升了，那么消费者对当初曾单一多次使用品牌的品牌态度也提升了；反之亦然，当消费者接触多品牌信息后如果原有的区域品牌形象被削弱了，那么消费者对当初曾单一多次使用品牌的品牌态度也会削弱了。

当消费者接触某产业区域内的多品牌信息后，随着其对区域品牌形象做出修订，品牌态度的调整，随后在消费者的最终行为环节会表现出对其购买决策的影响。当消费者对区域内的某类产品品牌持积极的态度，那么其重复购买的可能性就较大；反之，当消费者对区域内的某类产品品牌持消极的态度，那么其重复购买该类商品的可能性就较小。故消费者在接触多品牌信息情境下的品牌态度对消费者是否做出重复购买决策有正向的影响作用。

有鉴于此，本书认为消费者在接触多品牌信息情境下，消费者修订后的区域品牌形象评价对其做出品牌态度评价有正向影响作用，品牌态度的正面评价对消费者做出重复购买决策有正向的影响，这一作用机理通过检验。同时，消费者品牌态度评价在区域品牌形象对消费者购买意愿的影响过程中发挥部分中介作用。区域消费者接触多品牌属性信息后，对区域品牌形象做出修订，修订后的区域品牌形象对消费者购买决策正向影响的主效应显著，同时修订后的区域品牌形象也影响消费者品牌态度评价，消费者品牌态度也对消费者购买决策有影响作用，故消费者对原有消费品牌态度在修订后的区域品牌形象感知评价与其做出购买决策过程中发挥部分中介作用。

二 讨论

消费者在实际消费过程中，在没有任何消费经验的情境下，依靠产业区域内的区域品牌对公司品牌态度做出评价，进而做出购买决策；当他们有了一定的消费体验后，又会累积消费经验对区域品牌形象进行重新的修订，修订后的区域品牌形象进而对消费者品牌态度进行修订，消费者重新做出购买决策。在这一过程中，实际消费环境下消费者不可能只接受单一品牌信息，消费者会接触到来自产业区域内外的多品牌信息，这些品牌信息有些是正向的、积极的信息，有些是负向的、消极的信息。消费者在接触多品牌信息的情况下，会对区域品牌形象重新做出修订，并且这一作用过程因区域品牌类型的不同而有差异。

由此可见，区域品牌形象的塑造是区域内多企业、多品牌合力的作用，区域内公司品牌形象良好，会对消费者对产业区域整体品牌形象的感知起到正向叠加作用；反之亦然。区域品牌形象的维护和打造依靠每一个企业和区域内公司品牌共同努力，任何一个危机事件对区域品牌形象的损毁都是不可逆转的，这给政府相关管理部门和行业协会提出了警示。

此外，多品牌信息属性对于区域品牌形象的这种修订作用因区域品牌类型不同而异。多品牌信息属性对区域品牌形象的结晶化过程对地理依赖型区域品牌的影响作用更强，非地理依赖型区域品牌虽然也存在这一作用机制但是影响程度小于地理依赖型区域品牌。这一结论对于地理依赖型区域品牌相关政府管理部门和行业协商会组织更应引起高度重视。

消费者有过消费体验后，在其购买决策过程中起作用的影响因素不再只是区域品牌形象，区域品牌形象的光环效应开始淡化，消费者对产品品牌的评价开始发挥作用，这些通过消费者产品品牌态度在消费者做出购买决策过程中发挥的中介作用可见。

综合以上研究结论，对于具有产业光环的产业区域，区域品牌形象的维护受区域内每个企业品牌、产品品牌形象的影响，消费者不再依靠产业光环、区域光环做出产品评价和购买决策，他们开始积累消费体验，对产品品牌持有一定的评价和意见，在做出购买决策的时候兼顾二者进行评估。

第七章　研究结论与区域品牌化战略

本章将系统总结全书主要研究结果、得出的研究结论与对本学科相关研究领域的贡献及其科学意义，指出本研究工作尚存在的不足及未来有待进一步研究的问题；基于本书研究结果从企业和政府双重视角提出了管理启示与区域品牌化战略。

第一节　研究结论与贡献

一　主要研究成果与结论

（一）国外区域品牌理论文献研究的成果

项目组通过对国外 2010—2016 年的区域品牌相关文献进行跟踪阅读，在 2006—2008 年国家自然科学基金项目对国外区域品牌文献进行研究的基础上，本书有以下值得学术界关注的研究发现：

其一，区域品牌化研究的缘起与理论基础。可概括为两种主要观点，而这两种观点又有交叉。第一种观点认为，区域品牌化被认为是采用传统的营销和品牌化方法来创造"区域形象"（Tiwari & Bose，2013）。近几十年来，不同范围的区域都开始运用营销技巧和打造区域品牌（Kavaratzis，2004），采取营销和品牌的概念和工具来吸引投资者、游客、居民，等等（Gertner，2011）。这种现象导致了一个新的营销术语"区域品牌化"的出现（Tiwari & Bose，2013）。"品牌化"这个概念是直到最近才用来描述区域推广的过程，过去主要用"区域销售"和"区域促销"等概念（Ashworth & Voogd，1990b；Gold & Ward，1994；Ward，1998）。因此，区域品牌化源自区域促销，而区域促销又主要与城市政策紧密相关（Hankinson，2010）。产品品牌化、城市政策和市场营销的部分基本理论奠定了区域品牌化理论建立和发展的基础（Hankinson，2010）。

第二种观点认为，区域品牌化可以追溯到三十年前，它源自两个研究领域，分别是来源国效应（Kotler et al.，1993；Kotler & Gertner，2002；Tiwari & Bose，2013）和目的地形象（Gallarza et al.，2002）。来源国效应和目的地形象为区域品牌化的建立所做出的贡献和在区域品牌化后续研究演变中的重要性是相互关联的（Chan & Marafa，2013），来源国效应和目的地形象概念形成了区域品牌化的研究基石。

其二，国外区域品牌化的研究视角与范围。国外区域品牌化研究涉及市场营销、区域政策、公共关系、区域规划等多个学科的交叉融合，学术界对于区域品牌化的研究存在多种视角；区域的范围涵盖商业区、行政区、城市、都市区、国家、国家群和大陆等广泛的地理实体。区域品牌化领域发展的大部分历史源自主流品牌化理论中的不同分支。作为最近主流品牌化理论发展的结果，特别是作为产品品牌化的延伸，区域品牌化已经和主流品牌化领域紧密地联系在一起了。它也继续与旅游和城市政策领域紧密相连（Skinner，2008）。因此，区域品牌化研究体现在三个领域。在旅游领域：区域代表着旅游目的地，可以是国家、区域、城市或城镇；在城市政策领域：关注点是城镇和城市的经济发展，不仅基于旅游业，也考虑其他领域，如零售、金融和文化服务；从营销的角度看，区域品牌化可以被应用于任何一种情况或者各种类型的位置和活动。区域品牌化的多样化发展，使区域品牌的研究表现为多个分支领域，如目的地品牌化（Morgan et al.，2004）、国家品牌化（Dinnie，2008）、地区品牌化（Caldwell & Freire，2004）和城市品牌化（Kavaratzis，2005）等。

其三，区域品牌研究的局限性与未来的研究方向。综合国外区域品牌研究的相关文献，区域品牌研究上存在以下几个方面的明显不足：第一，理论建构不成熟。印度学者 Abhay Kumar Tiwari 和 Sunny

Bose 在 2013 年对国际上 110 篇区域品牌相关文献进行系统回顾后指出：区域品牌理论研究的主要不足是缺乏可以整合所有代表社会科学领域的构成维度，需要建立区域品牌综合理论框架，其中包括构成维度之间相互作用和影响，并进一步开发衡量区域品牌的测量工具。理论建构不成熟还表现在区域品牌的基本概念以及与相关术语的内涵、相互关系不清晰和没有一个统一认识。① 第二，研究方法不成熟。Gertner（2011）在对 1990—2009 年的"区域营销"和"区域品牌化"文献研究中指出，这一时期的研究方法主要是采用定性研究、描述性研究，或者基于不同的和独特的案例进行的研究。② Chan 和 Marafa 系统回顾了 2000—2011 年发表关于区域品牌化问题研究的 111 篇相关文章，指出在区域品牌研究的主题领域中所采用的研究方法仍以定性分析为主，其中区域认同领域的定性方法占到 77.8%，投射区域形象领域的定性方法占到 60.0%，资源基础或区域产业领域的定性方法占到 100.0%，营销传播和媒体领域的定性方法占到 69.2%，利益相关者领域的定性方法占到 71.4%。缺乏整合研究方法，并且在一些研究中统计应用的解释力相对较低。③ 第三，区域品牌化面临的现实难题。区域品牌化的过程通常是由公共和私营部门的利益相关者共同实施的，这两者都参与提供区域产品。这就要求区域品牌化组织（PBO）协调好这个过程，使其不仅达到营销和经济的目标，同时实

---

① Tiwari 和 Bose 对国际上 110 篇区域品牌相关文献进行了系统回顾（Abhay Kumar Tiwari, Sunny Bose, "Place Branding: a Review of Literature", *Asia Pacific Journal of Research in Business Management*, Vol. 4, No. 3, 2013, pp. 15 - 24.）。

② Gertner 系统分析了 1990—2009 年的 212 篇区域营销和区域品牌化的研究文献（Gertner, D., *Unfolding and Configuring Two Decades of Research and Publications on Place Marketing and Place Branding*. Place Branding and Public Diplomacy, 2011, 7 (2): 91 - 106）。

③ Chan 和 Marafa 对 2000—2011 年间发表于三种主流期刊上关于区域品牌化问题的研究方法进行了系统回顾（Chung - shing Chan, Lawal M. Marafa. "A Review of Place Branding Methodologies in the New Millennium", *Place Branding and Public Diplomacy*, Vol. 9, No. 4, 2013, pp. 236 - 253.）。

现政治和社会目的（Hankinson，2010b）。① 区域品牌化需要系统整合区域内的各个方面和活动，以形成一个稳定的"品牌"，有助于区域更好地实现自身的发展目标。但是，现实情况是很难做好协调工作，各部门的需求存在冲突，各部门会强调不同的特征。

区域品牌有待进一步深入研究的问题：一是建立理论架构并关注具体领域。开发和构建"区域品牌化"的理论架构，界定和检验各种模型和变量关系，明确不同类型区域，如社区、城市、州/省、国家和其他类型的区域品牌化方面存在的差异。并应更多关注例如区域形象的评价、品牌资产研究、利益相关者满意度调查和品牌影响的评估等一些具体研究领域（Hankinson，2010a；Jacobsen，2012；Lucarelli，2012）。二是开发衡量区域品牌的测量工具，增加混合研究法的应用比例。Zenker（2011）指出，测量区域品牌方面所采用的方法太有限了，应该将定性的方法和定量的方法有机地结合起来评价一个区域品牌。② 综合性的方法有可能克服单独定性或定量方法的一般性缺点。未来的区域品牌化问题研究，采用混合方法或多种定量方法而不是通过案例研究为主的定性方法，也许是更合适的研究工具，在未来的研究中会产生大量的有见地的成果。三是加强区域品牌管理的协调合作。区域产品的性质和区域品牌化发生的制度框架让区域品牌化有别于其他形式的品牌化。区域品牌化成为一种协调过程而不是一种管理活动。区域品牌化组织（PBO）作为区域品牌开发的领导者，并不能直接控制品牌的开发和品牌体验的提供。区域品牌化组织必须与其他伙伴组织共同合作来寻找一个共同的平台，在这个平台上投资和促销战略能够一起建立和维护一个一致的区域品牌。

---

① 区域品牌化组织（Place Branding Organisation，简称 PBO），主要是公共服务部门，属于非营利组织。（Hankinson, G., "Place Branding Theory：A Cross - domain Literature Review from a Marketing Perspective", in：G. Ashworth and M. Kavaratzis, eds., *Towards Effective Place Branding Management：Branding European Cities and Regions*, The United Kingdom：Edward Elgar Publishing, 2010b, pp. 15 - 35.）

② Zenker S., "How to Catch a City? The Concept and Measurement of Place Brands". *Journal of Place Management & Development*, Vol. 4, No. 1, 2011, pp. 40 - 52.

（二）深入访谈研究的主要进展与结果

本书主要以原产国形象测量维度作为区域品牌形象构建维度的理论基础，同时考虑到区域品牌形象与原产国品牌形象的差异，为了更全面地反映区域品牌形象的本质属性与特点，同时借鉴区域形象、品牌形象和区域品牌的研究成果，构建了初步的区域品牌形象构念的基本结构。通过对长春市、北京市、深圳市三地消费者进行焦点小组座谈和一对一拦截访谈，运用内容分析方法对访谈资料进行定性与定量分析，进一步修正与完善了区域品牌形象理论研究结果，最终获得区域品牌形象构念的基本结构包括区域经济形象、区域自然形象、区域人文形象、区域产业形象、区域企业形象和区域产品形象六个维度，经检验具有较好的信度与内容效度。

（三）量表开发工作的研究进展与结果

目前，学术界对于区域品牌（化）及其区域品牌形象的研究无论在理论建构，还是在研究方法上均不成熟。国内外营销学界主要着眼于原产国形象对一国消费者产品评价和购买决策影响的研究，且研究成果已相当成熟，但很少有学者探讨同一国度内某个产业区域的品牌形象对该国消费者产品评价与购买决策的影响。而且，从总体上来看，在区域品牌问题研究中，通过定性方法进行数据收集和分析比定量方法更为普遍（Gertner，2011；Chan and Marafa，2013）。现有研究中尚没有开发出一套用于区域品牌形象测量的测评工具，以至于围绕区域品牌形象的外部效应即对消费者认知、态度及购买行为影响的实证研究不能开展。

本书基于量表开发的一般流程，以原产国形象量表为理论基础，结合文献研究、深访研究、小组讨论、专家审核，初步确定了区域品牌形象量表的构成维度和测量指标。然后通过三次大样本问卷测试和题项分析、因子分析、信度和效度检验，最终确定了一套包含四个维度十三个题项的区域品牌形象测量量表。

（四）区域品牌形象静态作用机制研究的主要进展与重要结果

本书将区域品牌形象纳入原产国光环效应与概括效应模型（Han，1989），并在原有模型的基础上加入购买意愿这一新的变量，选择国内具有代表性的区域品牌作为研究对象，并通过实验研究、独立样本 T 检验和 Bootstrap 中介效应检验，验证了将国与国之间的产地线索推广到同一国家不同地理区域的产地线索上，区域品牌形象作为消费者评价公司品牌的外部线索，仍然存在原产国的光环和概括效应。一方面，选择山西老陈醋和景德镇瓷器这两个代表性区域品牌为研究对象，通过实验研究法、独立样本 T 检验和 Bootstrap 中介效应分析，在对比分析和综合分析实验组和控制组数据的基础上，验证了在消费者不熟悉公司品牌的条件下，区域品牌形象信息是如何评价区域内公司品牌并发挥光环效应的；另一方面，选择呼和浩特乳制品和晋江运动鞋两个代表性区域品牌作为研究对象，通过实验研究法和 Bootstrap 中介效应分析，在对比分析和综合分析实验组和控制组数据的基础上，检验了在消费者熟悉公司品牌的条件下，区域品牌形象如何对公司品牌评价表现出概括效应。并通过 Bootstrap 中介效应检验，明晰了区域品牌形象的光环与概括效应对公司品牌评价的影响路径。

（五）区域品牌形象动态作用机制研究的主要进展与重要结果

本书基于 Jaffe 和 Nebenzahl（2001）提出的多阶段动态模型，结合区域品牌形象作用机制，将区域品牌形象在消费者做出重复购买决策过程中所发挥的作用机制概括为区域品牌形象光环—概括效应动态整合模型，并通过实证检验方法对模型进行验证。研究发现：①多品牌信息属性对区域品牌形象具有正向的修订作用，并且这一作用过程受区域品牌类型的调节。本书通过多品牌信息属性设计实验刺激资料，向消费者展示产业区域内的正向、中性、负向其他品牌信息资料，对于品牌信息属性对消费者重新评价区域品牌形象的修订作用，本书采用 2（地理依赖 vs. 非地理依赖）×3（正向刺激材料 vs. 负向刺激材料 vs. 中性刺激材料）被试间实验设计，每一实验组（地理依赖 vs. 非地理依赖）所给予的多品牌信息属性有三个水平（正向刺激材料 vs. 负向刺激材料 vs. 中性刺激材料），进行实验激发操作，研究结果证明消费者接触的多品牌信息属性对消费者区域品牌形象评价有正向影响作用，即消费者接触的多品牌信息是正向信息，那么他们对区域品牌形象的评价就会得到提升；如果消费者接触的多品牌信息是负向信息，那么他们对区域品牌形象的评价就会降低。这一作用受到区域品牌类型的调节作用，当区域品牌为地理依赖型时这种影响作用显著大于非地理依赖型区域品牌，但对于两种类型的区域品牌而言，当消费者接受到来自产业区域内的正向多品牌信息时，会提高区域品牌形象评价水平，反之，则会降低区域品牌形象评价水平。②"修订后的区域品牌形象——品牌态度——购买决策"作用机理。消费者在产业区域内只接触单一品牌信息是不现实的，随着竞争的激烈和相互模仿，消费者务必会在真实的消费情境下接触多品牌的信息。接触到多品牌信息后消费者会重新修订区域品牌形象，修订后的区域品牌形象对于消费者对当初单一多次使用的商品品牌的品牌态度具有正向影响作用，即修订后的区域品牌形象会对当初消费者单一多次使用品牌的品牌态度产生一致的叠加效应。随着其对区域品牌形象做出修订，品牌态度的调整，随后在消费者的最终行为环节会表现出对其购买决策的影响。消费者品牌态度评价在区域品牌形象对消费者购买意愿的影响过程中发挥部分中介作用。

二　主要研究贡献与科学意义

（一）区域品牌形象构成维度研究的贡献与学术价值

科学界定了区域品牌形象概念的基本结构，确认了区域品牌形象是一个由六个维度构成的可测构念。本书的研究贡献在于区域品牌形象构念基本结构的识别在国内外学术界是一个全新的尝试。由于基于消费者认知的区域品牌形象是一个十分复杂的、独特的，且具有多维属性与结构的概念，目前国内外学术界尚未有一个清晰的理论架构及可广泛应用的区域品牌形象的测量工具，而区域品牌形象维度识别是量表开发以及区域品牌领域相关问题研究的前提与基础。本书通过大量系统的、多学科的文献研究，识别出区域品牌形象概念的基本结构；通过深访研究，验证与完善了根据文献研究构建的理论雏形，从而为下一步区域品牌形象的量表开发奠定了基础。同时，推进了区域品牌的基本理论研究，对于区域品牌及其区域品牌形象基本理论的深入研究，特别是实证研究工作的推进具有重要的学术价值与意义。

（二）区域品牌形象量表开发研究的贡献与学术价值

开发出一套具有普适性的区域品牌形象量表，为未来测量区域品牌形象及验证其与其他变量关系的实证研究提供了测量工具。无论是从区域品牌理论架构的演绎角度来看，还是从实证数据分析的验证角度来看，这套区域品牌形象量表具备较强的参考价值，可为相关实证研究提供测评工具。首先，关于区域品牌形象的内涵、构面及主要测评指标皆经过了较为严谨的文献研究、深访研究、小组讨论和专家审核等；其次，通过三次大样本问卷调查和题项分析、因子分析、信度检验和效度检验的实证分析，不断剔除不合格题项，调整量表的因子构成，最终形成具有较好信度和效度的测评量表。这一测量工具可以作为本领域学者研究区域品牌形象及其与消费者认知、态度及购买行为的实证研究提供工具支持，同时也有助于地方政府更全面地了解消费者心目中对特定区域品牌形象的感知印象，从而认知和把握当地区域品牌形象塑造的成功程度，从而为各级政府进行区域品牌形象战略决策和管理提供参考依据，同时也有助于公司决策者更好地发挥区域品牌形象的"背书功能"，根据区域品牌和区域内公司品牌的强弱程度，采取不同的区域品牌战略。

（三）区域品牌形象静态作用机制研究的贡献与学术价值

验证和阐释了区域品牌形象对公司品牌评价的静态作用机理，明晰了区域品牌形象对公司品牌信念、态度和购买意愿的影响路径。首先，目前，在原产地形象效应的研究中，以光环效应和概括效应模型为主要理论基础。特别是 Han（1989）的解释具有广泛的影响。Han认为，当消费者对一个国家的产品知之甚少时，原产地形象如同光环，影响消费者对该国产品的评价；当消费者对某个国家或地区的产品或品牌很熟悉时，会从产品制造地和在某一品牌名称下销售的产品属性的感觉中抽象出该国或地区的形象，进而影响消费者对品牌或特定产品的态度，即表现为概括效应。虽然学术界有学者将国与国之间的产地线索推广到同一国家不同地理区域的产地线索上，即同一国家内的不同地区存在着原产地效应的研究上，但在国内外区域品牌的研究中，对区域品牌效应作用机制的研究还是一个尚待开发的研究领域。本书经过实证检验得出了将国与国之间的产地线索推广到同一国家不同地理区域的产地线索上，区域品牌形象作为消费者评价公司品牌的外部线索，仍然存在原产国的光环和概括效应的结论，这一结论进一步丰富和扩展了区域品牌领域现有的研究成果。其次，检验发现了区域品牌形象对公司品牌评价的光环效应存在三条显著性影响路径。在 Han（1989）提出的原产国光环效应模型中，只有一条影响路径：国家形象→品牌信念→品牌态度。本书引入了消费者购买意愿作为新的因变量拓展了光环效应模型，通过实证研究发现，在区域品牌形象光环效应模型中，区域品牌形象对产品购买意愿的影响存在三条显著性影响路径，这三条中介效应路径为完全中介。最后，验证和发现了区域品牌形象对公司品牌评价的概括效应存在两条显著性影响路径。在 Han（1989）提出的原产国概括效应模型中只有一条影响路径：品牌信念→国家形象→品牌态度。本书同样引入了消费者购买意愿作为新的因变量并拓展了概括效应模型，经实证研究发现，在区域品牌形象概括效应模型中，公司品牌信念对产品购买意愿的影响存在两条显著性影响路径，这两条中介效应路径可能为完全中介，或者部分中介。两个模型的扩展及其检验结果，超出了项目最初所提出的研究假设，丰富了区域品牌形象光环效应和概括效应的解释机制，这在本学科领域是重要的研究发现和学术创新。

（四）区域品牌形象动态作用机制研究的贡献与学术价值

本书借鉴原产国形象效应动态作用机制模型，提出区域品牌形象光环—概括动态效应整合模型。首先，研究发现区域品牌形象的塑造是区域内多企业、多品牌合力的作用，区域内公司品牌形象良好，会对消费者对产业区域整体品牌形象的感知起到正向叠加作用；反之亦然。区域品牌形象的维护和打造依靠每一个企业和区域内公司品牌共同努力，任何一个危机事件对区域品牌形象的损毁都是不可逆转的。其次，多品牌信息属性对于区域品牌形象的修订作用因区域品牌类型不同而异。多品牌信息属性对区域品牌形象的结晶化过程对地理依赖型区域品牌的影响作用更强，非地理依赖型区域品牌虽然也存在这一作用机制，但是影响程度小于地理依赖型区域品牌。消费者有过消费体验后，在其购买决策过程中起作用的影响因素不再只是区域品牌形象，区域品牌形象的光环效应开始淡化，而消费者对产品品牌的评价也开始发挥作用，通过消费者产品品牌态度在消费者做出购买决策过程中的中介作用可见。对于具有产业光环的产业区域，区域品牌形象的维护受区域内每个企业产品品牌形象的影响，消费者不再依靠产业光环、区域光环做出产品评价和购买决策，他们开始积累消费体验，对产品品牌持有一定的评价和意见，在做出购买决策的时候兼顾二者的评估。本部分研究工作一方面对于以产业集群为中心的产业区域内企业了解消费者购买决策过程，实施区域营销管理工作提供必要的理论依据与参考；另一方面为产业区域内地方政府与行业协会相关管理政策的制定与实施保证提供理论支撑。

三　研究不足与未来有待研究的问题

（一）测量工具还需要进一步完善

由于国内外对区域品牌的研究历史不长，无论在理论建构上，还是研究方法上，均不成熟，因此，在理论体系建构和测量工具方面没有成熟的成果可供借鉴。本书所开发的各测量量表虽经过两年时间的开发研究与反复测试，但受限于时间、人员、经费等多方面条件，量表开发工作尚存在两方面不足：第一，量表的聚合效度可以进一步提高。虽然参考 Chin（1998）的观点，新开发量表的 AVE 值可以略低于 0.5 的参考标准，但是，如果对量表进一步完善，相信区域产业形象和区域企业形象维度的 AVE 值会有所提高；第二，没有根据地理依赖型和非地理依赖型区域品牌开发不同的测评量表。研究过程中，项目组发现地理依赖型和非地理依赖型区域品牌形象存在一定的差异。严格意义上说，有必要针对两种类型的区域品牌形象分别开发不同的量表。但受到时间、精力和成本的限制，本书只开发了一套"普适性"的量表，希望能涵盖两种类型的区域品牌形象的测量。国内外经验表明，一套成熟量表的开发工作至少需要 7 年左右的时间，因此，在未来的研究中，应基于此量表进行更大地域规模的样本收集，对各量表的基本结构以及测量指标进行反复测试，以不断提高其稳定性和有效性。同时，针对不同类型、不同产业的区域品牌开发特定的区域品牌形象测量工具，以增强测量工具的适宜性。

（二）区域品牌形象的累积效应研究还存在一定的局限性

本书力求还原消费者实际消费过程中接触区域内多品牌信息刺激后对区域品牌形象的修订作用。将消费者在消费过程中所接触的多品牌信息的一致性程度界定为多品牌信息属性。消费者多次消费某品牌形成良好的品牌评价，其所接触的其他多品牌信息也是积极的、良性的，那么多品牌信息属性的一致程度较高，即结晶化程度高，且为正向结晶；相反则为负向结晶。本书采用实验设计将消费者接触的多品牌信息属性设计为正向、中性、负向三种类型，并采用组间实验设计完成实验激发过程。但现实消费过程中消费者接触的信息不可能单纯为正向或负向，而是正、负信息混杂的情况，因为研究设计及程度控制过程复杂，在此本书未作讨论。这距离完全还原消费者真实消费情境的初衷尚有差距，既是本书的局限，也是未来努力的方向。

第二节　管理启示与品牌化战略

一　企业层面的管理启示与品牌化战略

根据区域品牌形象静态作用机制研究的检验结果，区域品牌形象作为消费者判断产品质量的重要外部线索，同样存在原产国的光环和概括效应，区域品牌形象对消费者区域内公司或产品品牌的认知、态度和购买意愿具有显著的影响作用。这就为区域内企业如何充分利用区域品牌形象的良好声望，来提升本企业产品在消费者心目中的信任度和美誉度，进而为促进消费者对本企业产品产生积极的产品认知、态度和购买意愿提供了策略依据。

依据消费者对区域品牌知名度与美誉度的综合评价和印象，可将区域品牌形象分为高低两种类型；同样，根据消费者对区域内企业品牌知名度和美誉度的评价，也可分为高和低两类。这样，区域品牌形象和企业品牌形象就形成了四种可能的组合。不同类型的企业处于不同的组合情况，可相应采取不同的品牌战略。

（一）区域品牌形象高，企业品牌形象也高

在这种组合中，区域品牌和企业品牌均具有高知名度和美誉度，消费者对区域品牌和企业品牌综合印象好，从而对区域品牌与企业品牌均会产生积极的品牌联想。根据原产国效应理论推理，在区域内存在强大的公司品牌的情况下，良好的区域品牌形象会对公司品牌起到支持作用，从而进一步强化消费者对产品感知质量的影响，增强对公司产品的信赖感，使消费者更容易产生购买意愿。因此，在消费者区域品牌与本企业品牌形象认知均处于强势状态情况下，企业应采取区域品牌与企业品牌并用的战略，既突出区域品牌形象，也同时突出企业品牌形象，产生叠加效应。

（二）区域品牌形象高，企业品牌形象低

在这种组合中，消费者对区域品牌印象好、评价高，而企业品牌知名度和美誉度不高。消费者对区域品牌产生积极的品牌联想，而对企业品牌会产生消极的品牌联想。结合原产国效应研究成果推理，在区域内没有著名品牌、产品内部属性信息又不易获得或者信息搜索成本过高的情况下，区域品牌对消费者购买选择的影响程度会进一步增强。对于区域内品牌知名度较低的中小型生产企业而言，很难获得消费者的认同感，因此，在区域品牌形象认知具有优势而本企业品牌形象认知处于劣势的情况下，企业应充分借助区域品牌的光环效应，采取来源国品牌战略，突出区域品牌形象这一原产地线索，将区域品牌信息作为宣传的重点，借助区域品牌优势提高消费者对本企业产品的信任感。

（三）区域品牌形象低，企业品牌形象高

在这种组合中，区域品牌知名度和美誉度不高，消费者对区域品牌认同度低；而企业本身品牌知名度高、信誉好，消费者会对企业品牌产生积极的品牌联想，而对区域品牌产生消极的品牌联想。在区域品牌形象认知处于劣势的情况下，企业应突出企业品牌形象的宣传，淡化企业所在区域的背景信息，主动规避不利的区域品牌形象对消费者认知、态度和购买意愿的消极影响。

（四）区域品牌形象低，企业品牌形象也低

在这种组合中，区域品牌和企业品牌知名度和美誉度均不高，消费者对区域品牌和企业品牌认同度均较低，从而对区域品牌与企业品牌均会产生消极的品牌联想。在消费者区域品牌与本企业品牌形象认知均处于弱势状态情况下，企业可采取区域品牌形象与企业品牌形象中性化的策略，选择不带有明显标记的区域品牌产地标志和中性化的品牌名称，而突出宣传产品本身的特色和质量，以减弱消费者对区域品牌和企业品牌的消极评价。同时，企业也可以采取品牌联合、价格折扣、通过市场声誉高的零售商分销产品等做法，一定程度上抵消区域品牌和企业品牌对消费者产品评价与选择的不利影响。

二 政府与行业协会层面的管理启示与品牌化战略

（一）培育区域内龙头企业与名牌群体

区域内龙头企业作为品牌领导者对区域品牌形象的形成与提升起着重要的影响作用。根据区域品牌形象的光环效应作用机理，在消费者对区域产品不十分了解和熟悉的情况下，其对该区域的产品印象首先来自率先进入市场的龙头企业，消费者会根据对先行进入市场的产品的第一印象，推断产品所在区域的产品质量，并据此评价该区域相应产业的相关产品，形成对该区域的总体印象即区域品牌形象。因此，区域产业的品牌领导者在消费者形成对该产业区域品牌形象过程中扮演重要角色，起首因作用。

区域内具有竞争力的名牌群体是区域品牌形象得以保持和不断提升的重要保证和不竭源泉。根据区域品牌形象的概括效应的作用机理，随着消费者对来自同一区域企业产品的购买和消费体验的增加，首因效应在产品评价中作用会逐步降低，消费者会通过对来自同一区域内多个产品或品牌的体验，对多种相关产品或品牌的信息进行提炼与归纳，修订对区域品牌形象的认知，并将修订的区域品牌形象作为评价该区域产业产品或品牌的依据。

各级地方政府和行业协会为培育区域品牌形象，首先，应制定区域名牌规划、实施名牌战略工程，积极培育具有自主知识产权和知名度、美誉度高的名牌企业，使其成为行业或区域产业的品牌领导者，发挥其在该产业区域品牌形象形成过程中扮演"第一印象"的重要角色。其次，发挥龙头企业的外部经济效应，以龙头企业为核心，培养一批名牌企业或名牌产品，实现区域内名牌的簇群化成长，使消费者尽可能多地产生积极的品牌体验，进而保持和不断提升区域品牌形象。

（二）培育产业优势

从区域品牌的形成过程来看，区域品牌是产业集群发展到高级阶段的产物。产业集群为区域内企业带来了单个游离企业所不具备的产业竞争优势，从而有利于区域内著名公司品牌或产品品牌的形成，进而为区域品牌的形成奠定了基础。产业优势主要表现在成本优势、产品差异化优势、技术创新优势和营销优势。集群的外部规模经济效应为企业品牌和区域品牌建设创造了低成本优势；专业化分工、弹性生产与协作竞争效应为企业品牌和区域品牌建设带来了组织效率的提高、灵活性增强、产品质量的保证与产品差异化优势；集群的知识外溢效应、良好的创新氛围与创新资源的存在为企业品牌和区域品牌建设提供了提高与加快其自主创新能力和速度的技术优势；集群企业的合作营销为企业品牌和区域品牌建设带来了市场竞争优势等。上述优势决定了集群内企业比集群外企业更具有竞争力，因此，区域产业竞争优势是企业品牌与区域品牌成长的重要载体，奠定了企业品牌和区域品牌形成的产业基础。

培育良好的区域产业形象应从区域外部消费者感知的视角思考。本书研究显示，区域产业相关企业数量众多、产业在国内名气大和产销规模大等维度是外部消费者更容易获得感知和形成区域产业联想的要素和内容，而这些显性指标是由区域产业地位、产业特色、产业规模、产业生产技术水平、产业创新水平的隐形指标决定的。因此，应通过努力提升区域产业的地位、特色、技术与创新水平，壮大企业规模与实力，从而丰富消费者对区域品牌形象联想的内容，为外部消费者留下良好的区域产业总体印象。

（三）创造良好的区域环境

区域环境对区域品牌的形成有十分重要的影响，良好的区域环境有助于提升区域品牌在社会公众中的声誉与形象，形成对区域品牌的正向评价。区域环境包含区域内所有的环境因素，对区域品牌形成具有显著影响作用的环境因素亦有很多。根据本书研究结果，从外部消费者感知的角度来看，区域品牌形象构念四大维度中，对消费者感知和联想具有鲜明特征和显著影响作用的区域环境因素主要是区域自然环境和区域经济环境。区域自然环境包括区域自然资源丰富、自然资源优质和自然资源适合某产业发展等要素，区域经济环境包括经济发展势头好、经济发展富有活力、对外开放程度高和企业专业人才集中等要素。这两大环境包含的相关变量是消费者容易直接感知和获取进而形成对区域的总体印象，并成为消费者评价区域品牌形象的主要环境指标。由此可见，依托区域自然资源的优势，充分开发利用独特优质的自然资源，形成独一无二的产业特色，提高区域经济的发展水平与活力，为区域品牌形成与发展奠定自然物质基础和经济基础，是区域品牌形象提升的重要途径。

（四）实施区域品牌与公司品牌的协同发展战略

本书的研究结果表明，区域品牌形象存在光环和概括效应。根据区域品牌的发展程度和区域内公司品牌和产品品牌的强弱程度，地方政府应充分利用和发挥区域品牌的"背书功能"，根据区域品牌和区域内公司品牌的强弱程度，采取不同的区域品牌战略和管理方式。

1. 辅助型战略

对于非地理依赖型区域品牌，一般区域内存在着著名的公司品牌或产品品牌，消费者对区域内的著名的公司品牌或产品品牌比较熟悉，在区域品牌发展初期，公司品牌或产品品牌对消费者的购买选择会起决定作用。在这种情况下，地方政府可采取以著名的公司品牌或产品品牌推广为主的发展战略，区域品牌仅对产品品牌或公司品牌的发展起隐形背书作用。区域品牌战略仍以运作公司或产品品牌战略为主，努力做大做强企业或产品品牌，创造一批拥有自主知识产权的知名品牌，形成名牌的簇群化发展。区域品牌对于区域内企业而言只作为其品牌战略的辅助支持而存在，以促进和提高公司或产品品牌战略的实施效果。

2. 平台型战略

对于非地理依赖型区域品牌且区域内存在著名的公司品牌或产品品牌，消费者对区域内的著名的公司品牌或产品品牌比较熟悉，同时，区域品牌也在消费者心目中建立起良好的信誉和声望。在区域品牌与区域内公司或产品品牌势均力敌的情况下，地方政府可以以区域品牌的推广为公司品牌或产品品牌的市场渗透建立支持平台，以区域品牌推广所塑造的整体区域形象推动公司品牌或产品品牌的成长发展，而公司品牌和产品品牌的壮大反过来又为区域品牌形象的提升奠定基础，区域品牌与公司（产品）品牌之间相互促进、互相借势、协同发展。其中，区域品牌主要扮演区域公共品牌战略中的"平台"角色，设计、建设并维护区域品牌，着力打造区域品牌良好形象，从而为公司或产品品牌进入市场并持续发展开辟道路和创造良好的区域环境。

3. 主导型战略

对于大多数地理依赖型区域品牌而言，区域内没有强势公司或产品品牌，消费者对区域内公司品牌或产品品牌不熟悉，区域品牌形象起主导作用。在这种情况下，地方政府可实施以区域品牌推广为主的战略，着力以区域产业的整体实力和文化内涵建立良好的区域品牌形象，提升区域无形资产。区域品牌形象作为区域内所有公司（产品）品牌的共享资源，在公司（产品）的市场战略及行动中充分发挥"攻城略地"的作用。通过直接建设与维护区域品牌形象，以区域品牌参与市场竞争，占领市场份额，以整合的力量拉动区域内各公司或产品品牌的发展，从而促进区域经济的发展和区域竞争力的提升。

（五）科学制定区域品牌形象的战略规划

一个地方的形象可以定义为人们对这个地方的信念、观点和印象的总和。区域品牌形象是区域外部消费者和社会公众对该区域产业的整体信念和印象的总和。根据原产国效应和本书区域品牌形象效应的验证结果，消费者对区域产品的了解和熟悉程度影响其对区域品牌形象的评价。在消费者对区域产品不了解和熟悉的情况下，是依据区域品牌形象来推断区域产品的整体质量；在消费者对区域产品了解和熟悉的情况下，是通过其对区域产品属性认知形成的品牌信念，进而形成对区域品牌形象的总体印象。因而，这对政府和行业协会如何进行区域品牌形象的设计与传播提供了以下管理启示：形象是对与地方相关的联想与大量信息的简化；形象不是单一的某种信念；形象是对一个地方所有信念的总和。消费者通过各种传播媒介间接或直接能感知到的一切物或事件，都会由碎片化的、分散的信息经过消费者大脑的重新编码形成消费者的品牌信念，影响消费者对一个区域产业的整体看法。因此，地方政府和行业协会应科学地进行区域品牌形象的战略规划，清晰地规划和提炼出区域品牌形象的核心价值，以这个核心价值为中心进行区域品牌形象基本识别与扩展识别系统的设计，并以区域品牌识别系统统率区域的所有营销传播活动，区域内企业品牌的传播也应与区域品牌形象的核心价值保持一致。在长期的区域品牌建设中始终不渝地坚持这个核心价值，精心维护和全力宣扬这个核心价值，使区域的每一次传播活动均是为区域品牌形象的核心价值做加法、为区域品牌资产的增值做积淀，从而使消费者能够明确、清晰地识别并记住区域品牌的核心价值，获得消费者认同和偏爱，影响消费者的购买态度和行为。

（六）加强区域品牌的行业管理

区域品牌形象具有公共产品的基本属性，是该区域内企业可以共同享用的公共产品。如果区域内企业向市场提供的产品质量优良，会使消费者对区域品牌形象产生积极的品牌联想，给区域内其他企业和产业带来正向的外部经济效应；相反，如果区域内某一企业向市场提供的产品质量低劣，会使消费者产生消极的区域品牌形象联想，给区域内其他企业和产业带来负向的外部经济效应。本书的研究结果证明了区域品牌形象存在显著的外部经济效应。研究表明，在实际消费环境中，消费者会接触到产业区域内的多种不同品牌的信息。消费者接触的多品牌信息属性不同，对消费者区域品牌形象评价有不同的影响作用，即消费者接触的多品牌信息是正向信息，那么他们对区域品牌形象的评价就会得到提升；如果消费者接触的多品牌信息是负向信息，那么他们对区域品牌形象的评价就会降低。而修订后的区域品牌形象又会正向地影响消费者的品牌态度和购买意愿，产生一致的叠加效应。因此，为了避免出现区域内个别企业的不良行为对区域内其他相关企业或产品造成不利的影响，甚至对产业及区域品牌形象造成重大伤害，地方政府和行业协会在区域品牌形象培育过程中，应通过科学的区域产业制度性设计，采取有效的区域产业治理措施，完善区域产业治理结构，保持区域产业持续、健康发展，维护区域品牌声誉和形象，提升区域产业竞争力。例如，建立行业自律机制，制定行规行约，有效规范和约束产业行为，促进产业有序发展；制定产品质量的产业或行业标准，加强产品质量控制，严格在产品性能、产品安全性、环境影响限制等方面的检验制度，建立明确、健全、完善的奖惩制度和长效机制，加大对损害区域品牌形象和区域产业整体利益的企业行为的惩治力度，确保区域内所有企业的产品质量；为区域内企业及时提供产业发展的法律法规及政策信息服务，保证区域内企业严格按照国家政策和法律法规开展经营活动等。

附录1：区域品牌形象量表

1. 区域品牌形象量表——基础量表

序号	题项	非常不同意					非常同意	
A1	对外开放程度高	1	2	3	4	5	6	7
A2	经济发展势头好	1	2	3	4	5	6	7
A3	经济发展富有活力	1	2	3	4	5	6	7
B1	自然资源适合×××产业发展	1	2	3	4	5	6	7
B2	自然资源丰富	1	2	3	4	5	6	7
B3	自然资源优质	1	2	3	4	5	6	7
C1	×××产业相关企业数量众多	1	2	3	4	5	6	7
C2	×××产业在国内名气大	1	2	3	4	5	6	7
C3	×××产业产销规模大	1	2	3	4	5	6	7
D1	企业专业人才集中	1	2	3	4	5	6	7
D2	企业技艺精湛	1	2	3	4	5	6	7
D3	企业创新性强	1	2	3	4	5	6	7
D4	企业社会责任感强	1	2	3	4	5	6	7

2. 区域品牌形象量表——非地理依赖型区域品牌（以晋江运动鞋为例）

序号	题项	非常不同意					非常同意	
A1	晋江地区对外开放程度高	1	2	3	4	5	6	7
A2	晋江地区经济发展势头好	1	2	3	4	5	6	7
A3	晋江地区经济发展富有活力	1	2	3	4	5	6	7

续表

序号	题项	非常不同意						非常同意
B1	晋江地区自然资源适合运动鞋产业发展	1	2	3	4	5	6	7
B2	晋江地区自然资源丰富	1	2	3	4	5	6	7
B3	晋江地区自然资源优质	1	2	3	4	5	6	7
C1	晋江运动鞋产业相关企业数量众多	1	2	3	4	5	6	7
C2	晋江运动鞋产业在国内名气大	1	2	3	4	5	6	7
C3	晋江运动鞋产业产销规模大	1	2	3	4	5	6	7
D1	晋江运动鞋企业专业人才集中	1	2	3	4	5	6	7
D2	晋江运动鞋企业技艺精湛	1	2	3	4	5	6	7
D3	晋江运动鞋企业创新性强	1	2	3	4	5	6	7
D4	晋江运动鞋企业社会责任感强	1	2	3	4	5	6	7

3. 区域品牌形象量表——地理依赖型区域品牌（以呼和浩特乳制品为例）

序号	题项	非常不同意						非常同意
A1	呼和浩特市对外开放程度高	1	2	3	4	5	6	7
A2	呼和浩特市经济发展势头好	1	2	3	4	5	6	7
A3	呼和浩特市经济发展富有活力	1	2	3	4	5	6	7
B1	呼和浩特市自然资源适合乳制品产业发展	1	2	3	4	5	6	7
B2	呼和浩特市自然资源丰富	1	2	3	4	5	6	7
B3	呼和浩特市自然资源优质	1	2	3	4	5	6	7
C1	呼和浩特乳制品产业相关企业数量众多	1	2	3	4	5	6	7
C2	呼和浩特乳制品产业在国内名气大	1	2	3	4	5	6	7
C3	呼和浩特乳制品产业产销规模大	1	2	3	4	5	6	7
D1	呼和浩特乳制品企业专业人才集中	1	2	3	4	5	6	7
D2	呼和浩特乳制品企业技艺精湛	1	2	3	4	5	6	7
D3	呼和浩特乳制品企业创新性强	1	2	3	4	5	6	7
D4	呼和浩特乳制品企业社会责任感强	1	2	3	4	5	6	7

附录2：公司品牌态度和购买意愿量表

1. 公司品牌态度测量量表——非地理依赖型区域品牌（以晋江运动鞋为例）

序号	题项	非常不同意						非常同意
E1	安踏运动鞋非常好	1	2	3	4	5	6	7
E2	安踏运动鞋整体质量很好	1	2	3	4	5	6	7
E3	我对安踏运动鞋持肯定态度	1	2	3	4	5	6	7
E4	我非常喜欢安踏运动鞋	1	2	3	4	5	6	7
E5	安踏运动鞋很吸引人	1	2	3	4	5	6	7

2. 公司品牌态度测量量表——地理依赖型区域品牌（以呼和浩特乳制品为例）

序号	题项	非常不同意						非常同意
E1	蒙牛乳制品非常好	1	2	3	4	5	6	7
E2	蒙牛乳制品整体质量很好	1	2	3	4	5	6	7
E3	我对蒙牛乳制品持肯定态度	1	2	3	4	5	6	7
E4	我非常喜欢蒙牛乳制品	1	2	3	4	5	6	7
E5	蒙牛乳制品很吸引人	1	2	3	4	5	6	7

3. 购买意愿测量量表——非地理依赖型区域品牌（以晋江运动鞋为例）

序号	题项	非常不同意					非常同意	
F1	我会考虑购买安踏运动鞋	1	2	3	4	5	6	7
F2	我愿意购买安踏运动鞋	1	2	3	4	5	6	7
F3	我会向朋友推荐安踏运动鞋	1	2	3	4	5	6	7

4. 购买意愿测量量表——地理依赖型区域品牌（以呼和浩特乳制品为例）

序号	题项	非常不同意					非常同意	
F1	我会考虑购买蒙牛乳制品	1	2	3	4	5	6	7
F2	我愿意购买蒙牛乳制品	1	2	3	4	5	6	7
F3	我会向朋友推荐蒙牛乳制品	1	2	3	4	5	6	7

附录3：区域品牌形象静态作用机制调查问卷

一　山西老陈醋实验组

山西老陈醋区域品牌形象
调查问卷

尊敬的先生/女士：

您好！

我们正在进行一项关于"区域品牌形象"方面的学术研究，希望了解您对相关问题的想法和感受。本项调查主要由材料介绍和调查问卷两部分构成。首先向您展示一段描述某一产地或某一企业的介绍材料，然后请您根据阅读的材料和个人消费或使用经验的整体印象对材料后的相应问题进行打分。

本调查将占用您十分钟左右的时间，希望能得到您的支持和配合！您回答的所有信息对本项目的研究都十分宝贵，我们将对您回答的全部内容严格保密。谢谢您！

1. 被试甄别

为了判断您是否是我们合适的调查对象，先请您回答如下问题：

您是否购买或使用过山西出产的老陈醋？（　　　）

A. 仅购买过　　　　　　　　B. 仅使用过

C. 购买且使用过　　　　　　D. 没购买也没使用过

注：如果您的选择是 D，请继续作答；如果选择其他答案，请停止作答，谢谢！

2. 山西老陈醋区域品牌形象调查

下面我们将向您呈现一段关于山西老陈醋产业的介绍材料（包括

文字和图片）。请您认真阅读这段材料，谢谢！

中国名醋——山西老陈醋

　　山西老陈醋是山西省的地方传统名产，主要分布于太原市以南和晋中市以西地区。至今已有3000余年的生产历史，素有"天下第一醋"盛誉。2004年8月，国家质检总局批准对山西老陈醋实施原产地域保护，山西老陈醋成为我国名牌产品和地理标志保护产品。目前，山西省受地理标志保护的食醋生产企业达18家。山西老陈醋选用优质高粱、大麦、豌豆等五谷，经蒸、酵、熏、淋、晒的过程酿就而成，以色、香、醇、浓、酸五大特征著称于世，含有丰富的氨基酸、有机酸、糖类、维生素和盐等，其保健醋有软化血管、降低甘油三酯等独特功效。山西老陈醋严格按照工艺规范生产，产品优质稳定，不仅畅销全国，更是远销美国、加拿大、日本、新加坡、马来西亚、俄罗斯、韩国等国家和地区。

以下是一些描述中国醋都——山西老陈醋区域品牌形象的语句，请根据上述材料提供的信息及您个人对该区域的了解，按认同程度，在1—7分中选择，1分代表非常不同意，7分代表非常同意。请在符合您观点的数字上进行选择。

山西老陈醋区域品牌形象调查问卷

序号	题项	非常不同意						非常同意
A01	山西老陈醋原产地对外开放程度高	1	2	3	4	5	6	7
A02	山西老陈醋原产地经济发展势头好	1	2	3	4	5	6	7
A03	山西老陈醋原产地经济发展富有活力	1	2	3	4	5	6	7
A04	山西老陈醋原产地自然资源适合陈醋产业发展	1	2	3	4	5	6	7
A05	山西老陈醋原产地自然资源丰富	1	2	3	4	5	6	7
A06	山西老陈醋原产地自然资源优质	1	2	3	4	5	6	7
A07	山西老陈醋产业相关企业数量众多	1	2	3	4	5	6	7
A08	山西老陈醋产业在国内名气大	1	2	3	4	5	6	7
A09	山西老陈醋产业产销规模大	1	2	3	4	5	6	7
A10	山西老陈醋企业专业人才集中	1	2	3	4	5	6	7
A11	山西老陈醋企业工艺精湛	1	2	3	4	5	6	7
A12	山西老陈醋企业创新性强	1	2	3	4	5	6	7
A13	山西老陈醋企业社会责任感强	1	2	3	4	5	6	7

3. 山西老陈醋原产地 A 陈醋公司品牌信念、态度及购买意愿调查

下面我们将向您呈现一段关于山西 A 陈醋企业的介绍材料（包括文字和图片）。请您认真阅读这段材料，谢谢！

A 陈醋企业

　　A 企业是山西省太原市一家中等规模的陈醋企业，位于山西老陈醋原产地域，是"山西老陈醋"地理标志保护产品标识许可使用企业。该公司创建于 1995 年，主要生产老陈醋、米醋等系列产品。企业始终坚持传统工艺酿造，不断提升产品质量。其老陈醋产品醋味香浓，色泽棕红，醇厚柔和，食而绵酸，受到消费者赞誉。企业十分注重产品生产管理和质量控制，拥有完整的检测设备，已通过国家质量安全（QS）认证。经过二十多年发展，企业产品质量稳中有升，生产规模不断扩大，产品畅销陕西、河南、四川、山东、甘肃、北京、广州等省市。

　　请根据刚刚阅读的山西 A 陈醋企业介绍材料提供的信息，表达您对该公司品牌信念、品牌态度和产品购买意愿的看法，谢谢！

A 公司品牌信念调查问卷

　　请您先对一般老陈醋产品的属性进行打分，然后具体对 A 品牌陈醋在各产品属性上的表现进行打分。其中，1 分代表非常不重要或非常不好，7 分代表非常重要或非常好，中间数字代表程度由低到高。请在符合您观点的数字上画"√"。

产品属性	老陈醋属性重要性评分							A 品牌老陈醋表现						
	非常不重要					非常重要		非常不好					非常好	
口感	1	2	3	4	5	6	7	1	2	3	4	5	6	7
原料	1	2	3	4	5	6	7	1	2	3	4	5	6	7
包装	1	2	3	4	5	6	7	1	2	3	4	5	6	7
安全可靠	1	2	3	4	5	6	7	1	2	3	4	5	6	7
产品种类	1	2	3	4	5	6	7	1	2	3	4	5	6	7
新鲜程度	1	2	3	4	5	6	7	1	2	3	4	5	6	7
营养成分	1	2	3	4	5	6	7	1	2	3	4	5	6	7

公司品牌态度调查问卷

请在每一题项后的选项中按照您的认同程度在 1—7 分中进行打分。1 分代表非常不同意，7 分代表非常同意。请在符合您观点的数字上画"√"。

序号	题项	非常不同意						非常同意
B01	A 公司老陈醋产品非常好	1	2	3	4	5	6	7
B02	A 公司老陈醋整体质量很好	1	2	3	4	5	6	7
B03	我对 A 公司老陈醋持肯定态度	1	2	3	4	5	6	7
B04	我非常喜欢 A 公司老陈醋	1	2	3	4	5	6	7
B05	A 公司老陈醋很吸引人	1	2	3	4	5	6	7

A 公司老陈醋产品购买意愿调查问卷

请在每一题项后的选项中按照您的认同程度在 1—7 分中进行打分。1 分代表非常不同意，7 分代表非常同意。请在符合您观点的数字上画"√"。

序号	题项	非常不同意						非常同意
C01	我会考虑购买 A 公司老陈醋产品	1	2	3	4	5	6	7
C02	我愿意购买 A 公司老陈醋产品	1	2	3	4	5	6	7
C03	我会向朋友推荐 A 公司老陈醋产品	1	2	3	4	5	6	7

4. 被试背景

为了便于后续资料分析，我们需要了解您的部分基本信息（不涉及隐私），请您放心填答：

（1）您的性别是（　　　）

A. 男　　　　　　B. 女

（2）您的年龄是（　　　）

A. 25 岁及以下　　B. 26—35 岁　　C. 36—45 岁　　D. 46 岁及以上

（3）您家乡所在的区域是（　　　）

A. 东北　　　　　B. 华北　　　　C. 西北　　　　D. 华东

E. 华中　　　　　F. 华南　　　　G. 西南

问卷到此结束，感谢您的支持，谢谢您！

二　山西老陈醋控制组

山西老陈醋区域品牌形象
调查问卷

尊敬的先生/女士：

您好！

我们正在进行一项关于"区域品牌形象"方面的学术研究，希望了解您对相关问题的想法和感受。本项调查主要由材料介绍和调查问卷两部分构成。首先向您展示一段描述某一产地或某一企业的介绍材料，然后请您根据阅读的材料和个人消费或使用经验的整体印象对材料后的相应问题进行打分。

本调查将占用您十分钟左右的时间，希望能得到您的支持和配合！您回答的所有信息对本项目的研究都十分宝贵，我们将对您回答的全部内容严格保密。谢谢您！

1. 被试甄别

为了判断您是否是我们合适的调查对象，先请您回答如下问题：

您是否熟悉或了解陈醋？（　　　）

A. 熟悉或了解　　　　　　　　B. 既不熟悉也不了解

注：如果您的选择是 B，请继续作答；如果选择是 A，请停止作答，谢谢！

2. 山西老陈醋原产地 A 陈醋公司品牌信念、态度及购买意愿调查

下面我们将向您呈现一段关于山西 A 陈醋企业的介绍材料（包括文字和图片）。请您认真阅读这段材料，谢谢！

A 陈醋公司

A 公司是山西省太原市一家中等规模的陈醋企业，位于山西老陈醋原产地域，是"山西老陈醋"地理标志保护产品标识许可使用企业。该公司创建于 1995 年，主要生产老陈醋、米醋等系列产品。企业始终坚持传统工艺酿造，不断提升产品质量。其老陈醋产品醋味香浓，色泽棕红，醇厚柔和，食而绵酸，受到消费者赞誉。企业十分注重产品生产管理和质量控制，拥有完整的检测设备，已通过国家质量安全（QS）认证。经过二十多年发展，企业产品质量稳中有升，生产规模不断扩大，产品畅销陕西、河南、四川、山东、甘肃、北京、广州等省市。

请根据刚刚阅读的山西 A 陈醋企业介绍材料提供的信息，表达您对该公司品牌信念、品牌态度和产品购买意愿的看法，谢谢！

A 公司品牌信念调查问卷

请您先对一般老陈醋产品的属性进行打分，然后具体对 A 品牌陈醋在各产品属性上的表现进行打分。其中，1 分代表非常不重要或非常不好，7 分代表非常重要或非常好，中间数字代表程度由低到高。请在符合您观点的数字上画"√"。

产品属性	老陈醋属性重要性评分							A 品牌老陈醋表现						
	非常不重要						非常重要	非常不好						非常好
口感	1	2	3	4	5	6	7	1	2	3	4	5	6	7
原料	1	2	3	4	5	6	7	1	2	3	4	5	6	7
包装	1	2	3	4	5	6	7	1	2	3	4	5	6	7
安全可靠	1	2	3	4	5	6	7	1	2	3	4	5	6	7
产品种类	1	2	3	4	5	6	7	1	2	3	4	5	6	7
新鲜程度	1	2	3	4	5	6	7	1	2	3	4	5	6	7
营养成分	1	2	3	4	5	6	7	1	2	3	4	5	6	7

A 公司品牌态度调查问卷

请在每一题项后的选项中按照您的认同程度在 1—7 分中进行打分。1 分代表非常不同意，7 分代表非常同意。请在符合您观点的数字上画"√"。

序号	题项	非常不同意						非常同意
B01	A 公司老陈醋产品非常好	1	2	3	4	5	6	7
B02	A 公司老陈醋整体质量很好	1	2	3	4	5	6	7
B03	我对 A 公司老陈醋持肯定态度	1	2	3	4	5	6	7
B04	我非常喜欢 A 公司老陈醋	1	2	3	4	5	6	7
B05	A 公司老陈醋很吸引人	1	2	3	4	5	6	7

A 公司老陈醋产品购买意愿调查问卷

请在每一题项后的选项中按照您的认同程度在 1—7 分中进行打分。1 分代表非常不同意，7 分代表非常同意。请在符合您观点的数字上画"√"。

序号	题项	非常不同意						非常同意
C01	我会考虑购买 A 公司老陈醋产品	1	2	3	4	5	6	7
C02	我愿意购买 A 公司老陈醋产品	1	2	3	4	5	6	7
C03	我会向朋友推荐 A 公司老陈醋产品	1	2	3	4	5	6	7

3. 被试背景

为了便于后续资料分析，我们需要了解您的部分基本信息（不涉及隐私），请您放心填答：

（1）您的性别是（　　　）

A. 男   B. 女

（2）您的年龄是（　　　）

A. 25 岁及以下   B. 26 岁—35 岁

C. 36 岁—45 岁   D. 46 岁及以上

（3）您家乡所在的区域是（　　　）

A. 东北   B. 华北   C. 西北   D. 华东

E. 华中   F. 华南   G. 西南

问卷到此结束，感谢您的支持，谢谢您！

三　景德镇瓷器实验组

景德镇瓷器区域品牌形象
调查问卷

尊敬的先生/女士：

您好！

我们正在进行一项关于"区域品牌形象"方面的学术研究，希望了解您对相关问题的想法和感受。本项调查主要由材料介绍和调查问卷两部分构成。首先向您展示一段描述某一产地或某一企业的介绍材料，然后请您根据阅读的材料和个人消费或使用经验的整体印象对材料后的相应问题进行打分。

本调查将占用您十分钟左右的时间，希望能得到您的支持和配合！您回答的所有信息对本项目的研究都十分宝贵，我们将对您回答的全部内容严格保密。谢谢您！

1. 被试甄别

为了判断您是否是我们合适的调查对象，先请您回答如下问题：

您是否购买或使用过景德镇出产的瓷器？（　　　）

A. 仅购买过　　　　　　　　B. 仅使用过

C. 购买且使用过　　　　　　D. 没购买也没使用过

注：如果您的选择是 D，请继续作答；如果选择其他答案，请停止作答，谢谢！

2. 景德镇陶瓷区域品牌形象调查

下面我们将向您呈现一段关于景德镇陶瓷产业的介绍材料（包括文字和图片）。请您认真阅读这段材料，谢谢！

中国瓷都——景德镇

景德镇市位于江西省东北部。景德镇陶瓷生产始于汉，起于唐，兴于宋，盛于明清，至今已有1700多年的制瓷历史。景德镇制瓷历史悠久，瓷器精美绝伦，闻名全世界，素有"瓷都"之美誉，瓷器以"白如玉，明如镜，薄如纸，声如磬"的独特风格蜚声海内外。2011

年 8 月 13 日，景德镇市被中国轻工业联合会、中国陶瓷工业协会授予"中国陶瓷文化历史名城"称号。现代的景德镇陶瓷工业形成了原料开采、设备制造、辅料加工、教学科研到陶瓷生产、销售完整的陶瓷产业链。景德镇创造的众多名瓷之中以"青花瓷、粉彩瓷、玲珑瓷、颜色釉"最为出名，此外还有釉里红、斗彩、薄胎瓷、雕塑瓷、瓷板画、五彩瓷、釉下七彩瓷等三千多种品名。景德镇市出产的瓷器产品普遍具有瓷质优良、造型优美、品种繁多、装饰丰富、风格独特等特点，深受消费者好评。2015 年，景德镇以闻名于世的瓷都文化被联合国教科文组织授予"世界手工艺与民间艺术之都"称号，并加入全球创意城市网络。

以下是一些描述中国瓷都——景德镇瓷器区域品牌形象的语句，请根据上述材料提供的信息及您个人对于景德镇瓷器区域的了解，按照认同程度，在 1—7 分中进行选择，1 分代表非常不同意，7 分代表非常同意。请在符合您观点的数字上画"√"。

景德镇区域品牌形象调查问卷

序号	题项	非常不同意						非常同意
A01	景德镇瓷器原产地对外开放程度高	1	2	3	4	5	6	7
A02	景德镇瓷器原产地经济发展势头好	1	2	3	4	5	6	7
A03	景德镇瓷器原产地经济发展富有活力	1	2	3	4	5	6	7
A04	景德镇瓷器原产地自然资源适合瓷器产业发展	1	2	3	4	5	6	7
A05	景德镇瓷器原产地自然资源丰富	1	2	3	4	5	6	7
A06	景德镇瓷器原产地自然资源优质	1	2	3	4	5	6	7
A07	景德镇瓷器产业相关企业数量众多	1	2	3	4	5	6	7
A08	景德镇瓷器产业在国内名气大	1	2	3	4	5	6	7
A09	景德镇瓷器产业产销规模大	1	2	3	4	5	6	7
A10	景德镇瓷器企业专业人才集中	1	2	3	4	5	6	7
A11	景德镇瓷器企业工艺精湛	1	2	3	4	5	6	7
A12	景德镇瓷器企业创新性强	1	2	3	4	5	6	7
A13	景德镇瓷器企业社会责任感强	1	2	3	4	5	6	7

3. 景德镇区域 A 陶瓷公司品牌信念、态度及购买意愿调查

下面我们将向您呈现一段关于景德镇 A 瓷器公司的介绍材料（包括文字和图片）。请您认真阅读这段材料，谢谢！

A 陶瓷公司

A 陶瓷公司是景德镇市一家中等规模的民营陶瓷企业，成立于 2001 年。公司主要生产日用瓷、陈设瓷、景观瓷系列产品。公司不断引进先进的机器设备、管理机制和优秀的技术人才，逐步发展、壮大，现已发展成为景德镇市集陶瓷贸易、陶瓷鉴赏、陶瓷研究与文化交流为一体的综合性陶瓷企业。公司将现代科技与传统工艺相结合，灵活运用新工艺、新材料，并在传统图案造型中融入当代原创人文意蕴。公司产品工艺精良、造型新颖、卫生环保，在外形和技术上申请了多项专利，并通过 ISO9001 国际质量管理体系认证，在国内市场受到消费者青睐，同时远销东南亚地区。目前公司已成为"景德镇非物质文化遗产生产性保护基地"，并获得"中国民族产业开拓创新奖"等荣誉。

请根据刚刚阅读的景德镇 A 陶瓷公司介绍材料提供的信息，表达您对该公司品牌信念、品牌态度和产品购买意愿的看法，谢谢！

A 公司品牌信念调查问卷

请您先对一般瓷器产品的属性进行打分，然后具体对 A 品牌瓷器在各产品属性上的表现进行打分。其中，1 分代表非常不重要或非常不好，7 分代表非常重要或非常好，中间数字代表程度由低到高。请在符合您观点的数字上画"√"。

产品属性	瓷器属性重要性评分							A 品牌表现						
	非常不重要					非常重要		非常不好					非常好	
材质	1	2	3	4	5	6	7	1	2	3	4	5	6	7
纹饰	1	2	3	4	5	6	7	1	2	3	4	5	6	7
安全可靠	1	2	3	4	5	6	7	1	2	3	4	5	6	7
产品种类	1	2	3	4	5	6	7	1	2	3	4	5	6	7
外观设计	1	2	3	4	5	6	7	1	2	3	4	5	6	7

A 公司品牌态度调查问卷

请在每一题项后的选项中按照您的认同程度在 1—7 分中进行打分。1 分代表非常不同意，7 分代表非常同意。请在符合您观点的数字上画"√"。

序号	题项	非常不同意					非常同意	
B01	A 公司瓷器产品非常好	1	2	3	4	5	6	7
B02	A 公司瓷器整体质量很好	1	2	3	4	5	6	7
B03	我对 A 公司瓷器持肯定态度	1	2	3	4	5	6	7
B04	我非常喜欢 A 公司瓷器	1	2	3	4	5	6	7
B05	A 公司瓷器很吸引人	1	2	3	4	5	6	7

A 公司瓷器产品购买意愿调查问卷

请在每一题项后的选项中按照您的认同程度在 1—7 分中进行打分。1 分代表非常不同意，7 分代表非常同意。请在符合您观点的数字上画"√"。

序号	题项	非常不同意					非常同意	
C01	我会考虑购买 A 公司瓷器产品	1	2	3	4	5	6	7
C02	我愿意购买 A 公司瓷器产品	1	2	3	4	5	6	7
C03	我会向朋友推荐 A 公司瓷器产品	1	2	3	4	5	6	7

4. 被试背景

为了便于后续资料分析，我们需要了解您的部分基本信息（不涉及隐私），请您放心填答：

（1）您的性别是（　　　）

A. 男　　　　　　　　　　　B. 女

（2）您的年龄是（　　　）

A. 25 岁及以下　　　　　　　B. 26—35 岁

C. 36—45 岁　　　　　　　　D. 46 岁及以上

（3）您家乡所在的区域是（　　　）

A. 东北　　　　B. 华北　　　　C. 西北　　　　D. 华东

E. 华中　　　　F. 华南　　　　G. 西南

问卷到此结束，感谢您的支持，谢谢您！

四　景德镇瓷器控制组

景德镇瓷器区域品牌形象
调查问卷

尊敬的先生/女士：

您好！

我们正在进行一项关于"区域品牌形象"方面的学术研究，希望了解您对相关问题的想法和感受。本项调查主要由材料介绍和调查问卷两部分构成。首先向您展示一段描述某一产地企业的介绍材料，然后请您根据阅读的材料和个人消费或使用经验的整体印象对材料后的相应问题进行打分。

本调查将占用您十分钟左右的时间，希望能得到您的支持和配合！您回答的所有信息对本项目的研究都十分宝贵，我们将对您回答的全部内容严格保密。谢谢您！

1. 被试甄别

为了判断您是否是我们合适的调查对象，先请您回答如下问题：

您是否熟悉或了解瓷器？（　　　）

　A. 熟悉或了解　　　　　　　　B. 既不熟悉也不了解

注：如果您的选择是 B，请继续作答；如果选择是 A，请停止作答，谢谢！

2. 景德镇区域 A 陶瓷公司品牌信念、态度及购买意愿调查

下面我们将向您呈现一段关于景德镇 A 瓷器公司的介绍材料（包括文字和图片）。请您认真阅读这段材料，谢谢！

A 陶瓷公司

A 陶瓷公司是景德镇市一家中等规模的民营陶瓷企业，成立于 2001 年。公司主要生产日用瓷、陈设瓷、景观瓷系列产品。公司不断引进先进的机器设备、管理机制和优秀的技术人才，逐步发展、壮大，现已发展成为景德镇市集陶瓷贸易、陶瓷鉴赏、陶瓷研究与文化交流为一体的综合性陶瓷企业。公司将现代科技与传统工艺相结合，灵活运用新工艺、新材料，并在传统图案造型中融入当代原创人文意蕴。公司产品工艺精良、造型新颖、卫生环保，在外形和技术上申请了多项专利，并通过 ISO9001 国际质量管理体系认证，在国内市场受到消费者青睐，同时远销东南亚地区。目前公司已成为"景德镇非物质文化遗产生产性保护基地"，并获得"中国民族产业开拓创新奖"等荣誉。

景德镇瓷器

请根据刚刚阅读的景德镇 A 陶瓷公司介绍材料提供的信息，表达您对该公司品牌信念、品牌态度和产品购买意愿的看法，谢谢！

A 公司品牌信念调查问卷

请您先对一般瓷器产品的属性进行打分，然后具体对 A 品牌瓷器在各产品属性上的表现进行打分。其中，1 分代表非常不重要或非常不好，7 分代表非常重要或非常好，中间数字代表程度由低到高。请在符合您观点的数字上画"√"。

产品属性	瓷器属性重要性评分							A 品牌表现						
	非常不重要						非常重要	非常不好						非常好
材质	1	2	3	4	5	6	7	1	2	3	4	5	6	7
纹饰	1	2	3	4	5	6	7	1	2	3	4	5	6	7
安全可靠	1	2	3	4	5	6	7	1	2	3	4	5	6	7
产品种类	1	2	3	4	5	6	7	1	2	3	4	5	6	7
外观设计	1	2	3	4	5	6	7	1	2	3	4	5	6	7

A 公司品牌态度调查问卷

请在每一题项后的选项中按照您的认同程度在 1—7 分中进行打分。1 分代表非常不同意，7 分代表非常同意。请在符合您观点的数字上画"√"。

序号	题项	非常不同意						非常同意
B01	A 公司瓷器产品非常好	1	2	3	4	5	6	7
B02	A 公司瓷器整体质量很好	1	2	3	4	5	6	7
B03	我对 A 公司瓷器持肯定态度	1	2	3	4	5	6	7
B04	我非常喜欢 A 公司瓷器	1	2	3	4	5	6	7
B05	A 公司瓷器很吸引人	1	2	3	4	5	6	7

A 公司瓷器产品购买意愿调查问卷

请在每一题项后的选项中按照您的认同程度在 1—7 分中进行打分。1 分代表非常不同意，7 分代表非常同意。请在符合您观点的数字上画"√"。

序号	题项	非常不同意						非常同意
C01	我会考虑购买 A 公司瓷器产品	1	2	3	4	5	6	7
C02	我愿意购买 A 公司瓷器产品	1	2	3	4	5	6	7
C03	我会向朋友推荐 A 公司瓷器产品	1	2	3	4	5	6	7

3. 被试背景

为了便于后续资料分析，我们需要了解您的部分基本信息（不涉及隐私），请您放心填答：

3 - 1. 您的性别是（　　）

A. 男　　　　　　　　　　B. 女

3 - 2. 您的年龄是（　　）

A. 25 岁及以下   B. 26—35 岁

C. 36—45 岁   D. 46 岁及以上

3－3. 您家乡所在的区域是（   ）

A. 东北   B. 华北   C. 西北   D. 华东

E. 华中   F. 华南   G. 西南

问卷到此结束，感谢您的支持，谢谢您！

附录4：区域品牌形象动态作用机制
实验刺激材料

1. 正向刺激材料——非地理依赖型区域品牌

材料1
据央视新闻网报道，晋江某一运动鞋品牌A企业严格执行原材料采购标准，荣膺"2015质量领先鞋王"称号，成为唯一一家连续六届蝉联该殊荣的运动鞋品牌。

材料2
据《晋江日报》报道，晋江某一运动鞋品牌B企业始终秉持"视质量如生命"的制鞋理念，质量管控体系完善，并严格质量管理，已成为中国高端运动鞋制造的标杆。

材料3
据晋江新闻网报道，晋江某一运动鞋品牌C企业，生产设备齐全，技术力量雄厚，员工素质较高，产品在市场上得到消费者的信赖。

材料4
据《晋江经济报》报道，晋江某一运动鞋品牌D企业通过用环保胶水代替有毒有害胶水的方法，保障了员工的工作环境及身体健康，减少了对消费者身体健康的威胁。

2. 正向刺激材料——地理依赖型区域品牌

材料1
据央视新闻网报道，呼和浩特某一乳制品公司A建立专属有机牧场，有效地保护土壤、牧草、空气、水源免受化肥、农药、抗生素等人为污染破坏，使牛奶保留了天然营养和口感。

材料2
据农博网报道，呼和浩特某一乳制品公司B通过完善而且严于国家标准线的质量管理体系，将安全隐患扼杀在萌芽状态，保证生产过程0添加、0污染，安全放心。

续表

材料3
据《内蒙古日报》报道，呼和浩特某一乳制品公司 C 不断将新工艺、新技术应用在生产上，采用欧洲知名农业大学研制的菌种所推出的新酸奶，蛋白质含量远超普通酸奶，营养程度也比普通酸奶更高，保质期更长。

材料4
据《呼和浩特晨报》报道，呼和浩特某一乳制品公司 D 近年来多次开展赈灾救灾、捐资助学、扶贫济困、帮扶弱势群体等活动，主动承担社会责任，赢得社会的广泛赞誉。

3. 中性刺激材料——地理依赖型区域品牌

材料1
据央视新闻网报道，呼和浩特乳制品企业对原材料保护的重视程度不同。有的企业通过建立专属有机牧场，有效地保护了奶源安全；而有的企业由于水源地保护不利，导致奶源被污染。

材料2
据农博网报道，不同乳制品企业对质量管理标准执行力度不一。有的企业严格执行国家质量标准，有效地保证了奶制品的质量与安全；也有的企业卫生管理不规范和温度控制不达标，致使奶制品的质量安全存在风险。

材料3
据《内蒙古日报》报道，呼和浩特不同的乳制品企业对奶制品营养标准重视程度不一。有的企业生产的乳制品营养指标不符合国家标准，并违法使用危害消费健康的添加剂；有的企业不断采用新工艺、新技术来提高奶制品的营养程度，各项指标高出国家标准。

材料4
据《呼和浩特晨报》报道，有的乳制品企业通过捐资助学、扶贫济困等方式主动承担社会责任；而有的乳制品企业非但不主动承担社会责任，还拖欠员工工资、社保，危害员工利益。

4. 中性刺激材料——非地理依赖型区域品牌

材料1
据央视新闻网报道，晋江运动鞋制造企业对原材料采购标准重视程度不同。有的企业严格执行原材料采购标准；而有的企业在原产料采购环节上把关不严。

续表

材料 2
据《晋江日报》报道，晋江运动鞋制造企业在质量管控方面做法不一。有的企业质量管控体系完善，严格管理；也有的企业忽视产品质量管理，管控体系存在缺陷。

材料 3
据晋江新闻网报道，晋江运动鞋制造企业对于技术进步与设备更新做法不一。部分企业追求短期利益，忽视技术进步与设备更新；部分企业锐意革新，加大技术和设备的投入。

材料 4
据《晋江经济报》报道，部分晋江运动鞋生产企业已开始逐步认识到环保对于企业发展的重要作用，注重承担企业在社会中应该发挥的责任；但也有部分企业依旧为了追逐利润而轻视员工及消费者的健康。

5. 负向刺激材料——非地理依赖型区域品牌

材料 1
据央视新闻网报道，晋江某一运动鞋品牌 A 企业原材料采购标准不健全，采购环节存在着把关不严的情况而被媒体曝光。

材料 2
据《晋江日报》报道，晋江某一运动鞋品牌 B 企业忽视产品质量管理，质量管控体系存在缺陷，产品质量不合格，已被有关部门责令停产整改。

材料 3
据晋江新闻网报道，晋江某一运动鞋品牌 C 企业设备简陋，技术力量薄弱，员工素质偏低，产品质量不过关，多次被消费者投诉、举报。

材料 4
据《晋江经济报》报道，晋江某一运动鞋品牌 D 企业为了降低成本、增加利润，使用铅、镉、砷等重金属超标的有毒有害胶水，对员工及消费者健康造成严重且不可逆的危害。

6. 负向刺激材料——地理依赖型区域品牌

材料 1
据央视新闻网报道，呼和浩特某一乳制品公司 A 离牧场两公里多的水源地被污染，造成大量奶牛感染结核病和布鲁氏菌病。

续表

材料 2
据农博网报道，呼和浩特某一乳制品公司 B 忽视产品质量监督管理，存在卫生管理不规范，导致牛奶中存在异物；温度控制不达标，导致未出厂牛奶变质等问题。

材料 3
据《内蒙古日报》报道，呼和浩特某一乳制品公司 C 通过加水稀释，在牛奶中添加劣质豆粉、化肥、滑石粉等方式，使奶量倍增，看似浓稠，营养指标并不符合国家标准。

材料 4
据《呼和浩特晨报》报道，呼和浩特某一乳制品公司 D 被员工投诉不支付加班费，甚至不购买社会保险，遭到有关部门问责及社会的谴责。

附录5：区域品牌形象动态作用机制调查问卷

一　前测调查问卷

区域品牌刺激信息消费者感知差异性
调查问卷

尊敬的先生/女士：

您好！

我们正在进行一项关于呼和浩特地区及其乳制品产业品牌形象的课题研究，请根据您的印象及所给材料进行评价和回答。本研究仅供学术研究使用，不会用作任何商业目的，请真实填答即可！谢谢！

为了判断您是否是我们的合适调查对象，有几个问题希望您能真实回答：

Q1：您是否出生在呼和浩特地区？

1. 否　　　　　继续作答

2. 是　　　　　终止调查

Q2：您是否生活在呼和浩特地区？

1. 否　　　　　继续作答

2. 是　　　　　终止调查

Q3：您在三个月之内经常购买或使用单体品牌"蒙牛"的乳制品？

1. 否　　　　　终止调查

2. 是　　　　　继续作答

接下来将占用您几分钟时间阅读以下材料，并回答问题。

材料1
据央视新闻网报道，呼和浩特某一乳制品公司A建立专属有机牧场，有效地保护土壤、牧草、空气、水源免受化肥、农药、抗生素等人为污染破坏，使牛奶保留了天然营养和口感。

材料2
据农博网报道，呼和浩特某一乳制品公司B通过完善而且严于国家标准线的质量管理体系，将安全隐患扼杀在萌芽状态，保证生产过程0添加、0污染，安全放心。

材料3
据《内蒙古日报》报道，呼和浩特某一乳制品公司C不断将新工艺、新技术应用在生产上，采用欧洲知名农业大学研制的菌种所推出的新酸奶，蛋白质含量远超普通酸奶，营养程度也比普通酸奶更高，保质期更长。

材料4
据《呼和浩特晨报》报道，呼和浩特某一乳制品公司D近年来多次开展赈灾救灾、捐资助学、扶贫济困、帮扶弱势群体等活动，主动承担社会责任，赢得社会的广泛赞誉。

第一部分，在阅读材料后，请根据上述材料所给信息回答以下问题，其中"1"表示完全不符合，"5"表示完全符合，中间分为5个等级，请直接在选项对应数字上画"√"。

序号	题项	完全不符合	比较不符合	一般	比较符合	完全符合
A1	材料1所提供的信息都是正面信息	1	2	3	4	5
A2	材料2所提供的信息都是负面信息	1	2	3	4	5
A3	材料3所提供的信息都是正面信息	1	2	3	4	5
A4	材料4所提供的信息都是负面信息	1	2	3	4	5

第二部分：为了便于后续资料分析，我们想先了解您的部分基本信息，谢谢！请在符合您情况的选项对应数字上画"√"

B1. 您的性别是（　　　）

男　　　　　1

女　　　　　2

B2. 您的年龄属于（　　　）

18 岁以下	1
18—25 岁	2
26—35 岁	3
36—45 岁	4
46 岁及以上	5

B3. 您家乡所在的区域（　　　）

东北	1
华北	2
西北	3
华东	4
华中	5
华南	6
西南	7

问卷到此结束，谢谢您的大力支持！

二　正式调查问卷

乳制品消费者调查问卷

尊敬的先生/女士：

您好！

我们正在进行一项关于呼和浩特地区及其乳制品产业品牌形象的课题研究，请根据您的印象及所给材料进行评价和回答。本研究仅供学术研究使用，不会用作任何商业目的。您的真实回答对本次研究非常重要，请您根据自己的实际情况进行填写！谢谢！

首先占用您几分钟时间阅读以下材料，并回答问题。

材料 1

据央视新闻网报道，呼和浩特某一乳制品公司 A 建立专属有机牧场，有效地保护土壤、牧草、空气、水源免受化肥、农药、抗生素等人为污染破坏，使牛奶保留了天然营养和口感。

续表

材料 2
据农博网报道，呼和浩特某一乳制品公司 B 通过完善而且严于国家标准线的质量管理体系，将安全隐患扼杀在萌芽状态，保证生产过程 0 添加、0 污染，安全放心。

材料 3
据《内蒙古日报》报道，呼和浩特某一乳制品公司 C 不断将新工艺、新技术应用在生产上，采用欧洲知名农业大学研制的菌种所推出的新酸奶，蛋白质含量远超普通酸奶，营养程度也比普通酸奶更高，保质期更长。

材料 4
据《呼和浩特晨报》报道，呼和浩特某一乳制品公司 D 近年来多次开展赈灾救灾、捐资助学、扶贫济困、帮扶弱势群体等活动，主动承担社会责任，赢得社会的广泛赞誉。

第一部分，在阅读材料后，请回答以下问题，其中"1"表示非常不同意，"7"表示非常同意，中间分为 7 个等级，请直接在选项对应数字上画"√"。

序号	题项	非常不同意						非常同意
A1	呼和浩特市对外开放程度高	1	2	3	4	5	6	7
A2	呼和浩特市经济发展势头好	1	2	3	4	5	6	7
A3	呼和浩特市经济发展富有活力	1	2	3	4	5	6	7
B1	呼和浩特市自然资源适合乳制品产业发展	1	2	3	4	5	6	7
B2	呼和浩特市自然资源丰富	1	2	3	4	5	6	7
B3	呼和浩特市自然资源优质	1	2	3	4	5	6	7
C1	呼和浩特乳制品产业相关企业数量众多	1	2	3	4	5	6	7
C2	呼和浩特乳制品产业在国内名气大	1	2	3	4	5	6	7
C3	呼和浩特乳制品产业产销规模大	1	2	3	4	5	6	7
D1	呼和浩特乳制品企业专业人才集中	1	2	3	4	5	6	7
D2	呼和浩特乳制品企业技艺精湛	1	2	3	4	5	6	7
D3	呼和浩特乳制品企业创新性强	1	2	3	4	5	6	7
D4	呼和浩特乳制品企业社会责任感强	1	2	3	4	5	6	7

第二部分，请根据您对单体品牌"蒙牛"乳制品的使用经验及印

象，回答以下问题，其中"1"表示非常不同意，"7"表示非常同意，中间分为 7 个等级，请直接在选项对应数字上画"√"。

序号	题项	非常不同意						非常同意
E1	蒙牛乳制品非常好	1	2	3	4	5	6	7
E2	蒙牛乳制品整体质量很好	1	2	3	4	5	6	7
E3	我对蒙牛乳制品持肯定态度	1	2	3	4	5	6	7
E4	我非常喜欢蒙牛乳制品	1	2	3	4	5	6	7
E5	蒙牛乳制品很吸引人	1	2	3	4	5	6	7

第三部分，请根据您对单体品牌"蒙牛"乳制品的购买态度及意向，回答以下问题，其中"1"表示非常不同意，"7"表示非常同意，中间分为 7 个等级，请直接在选项对应数字上画"√"。

序号	题项	非常不同意						非常同意
F1	我会考虑购买蒙牛乳制品产品	1	2	3	4	5	6	7
F2	我愿意购买蒙牛乳制品产品	1	2	3	4	5	6	7
F3	我会向朋友推荐蒙牛乳制品产品	1	2	3	4	5	6	7

第四部分：为了便于后续资料分析，我们想先了解您的部分基本信息，谢谢！请在符合您情况的选项对应数字上画"√"

G1. 您的性别是（　　）

男　　　　　　1

女　　　　　　2

G2. 您的年龄属于（　　　）

18 岁以下　　　　1

18—25 岁　　　　2

26—35 岁　　　　3

36—45 岁　　　　4

46 岁及以上　　　5

G3. 您现在主要从事的工作类型是（　　　）

专业技术人员（医生、教师、律师）	1
私营业主、企业家	2
自由职业者	3
中层、初级管理人员	4
销售、市场营销人员	5
文员、服务人员	6
政府部门职员、公务员、军队、警察	7
个体户、店主	8
劳动者、普通工人	9
技能劳动者（如司机）	10
操持家务者	11
其他	12

G4. 您的每个月收入大概是（　　　）

2000 元及以下	1
2001—4000 元	2
4001—6000 元	3
6001—8000 元	4
8001—10000 元	5
10001 元及以上	6

G5. 您家乡所在的区域（　　　）

东北	1
华北	2
西北	3
华东	4
华中	5
华南	6
西南	7

问卷到此结束，谢谢您的大力支持！

参考文献

［1］毕楠、孙丽辉：《基于产品感知质量的集群品牌影响效应实验研究》，《管理评论》2009 年第 5 期。

［2］蔡利红：《国内外原产地效应研究综述》，《科技广场》2010 年第 7 期。

［3］曹艳爱：《农产品区域品牌伞策略中"伞品牌"的作用机制——一个概念模型》，《焦作大学学报》2010 年第 10 期。

［4］陈方方：《地域品牌与区域经济发展研究》，《山东社会科学》2005 年第 3 期。

［5］陈丽莉、易家斌、刘晓晶：《黑龙江省农产品品牌竞争力评价体系研究》，《商业研究》2010 年第 6 期。

［6］陈俊郎：《国家形象效果对产品评估与购买决策之影响》，铭传大学企业管理研究所 2001 版。

［7］陈瑞、郑毓煌、刘文静：《中介效应分析：原理、程序、Bootstrap 方法及其应用》，《营销科学学报》2013 年第 9 期。

［8］臣淑君：《产品来源国对消费行为的影响研究》，东华大学硕士论文，2007。

［9］董平、苏欣：《基于消费者的农产品区域品牌资产模型构建及实证研究》，《商业时代》2012 年第 8 期。

［10］董亚丽，白会芳：《论区域品牌的形成机制》，《科技管理研究》2007 年第 8 期。

［11］尔肯·阿不都卡德尔、赵红：《区域品牌发展潜力测评指标体系探讨》，《新疆财经大学学报》2014 年第 2 期。

［12］菲利普·科特勒等：《地方营销——城市、区域和国家如何吸引

投资、产业和旅游》，翁瑾、张慧俊译，上海财经大学出版社
2008 年版。

[13] 冯鑫明、夏曾玉：《区域品牌建设的实证分析》，《江苏科技大
学学报（社会科学版）》2005 年第 5 期。

[14] 符国群、佟学英：《品牌、价格和原产地如何影响消费者的购
买选择》，《管理科学学报》2003 年第 6 期。

[15] 付蕾：《区域品牌资产的构建——基于资源理论的视角》，《中
国集体经济》2013 年第 31 期。

[16] 高杰：《成分品牌来源国形象对品牌资产及消费者购买意愿的
影响——以汽车产品为例》，《经济经纬》2009 年第 3 期。

[17] 龚艳萍、吕慧：《国家固有印象对消费者态度的影响——基于原
产国效应的研究》，《当代经济管理》2008 年第 2 期。

[18] 古明力：《原产国效应认知——消费者行为描述的跨文化研
究》，武汉理工大学博士论文，2008。

[19] 郭锦华：《品牌来源国形象与购买意愿的实证研究》，《湖南财
经高等专科学校学报》2007 年第 23 期。

[20] 郭克锋：《区域品牌形成与引入的经济学分析》，《统计与决策》
2011 年第 7 期。

[21] 何丽君：《区域品牌形成的驱动因素分析》，《调查与思考》
2012 年第 12 期。

[22] 贺晓龄：《区域品牌效应的形成途径晋江区域品牌分析》，《时
代经贸》2008 年第 12 期。

[23] 洪文生：《产业集群区域品牌建设构想——以"安溪铁观音"
为例》，《华东经济管理》2005 年第 19 期。

[24] 胡大立、谌飞龙、吴群：《区域品牌机理与构建分析》，《经济
前沿》2005 年第 4 期。

[25] 胡大立、谌飞龙：《论品牌竞争力的来源及其形成过程》，《经
济管理》2007 年第 5 期。

[26] 胡大立、谌飞龙、吴群：《企业品牌与区域品牌的互动》，《经
济管理》2008 年第 5 期。

［27］胡宇婧：《区域品牌的形成及其培育模型的构建》，《五邑大学学报（社会科学版）》2014 年第 5 期。

［28］黄静、陈绍泉：《湖北省品牌原产地形象研究》，《武汉理工大学学报（社会科学版）》2008 年第 21 期。

［29］贾爱萍：《中小企业集群区域品牌建设初探》，《管理方略》2004 年第 3 期。

［30］江红艳、王海忠、陈增祥：《心理加工模式对品牌原产国刻板印象逆转的影响——如何看待新兴国家的"新线索"》，《中山大学学报（社会科学版)》2013 年第 53 期。

［31］蒋璟萍：《企业品牌内涵及其生成模式》，《北京工商大学学报（社会科学版）》2009 年第 3 期。

［32］蒋廉雄、朱辉煌、卢泰宏：《区域竞争的新战略：基于协同的区域品牌资产构建》，《中国软科学》2005 年第 11 期。

［33］蒋廉雄、朱辉煌，卢泰宏：《区域形象的概念分析及其营销框架》，《中山大学学报》（社会科学版）2006 年第 5 期。

［34］金镛准、李东进，朴世桓：《原产国效应与原产地效应的实证研究——中韩比较》，《南开管理评论》2006 年第 2 期。

［35］蓝海平，孙丽辉：《多线索条件下区域品牌对消费者购买选择的影响研究》，《统计与咨询》2015 年第 3 期。

［36］雷宇、张宏梅、徐菲菲、梁浩翰：《中国国家形象感知的跨文化比较——以中国、英国、美国大学生为例》，《旅游学刊》2015 年第 30 期。

［37］冷克平、英伟：《区域营销中的整合营销传播》，《技术经济与研究》2006 年第 1 期。

［38］李本乾：《描述传播内容特征，检验传播研究假设——内容简介》，《当代传播》2000 年第 1 期。

［39］李东、张耘堂、唐桂：《消费者知识、从众心理与来源国效应的关系研究》，《哈尔滨工业大学学报（社会科学版）》2015 年第 17 期。

［40］李东进、王碧含：《化妆品消费者民族中心主义存在性的实证

研究——以高校在校学生为例》,《消费经济》2005 年第 21 期。

[41] 李东进、董俊青、周荣海:《地区形象与消费者产品评价关系研究——以上海和郑州为例》,《南开管理评论》2007 年第 2 期。

[42] 李东进、安钟石、周荣海、吴波:《基于 Fishbein 合理行为模型的国家形象对中国消费者购买意向影响研究——以美、德、日、韩四国国家形象为例》,《南开管理评论》2008 年第 5 期。

[43] 李东进、周荣海、安钟石:《原产国和消费者民族中心主义对组织购买者产品评价的影响》,《中大管理研究》2007 年第 3 期。

[44] 李东进、武瑞娟、魏善斌:《地区形象对消费者购买意向影响研究——以天津和上海为例》,《南开管理评论》2010 年第 7 期。

[45] 李光斗:《品牌竞争力与企业核心竞争力》,《中国质量与品牌》2007 年第 3 期。

[46] 李怀祖:《管理研究方法论》,西安交通大学出版社 2004 年版。

[47] 李巧华、房裕:《区域品牌形成的原因及作用分析》,《甘肃科技纵横》2010 年第 40 期。

[48] 李晓博:《区域品牌的效应与风险研究——以集群企业的视角》,《经济论坛》2014 年第 12 期。

[49] 李永刚:《企业品牌——区域产业品牌与地方产业集群发展》,《财经论丛》2005 年第 1 期。

[50] 李云海:《区域品牌竞争力分析》,《特区经济》2008 年第 9 期。

[51] 梁海红:《农产品区域品牌形象构成实证研究——以茶叶市场为例》,《开发研究》2013 年第 1 期。

[52] 廖建起:《区域品牌与企业品牌的关系》,《中国科技信息》2006 年第 12 期。

[53] 刘凤军、王镠莹:《品牌形象对顾客品牌态度的影响研究》,《科学决策》2009 年第 1 期。

[54] 刘立华、孙有中：《区域品牌传播的理论与实践研究》，《新闻传播与研究》2013 年第 3 期。

[55] 刘丽娟、徐进亮：《原产地规则——产生、运用及改革》，中国经济出版社 1998 年版。

[56] 刘思强、杨伟文：《基于风险规避的消费者品牌选择行为的经济学分析》，《消费经济》2010 年第 1 期。

[57] 刘文超、孙丽辉：《区域品牌形象对公司品牌态度静态作用机制的检验》，中国营销国际学术会议，北京，2017 年。

[58] 罗殿军、赵文：《消费者对原产国的认知及其在品牌营销中的应用》，《市场营销导刊》2009 年第 5 期。

[59] 罗治英：《地区两个文明建设的"助推火箭"——地区形象设计与建设》，《马克思主义与现实》1997 年第 2 期。

[60] 罗仲伟：《论国家产品形象》，《经济学家》1996 年第 4 期。

[61] 吕丙：《产业集群的区域品牌价值与产业结构升级——以浙江省嵊州市领带产业为例》，《中南财经政法大学学报》2009 年第 4 期。

[62] 吕慧：《国家固有印象致消费者产品评价影响的实证研究》，中南大学硕士论文，2008 年。

[63] 马向阳、陈琦、郑春东：《区域品牌定位与整合营销传播研究—以天津滨海新区为例》，《天津大学学报》2010 年第 3 期。

[64] 马向阳等：《区域品牌建设新策略——区域品牌伞下的企业品牌联合》，《软科学》2014 年第 28 期。

[65] 马骁、肖阳：《基于产业集群类型的区域产业品牌发展研究》，《价值工程》2008 年第 3 期。

[66] 孟祥毅：《品牌来源国形象对消费者产品评价影响的实证研究——以合肥市手机市场为例》，安徽大学硕士论文，2010 年。

[67] 宁昌会、薛哲：《来源国效应对联合品牌产品评价的影响》，《中南财经政法大学学报》2009 年第 1 期。

[68] 宁冉：《区域品牌形象塑造的影响因素研究》，《科技资讯》2013 年第 3 期。

［69］宁亚春:《原产地效应中的文化差异理论及其应用》,《国外财经》2001 年第 1 期。

［70］牛永革:《基于消费者视角的产业集群品牌效应研究》,《管理科学》2011 年第 24 期。

［71］牛永革,赵平:《基于消费者视角的产业集群品牌效应研究》,《管理科学》2012 年第 2 期。

［72］钱晓燕,朱立冬:《品牌原产地对消费者品牌认知价值的影响》,《财经理论研究》2014 年第 1 期。

［73］邱爱梅:《提升茶叶区域品牌资产的策略研究》,《科技展望》2014 年第 18 期。

［74］邱睿:《品牌形象、来源国形象与市场份额的实证研究》,《企业技术开发》2006 年第 1 期。

［75］荣梅:《来源国形象对消费者购买意向的影响研究》,山东大学博士论文,2013 年。

［76］沈鹏熠:《农产品区域品牌资产影响因素及其作用机制的实证研究》,《经济经纬》2011 年第 5 期。

［77］沈鹏熠:《基于模糊综合评价法的农产品区域品牌竞争力测评》,《统计与决策》2012 年第 1 期。

［78］盛丽婷、张娣杰:《基于钻石模型的"平谷大桃"品牌竞争力分析》,《经济观察》2011 年第 12 期。

［79］盛亚军、包薇、孙丽辉:《国外原产国效应理论研究的新进展》,《当代经济研究》2014 年第 6 期。

［80］盛志勇:《地区形象对消费者产品评价及购买意向的影响研究——以滨海新区、浦东新区、深圳特区为例》,《管理学家（学术版）》2013 年第 3 期。

［81］施鹏丽、韩福荣:《品牌竞争力的 DNA 模型解析》,《北京工业大学学报（社会科学版）》2007 年第 1 期。

［82］宋亮、胡发刚、吴雪、徐公伟:《区域原产地形象对品牌态度的影响研究——以广西和安徽为例》,《梧州学院学报》2014 年第 24 期。

［83］ 苏宝财、林春桃：《福建乌龙茶区域品牌忠诚的影响因素分析——以福州消费者为例》，《中国农学通报》2013 年第 29 期。

［84］ 孙阿妞：《价格、品牌形象和原产地形象对购买意愿的影响》，《现代商业》2007 年第 10 期。

［85］ 孙凤芝、于涛、张明伟、朱珂：《基于系统视角的区域品牌传播模式探究》，《山东大学学报（哲学社会科学版）》2013 年第 5 期。

［86］ 孙宏杰：《关于区域品牌报道的思考》，《新闻战线》2002 年第 11 期。

［87］ 孙丽辉：《基于中小企业集群的区域品牌形成机制研究——以温州为例》，《市场营销导刊》2007 年第 3—4 期。

［88］ 孙丽辉：《区域品牌形成与效应机理研究——基于温州集群品牌的实证分析》，《当代经济研究》2009 年第 1 期。

［89］ 孙丽辉等：《国外区域品牌化理论研究进展探析》，《外国经济与管理》2009 年第 2 期。

［90］ 孙丽辉、郑瑜：《西方原产国效应理论研究回顾及其评价》，《财贸经济》2009 年第 5 期。

［91］ 孙丽辉：《区域品牌形成与效应机理研究——基于温州集群品牌的实证研究》，人民出版社 2010 年版。

［92］ 谭俊华、吴爱军：《基于区域营销理论的区域形象营销框架的构建》，《长江大学学报（社会科学版）》2008 年第 2 期。

［93］ 田圣炳：《原产地形象的光环效应及其营销含义》，《生产力研究》2007 年第 12 期。

［94］ 田圣炳：《原产地营销》，学林出版社 2008 年版。

［95］ 田圣炳：《原产地效应概念体系研究》，《生产力研究》2009 年第 10 期。

［96］ 汪涛、张琴、张辉、周玲、刘洪深：《如何削弱产品来源国效应》，《心理学报》2010 年第 44 期。

［97］ 汪涛、周玲、周南、牟宇鹏、谢志鹏：《来源国形象是如何形成的？——基于美、印消费者评价和合理性理论视角的扎根研

究》，《管理世界》2012 年第 3 期。

[98] 王海忠：《国际市场产品来源地形象及其规避策略》，《中国工业经济》2002 年第 5 期。

[99] 王海忠：《消费者民族中心主义的中国本土化研究》，《南开管理评论》2003 年第 4 期。

[100] 王乐、高天航：《中国产品原产地形象分析和提升策略》，《现代商业》2012 年第 6 期。

[101] 王海忠、赵平：《品牌原产地效应及其市场营销策略建议——基于欧、美、日、中四地品牌形象调查分析》，《中国工业经济》2004 年第 1 期。

[102] 王海忠、王晶雪、何云：《品牌名、原产国、价格对感知质量与购买意向的暗示作用》，《南开管理评论》2007 年第 10 期。

[103] 王龙、刘梦琳：《区域形象测量内容的研究综述》，《城市发展研究》2012 年第 19 期。

[104] 王锡秋、田旭：《国家产品质量形象及其对国际贸易的影响》，《黑龙江对外经贸》1997 年第 3 期。

[105] 王毅：《国家形象和品牌形象对于产品评价的影响研究》，南开大学博士论文，2010 年。

[106] 王哲、吴子稳：《区域品牌：产业集群和区域营销的综合体》，《特区经济》2007 年第 3 期。

[107] 王重鸣：《心理学研究方法》，人民教育出版社 1998 年版。

[108] 魏晋童：《基于产业集群的温州区域品牌建设研究》，《企业经济》2008 年第 11 期。

[109] 吴传清：《区域产业集群品牌的权属和效应探讨》，《学习与实践》2008 年第 5 期。

[110] 吴传清：《区域产业集群品牌理论研究进展——以广东学者的研究文献为考察对象》，《学习与实践》2009 年第 2 期。

[111] 吴飞美：《基于产业集群的区域品牌形成机制研究》，《江西师范大学学报（哲学社会科学版）》2010 年第 12 期。

[112] 吴坚、符国群：《原产地形象——一个国际市场上影响消费者

选择的重要因素》，《商业研究》2000 年第 1 期。

[113] 吴坚、符国群：《品牌来源国和产品制造国对消费者购买行为的影响》，《管理学报》2007 年第 4 期。

[114] 吴坚、符国群、丁嘉莉：《基于属性水平的品牌来源国作用机制研究——信息处理的视角》，《管理评论》2010 年第 22 期。

[115] 吴奇凌：《产业集群地区区域品牌培育的思考》，《贵州师范大学学报（社会科学版）》2013 年第 2 期。

[116] 吴智容：《基于可持续发展观的城市品牌竞争力研究》，硕士学位论文，成都理工大学，2007 年。

[117] 项银仕：《品牌竞争力及其分析模型》，《商业研究》2009 年第 9 期。

[118] 肖阳、谢远勇：《产业集群视角下的区域品牌培育模式分析》，《福州大学学报（哲学社会科学版）》2010 年第 6 期。

[119] 肖志明：《晋江体育特色产业区域品牌演进模式研究》，《安徽农业大学学报（社会科学版）》2011 年第 20 期。

[120] 谢弦：《区域形象与区域品牌问题探究》，《闽江学院学报》2008 年第 12 期。

[121] 熊爱华、汪波：《基于产业集群的区域品牌形成研究》，《山东大学学报（哲学社会科学版）》2007 年第 2 期。

[122] 熊爱华：《基于产业集群的区域品牌培植模式比较分析》，《经济管理》2008 年第 16 期。

[123] 徐彪、张骁、张珣：《品牌来源国对顾客忠诚和感知质量的影响机制》，《管理学报》2012 年第 8 期。

[124] 徐燕：《旅游城市的城市品牌形象设计与传播》，《湖湘论坛》2014 年第 3 期。

[125] 许基男、杨文剑：《农特产品品牌形象建构的设计探索》，《浙江农林大学学报》2011 年第 28 期。

[126] 许基南：《原产地形象、企业品牌与营销策略》，《当代财经》2004 年第 4 期。

[127] 许基南、李建军：《基于消费者感知的特色农产品区域品牌形

象结构分析》，《当代财经》2010 年第 7 期。

[128] 许小虎：《我国企业进行国际化营销时的障碍及对策分析》，《山西财经大学学报》2001 年第 12 期。

[129] 杨建梅、黄喜忠、张胜涛：《区域品牌的生成机理与路径研究》，《科技进步与对策》2005 年第 12 期。

[130] 杨健：《品牌来源国对消费者购买意愿的影响》，《对外经贸》2014 年第 1 期。

[131] 杨杰：《区域形象量表的研制与效度检验：以安徽为例》，《华东经济管理》2008 年第 12 期。

[132] 杨杰、曾学慧、辜应康：《品牌来源国（地区）形象与产品属性对品牌态度及购买意愿的影响》，《企业经济》2011 年第 9 期。

[133] 杨立宇：《原产地形象效应研究领域内相关成果述评》，《商业时代》2010 年第 8 期。

[134] 杨一翁、孙国辉：《国家、公司和产品品牌形象对消费者态度与购买倾向的作用机制——基于运动品牌的数据》，《经济管理》2013 年第 1 期。

[135] 易牧农、郭季林：《品牌来源国对国内汽车购买者品牌态度的影响》，《经济管理》2009 年第 31 期。

[136] 尤振来：《区域品牌与企业品牌互动模式研究——以轮轴型产业集群为背景》，《科学管理研究》2013 年第 10 期。

[137] 喻卫斌：《试论基于产业集群的区位品牌》，《商业经济文荟》2004 年第 6 期。

[138] 袁胜军、宋亮：《消费者敌意对品牌来源国选择的影响》，《商业研究》2013 年第 8 期。

[139] 袁宇、吴传清：《产业集群品牌"公地悲剧"风险成因和规避方略》，《学习月刊》2009 年第 11 期。

[140] 曾建明：《基于系统的角度："区域品牌形象"应作为评价区域竞争力的一个新要素》，《系统科学学报》2010 年第 2 期。

[141] 张光宇、吴程彧：《浅论区域品牌》，《江苏商论》2005 年第

4 期。

[142] 张海燕：《简论我国城市营销品牌竞争力的提升》，《南华大学学报（社会科学版）》2007 年第 2 期。

[143] 张黎明、胡豪：《公司品牌的战略选择》，清华大学出版社2011 年版。

[144] 张琴、汪涛、龚艳萍：《价格和品牌能否削弱来源国效应——产品属性赋权对来源国效应的影响》，《心理学报》2013 年第45 期。

[145] 张挺、苏勇、张焕勇、曹振华：《论区域品牌的营销》，《管理百科》2005 年第 6 期。

[146] 张挺：《区域品牌的价值评估》，复旦大学博士论文，2006 年。

[147] 张珣、徐彪、彭纪生：《来源国形象、企业形象对消费者购买意愿的影响研究》，《财贸研究》2013 年第 6 期。

[148] 张燚、刘进平、张锐、周丽永：《不同属性外国品牌负面信息披露对品牌来源国认知的影响》，《管理学报》2015 年第 4 期。

[149] 张媛媛、张珣、徐彪：《背景信任对消费者品牌忠诚影响机理研究》，《软科学》2012 年第 12 期。

[150] 张月莉：《农业产业集群区域品牌资产形成机理研究》，《安徽农业科学》2012 年第 40 期。

[151] 张耘堂、李东：《互联网环境对消费者品牌原产地认知的影响研究》，《管理现代化》2015 年第 1 期。

[152] 赵占恒：《区域品牌培育模式浅析》，《北方经贸》2009 年第12 期。

[153] 周鹏：《基于产业集群的区域品牌作用研究》，《现代商贸工业》2012 年第 13 期。

[154] 周延风，范起凤：《品牌名称对原产国效应影响的实证研究》，《现代管理科学》2007 年第 8 期。

[155] 朱辉煌、卢泰宏、吴水龙：《企业品牌策略新命题：企业—区域—产业品牌伞》，《现代管理科学》2009 年第 3 期。

[156] 朱凌、王盛、陆雄文：《中国城市消费者的中外品牌偏好研

究》,《管理世界》2003 年第 9 期。

[157] 庄贵军, 周南, 周连喜:《国货意识、品牌特性与消费者本土品牌偏好——一个跨行业产品的实证检验》,《管理世界》2006 年第 7 期。

[158] 左璐、周颖:《销售国形象和商店形象对来源国形象效应影响的实证研究》,《西南民族大学学报 (自然科学版)》2013 年第 39 期。

[159] Aaker D. and Joachimstaler E. eds. , *Brand Leadership*, New York: The Free Press, 2000.

[160] Aaker D. and Keller K. L. , "*Consumer Evaluations of Brand Extensions*", *Journal of Marketing*, Vol. 54, January, 1990, p. 27 – 41.

[161] Aaker, David eds. , *Managing Brand Equity: Capitalizing on the Value of Brand Name*, New York: Free Press, 1991.

[162] Aaker D. and Jacobson R, "The Value Relevance of Brand Attitude in High – Technology Markets", *Journal of Marketing Research*, Vol. 38, No. 4, 2001.

[163] Abhay Kumar Tiwari and Sunny Bose, "*Place Branding: a Review of Literature*", *Asia Pacific Journal of Research in Business Management*, Vol. 4, No. 3, 2013.

[164] Adamantios D. , Schlegelmilch and Palihawadana D. , "*The Relationship between Country – of – Origin Image and Brand Image as Drivers of Purchase Intentions*", *International Marketing Review*, Vol. 28, No. 5, 2011.

[165] Sanjeev A. and Sameer S. , "*Country Image – Consumer Evaluation of Product Category Extensions*", *International Marketing Review*, Vol. 13, No. 4, 1996.

[166] Agrawal J. and Kamakura W. A. , "*Country of Origin: a Competitive Advantage*", *International Journal of Research in Marketing*, Vol. 16, No. 4, 1999.

[167] Alexander J. , Bryan A. , Lukas, Gregory J. , "Country – of – Ori-

gin Contingencies Competing Perspectives on Product Familiarity and Product Involvement", *International Marketing Review*, Vol. 25, No. 4, 2008.

[168] Anholt S. , *"Definitions of Place Branding – Working towards a Resolution"*, Place Branding and Public Diplomacy, Vol. 6, No. 1, 2010.

[169] Anholt S. , *"Editor's Foreword to the First Issue"*, Place Branding, Vol. 1, No. 1, 2004.

[170] Anholt S. , *"Nation Branding: A Continuing Theme"*, *Journal of Brand Management*, Vol. 10, No. 1, 2002.

[171] Anholt, S. eds. , *Competitive Identity: The New Brand Management for Nations, Cities and Regions*, New York: Palgrave Macmillan, 2007.

[172] Anna C. , Luis G. , Enaitz A. , Laura R. , Dolores H. , Inmaculada M. , Jose B. P. , Amalia G. , Carmen R. , *"Consumer Preferences for Sea Fish Using Conjoint Analysis: Exploratory Study of the Importance of Country of Origin, Obtaining Method, Storage Conditions and Purchasing Price"*, Food Quality and Preference, Vol. 26, 2012.

[173] Ashworth G. and Kavaratzis M. , "Beyond the Logo: Brand Management for Cities", *Journal of Brand Management*, Vol. 16, No. 8, 2009.

[174] Ashworth G. and Voogd H. , *Can Places be Sold for Tourism?*, In Ashworth G. and Goodall B. , eds. , Marketing Tourism Places. London, 1990.

[175] Ashworth G. and Kavaratzis M. , *"Towards Effective Place Brand Management"*, *Annals of Tourism Research*, Vol. 38, No. 3, 2010.

[176] Aveni R. A. and MacMillan L. C. , "Crisis and the Content of Managerial Communications: A study of the Focus of Attention of Top Managers in Surviving and Failing Firms", *Administrative Science Quarter-*

ly, Vol. 35, 1990.

[177] Bagozzi R. P. and Yi Y. , "*On the Evaluation of Structural Equation Models*", *Journal of the Academy of Marketing Science*, Vol. 16, No. 1, 1988.

[178] Balakrishnan M. , "Strategic Branding of Destinations: A Framework", *European Journal of Marketing*, Vol. 43, No. 5, 2009.

[179] Baldauf A. , Cravens K. S. , Diamantopoulos A. , Zeugner K. P. , "The Impact of Product – Country Image and Marketing Efforts on Retailer – Perceived Brand Equity", *Journal of Retailing*, Vol. 85, No. 4, 2009, p. 437 – 452.

[180] Barich, Kotler P, "A Framework for Marketing Image Management". *Sloan Management Review*, Vol. 32, No. 2, 1991, p. 94 – 104.

[181] Baron R. M. and Kenny D. A. , "*The Moderat or Mediator Variable Distinction in Social Psychological Research: Conceptual, Strategic and Statistical Considerations*", *Journal of Personality & Social Psychology*, Vol. 51, 1986.

[182] Bell R. G. , Moore C. B. , Filatotchev I. , "Strategic and Institutional Effects on Foreign IPO Performance: Examining the Impact of Country of Origin, Corporate Governance, and Host Country Effects", *Journal of Business Venturing*, Vol. 27, 2012, p. 197 – 216.

[183] Bhaskaran S. and Sukumaran N. , "Contextual and Methodological Issues in COO Studies", *Marketing Intelligence & Planning*, Vol, 25, No. 1, 2007, p. 66 – 81.

[184] Biel A. and Lexander L. , "How Brand Image Drives Brand Equity", *Journal of Advertising Research*, Vol. 6, November 1993, p. 6 – 12.

[185] Bilkey W. J. and Nes E. , "Country – of – Origin Effects on Product Evaluations", *Journal of International Business Studies*, Vol. 8, 1982.

[186] Bloemer J. , Brijs K. and Kasper H, "The COO – ELM Model: A

Theoretical Framework for the Cognitive Process underlying Country of Origin Effects", *European Journal of Marketing*, Vol. 43, No. (1/2), 2009.

[187] Bos W. and Tarnai C. , "Content Analysis in Empirical Social Research", *International Journal of Educational Research*, Vol. 31, No. 8, 1999.

[188] Bruno G. , Daniele P. , Gaetano A. , Raffaele D. , Priscilla C. , Hyunjoo O. , Rahul S. , Irina I. S. , Junji T. , and Bart W. , "Brand and Country – of – Origin Effect on Consumers' Decision to Purchase Luxury Products", *Journal of Business Research*, Vol. 65, 2012.

[189] Burgess J. , "Selling Places: Environmental Images for the executive", *Regional Studies*, Vol. 16, 1982, p. 1 – 17.

[190] Burrell G. and Morgan G. eds. , *Sociological Paradigms and Organizational Analysis*, London: Heinemann, 1979.

[191] Caldwell N. and Freire J. R. , "The Differences between Branding a Country, a Region and a City: Applying the Brand Box Model", *Journal of Brand Management*, Vol. 12, No. 1, 2004, p. 50 – 61.

[192] Chan C. S. and Marafa L. M. , "A Review of Place Branding Methodologies in the new Millennium", *Place Branding & Public Diplomacy*, Vol. 9, No. 4, 2013.

[193] Chan C. S. and Lawal M. , "A Review of Place Branding Methodologies in the New Millennium", *Place branding and public diplomacy*, Vol. 9, No. 4, 2013.

[194] Chattalas M. , "The Impact of National Stereotypes on the Country of Origin Effect: A Conceptual Framework", *International Marketing Review*, Vol. 25, No. 1, 2008.

[195] Chao P. , "Partitioning Country – of – Origin Effects: Consumer Evaluations of a Hybrid Product", *Journal of International Business*

Studies, Vol. 2, No. 1, 1993.

[196] Chernatony L. and Segal S. H., "Building on Services' Characteristics to Develop Successful Services Brands", *Journal of Marketing Management*, Vol. 17, No. 7/8, 2001.

[197] Chin W. W., "Issues and Opinion on Structural Equation Modeling", *Mis Quarterly*, Vol. 22, No. 1, 1998.

[198] Christian B., Larry L. C. and Jay C., "Extending the View of Brand Alliance Effects: an Integrative Examination of the Role of Country of Origin", *International Marketing Review*, Vol. 24, No. 4, 2007.

[199] Chu et al., "Countering Negative Country – of – Origin Effects: the Role of Evaluation Mode", *European Journal of Marketing*, Vol. 44, No. 7/8, 2010.

[200] Dacin P. A. and Tom B., "Corporate Identity and Corporate Associations: A Framework for Future Research", *Corporate Reputation Review*, Vol. 5, No. 2/3, 2002.

[201] Dinnie K., "Place Branding: an Overview of an Emerging Literature", *Place Branding*, Vol. 1, No. 1, 2004.

[202] Doyle P., "Building Successful Brands: The Strategic Options", *Journal of Marketing Management*, Vol. 5, No. 1, 1989.

[203] Elliot S., "An Expanded Place Image Model: Relating Tourism Destination Image to Product and Country Images", *Administrative Sciences Association of Canada*, June 2006.

[204] Elliot S., Papadopoulos N. and Kim S. S., "An Integrative Model of Place Image: Exploring Relationships between Destination, Product, and Country Images", *Journal of Travel Research*, Vol. 50, No. 5, 2011.

[205] Endzina I. and Luneva L., "*Development of a National Branding Strategy: The Case of Latvia*", Place Branding, Vol. 1, No. 1, 2004.

[206] Erickson G. M. , Johannson J. K. , Chao P. , "*Image Variables in Multi - attribute Product Evaluations*: *Country - of - origin Effects*", Journal of Consumer Research, Vol. 11, No. 9, 1984.

[207] Etzel, Michael J. and Walker B. J. , "Advertising Strategy for Foreign Products ", *Journal of Advertising Research*, Vol. 14, June 1974.

[208] Evans G. , "Hard branding the Cultural City: from Prado to Prada", *International Journal of Urban and Regional Research* , Vol. 27, No. 2, 2003.

[209] Fishbein and Ajzen eds. , *Beliefs, Attitudes, Intentions and Behavior*: *An Introduction to Theory and Research*, MA: Addison - Wesley Press, 1975.

[210] Florida R. , *The Rise of the Creative Class and How it's Transforming Work*, Leisure, Community and Everyday Life, New York: Basic Books, 2004.

[211] Fornell C. and Larcker D. F. , " Evaluating Structural Equation Models with Unobservable and Measurement Error", *Journal of Marketing Research*, Vol. 18, No. 1, 1981.

[212] Gaetano A. et al. , "An International Perspective on Luxury Brand and Country - of - Origin Effect", *Journal of Brand Management*, Vol. 16, 2009.

[213] Gallarza M. G. , Saura I. G. and García H. C. , "Destination Image: Towards a Conceptual Framework", *Annals of Tourism Research*, Vol. 29, No. 1, 2002.

[214] Gardner B. and Levy S. , "The Product and the Brand", *Harvard Business Review*, March/April 1955, p. 33 - 39.

[215] George C. , Athanassions K. and Panagiotis P. , "Ethnocentic Beliefs and Country - of - Origin (COO) Effect: Impact of Country, Product and Product Attributes on Greek Consumers' Evaluation of Food Products", *European Journal of Marketing*, Vol. 41, No. 11/

12, 2007, p. 1518 – 1544.

[216] Gerard P. et al. , "The Interactive In? uence of Country of Origin of brand and Product Involvement on Purchase intention", *Journal of Consumer marketing*, Vol. 27, No. 2, 2010.

[217] Gertner D. , "Unfolding and Con? guring Two Decades of Research and Publications on Place Marketing and Place Branding", *Place Branding and Public Diplomacy*, Vol. 7, No. 2, 2011.

[218] Gilmore F. , "A Country – Can It be Repositioned? Spain – the Successful Story of Country Branding", *Journal of Brand Management*, Vol. 9, No. 4/5, 2001, p. 281 – 93.

[219] Gold J. and Ward S. eds. , *Place Promotion: The Use of Publicity and Marketing to Sell Places*, UK: John Wiley and Sons, 1994.

[220] Greenberg, M. , "The Limits of Branding: the World Trade Center, Iscal Crisis and the Marketing of Recovery", *International Journal of Urban and Regional Research*, Vol. 27, No. 2, 2003.

[221] Grewal D. , Krishnan R. , Baker J. and Borin N. , "The Effect of Store Name, Brand Name and Price Discounts on Consumers' E-valuations and Purchase Intentions", *Journal of Retailing*, Vol. 74, No. 3, 1998.

[222] Ham V. P. , "The Rise of the Brand State: the Postmodern Politics of Image and Reputation", *Foreign Affairs*, Vol. 80, No. 5, 2001.

[223] Han, C. M. , "Country Image: Halo or Summary Constructs?", *Journal of Marketing Research*, Vol. XXVI, No. 5, 1989.

[224] Han C. M. and Vern T. , "Country – of – Origin Effects for Uni – national and Bi – national Products", *Journal of International Business Studies*, Vol. 19, No. 2, 1988.

[225] Han C. M. , "Testing the Role of Country Image in Consumer Choice Behavior", *European Journal of Marketing*, Vol. 24, No. 6, 1990.

[226] Hankinson G. , "Location Branding: A Study of the Branding Practices of 12 English Cities", *Journal of Brand Management*, Vol. 9, No. 2, 2001, p. 127 – 142.

[227] Hankinson G. , "The Management of Destination Brands: Five Guiding Principles based on Recent Developments in Corporate Branding", *Journal of Brand Management*, Vol. 14, No. 3, 2007.

[228] Hankinson G. , "Managing Destination Brands: Establishing a Theoretical Foundation", *Journal of Marketing Management*, Vol. 25, No. 1 – 2, 2009.

[229] Hankinson G. , "Place Branding Research: A Cross – Disciplinary Agenda and the Views of Practitioners", *Place Branding and Public Diplomacy*, Vol. 6, No. 4, 2009.

[230] Hankinson G. , *Place Branding Theory: A Cross – Domain Literature Review from a Marketing Perspective*. In: Ashworth G. and Kavaratzis M. (eds.), Towards Effective Place Branding Management: Branding European Cities and Regions. The United Kingdom: Edward Elgar Publishing, 2010, 15 – 35.

[231] Hankinson G. and Cowking P. , *Branding in Action Maidenhead*, UK: McGraw – Hill, 1993.

[232] Hanna S. and Rowley, "An Analysis of Terminology Use in Place Branding", *Place Branding and Public Diplomacy*, Vol. 4, No. 1, 2008.

[233] Hatch M. J. and Schulz M. , "Bringing the Corporation into Corporate Branding", *European Journal of Marketing*, Vol. 37, No. 7/8, 2003.

[234] Heslop L. A. and Papadopoulos N. , *But Who Knows Where or When Reflections on the Images of Countries and their Products*, In Product – country image: Impact and role in international marketing, New York: International Business Press, 1993.

[235] Heslop L. A. , Papadopoulos N. and Bamossy G. J. , "*Country and*

Product Perceptions: *Measurement Scales and Image InteractionsA*", Vol. 1, 1993.

[236] Hina K. and David B., "*Country of Origin Effects*, *Brand Image*, *and Social Status in an Emerging Market*", Human Factors and Ergonomics in Manufacturing, Vol. 18, No. 5, 2008, p. 580 – 588.

[237] Hsiang M. L. and Ching C. L., "Country – of – Origin and Brand Redeployment Impact after Brand Acquisition", *Journal of Consumer Marketing*, Vol. 28, No. 6, 2011.

[238] Hsieh M., "An Investigation of Country – of – Origin Effect Using Correspondence Analysis: A Cross – National Context", *International Journal of Market Research*, Vol. 46, No. 3, 2004.

[239] Hu X. L. et al., "The Effects of Country – of – Origin on Chinese Consumers' Wine Purchasing Behavior", *Journal of Technology Management in China*, Vol. 3, No. 3, 2008.

[240] Hunt J. D., "Image as a Factor in Tourism Development", *Journal of Travel Research*, Vol. 13, January 1975.

[241] Ind N., *The Corporate Brand.* London: MacMillan, 1997.

[242] Ind N., *Living the Brand.* London: Kogan Page, 2001.

[243] Ingrid M. And Eroglu S., "Measuring A Multi – Dimensional Construct: Country Image", *Journal of Business Research*, Vol. 28, No. 3, 1993.

[244] Insch C. A. S., Moore J. E., Murphy L. D., "Content Analysis in Leadership Research: Examples, Procedures, and Suggestions for Future Use", *Leadership Quarterly*, Vol. 8, No. 1, 1997.

[245] Jacobsen B. P., "Place Brand Equity: A Model for Establishing the Effectiveness of Place Brands", *Journal of Place Management and Development*, Vol. 5, No. 3, 2012.

[246] Jaffe E. D. and Nebenzahl I. D. eds., *National Image & Competitive Advantage: The Theory and Practice of Country – of – Origin Effect*, Copenhagen Business School Press, 2001.

[247] Jin K. l., Byung K. L., and Wei N. L., "Country – of – Origin Fit's Effect on Consumer Product Evaluation in Cross – Border Strategic Brand Alliance", *Journal of Business Research*, Vol. 66, 2013.

[248] Johansson J., Douglas S. and Nonaka I., "Assessing the Impact of Country – of – Origin on Product Evaluations: A New Methodological Perspective", *Journal of Marketing Research*, Vol. 22, No. 4, 1985.

[249] Johansson J. K. and Nebenzahl I. D., "Multinational Production: Effet on Brand Value", *Journal of International Business Studies*, Vol. 17, No. 3, 1986.

[250] Johansson J. K., Douglas, S. P. and Nonaka I., "Assessing the Impact of Country of Origin on Product Evaluations: a New Methodological Perspective", *Journal of Marketing Research*, Vol. 22, November 1985.

[251] Johansson J. K., "Determinants and Effects of the Use of Made in Labels", *International Marketing Review*, Vol. 6, No. 1, 1989.

[252] Johnson R. And Bruwer J., "Regional Brand Image and Perceived Wine Quality: the Consumer Perspective", *International Journal of Wine Business Research*, Vol. 19, No. 4, 2007.

[253] Jong W. J. and Chang W. C., "Effects of Country of Origin and Country Brand Attitude on Nonprescription Drugs", *Journal of Targeting, Measurement and Analysis for Marketing*, Vol. 15, No. 4, 2007.

[254] Kalandides A. and Kavaratzis M., "Guest Editorial: from Place Marketing to Place Branding and Back: A Need for Re – evaluation", *Journal of Place Management and Development*, Vol. 2, No. 1, 2009.

[255] Kapferer, J. N., *Strategic Brand Management*, London: Kogan Page, 1997.

［256］Kara A. and Kaynak E. ，"Consumer Perceptions of Foreign Prod-
ucts：An Analysis of Product – country Images and Ethnocentrism"，
European Journal of Marketing，Vol. 36，No. 7，2002 .

［257］Kavaratzis M. ，"From City Marketing to City Branding：Towards a
Theoretical Framework for Developing City Brands"，*Place Bran-
ding*，Vol. 1，No. 1，2004.

［258］Kavaratzis M. ，"Place Branding：A Review of Trends and Concep-
tual Models"，*The Marketing Review*，Vol. 5，No. 4，2005.

［259］Kavaratzis M. and Ashworth G. J. ，"City Branding：An Effective
Assertion of Identity or a Transitory Marketing Trick?"，*Tijdschrift
voor Economische en Sociale Geograie*，Vol. 96，No. 5，2005.

［260］Kavaratzis M. and Ashworth G. J. ，"Place Marketing：How did We
Get Here and Where Are We Going?"，*Journal of Place Manage-
ment and Development*，Vol. 1，No. 2，2008.

［261］Kavaratzis M. and Ashworth G. ，"Place Branding：Where Do We
Stand?"，In：G. Ashworth and M. Kavaratzis（eds. ）Towards Ef-
fective Place Branding Management：Branding European Cities and
Regions. The United Kingdom：Edward Elgar Publishing，2010.

［262］Kearns G. and Philo C. ，*Selling Places：The City as Cultural Past
and Present*，Oxford，UK：Pergamon，1993.

［263］Keller K. L. and Aaker D. ，"The Effect of Sequential Introduction
of Brand Extensions"，*Journal of Marketing Research*，Vol. 29，
February 1992.

［264］Keller K. L. ，"Conceptualizing，Measuring and Managing Custom-
er – Based Brand Equity"，*Journal of Marketing*，Vol. 57，
No. 1，1993.

［265］Keller K. L. ，"The Effects of Corporate Branding Strategies on
Brand Equity"，*Advances in Consumer Research*，Vol. 20，
No. 1，1993.

［266］Keller K. L. ，*Building，Measuring and Managing Brand Equity*，

Upper Saddle River, NJ: Prentice Hall, 1998.

[267] Kim. J., Chris T. and Frank R. K., "An Investigation of the Mediational Mechanisms Underlying Attitudinal Conditioning", *Journal of Marketing Research*, Vol. 33, No. 3, 1996.

[268] Klein J. G., Etlenson R. and Morris M. D., "The Animosity Model of Foreign Product Purchase: An Empirical Test in the People's Republic of China". *Journal of Marketing*, Vol. 62, No. 1, 1998.

[269] Knight G. A. and Calantone R. K., "A Flexible Model of Consumers' Country – of – Origin Perception: A Cross – Cultural Investigation", *International Marketing Review*, Vol. 17, No. 2, 2000.

[270] Knox S. and Bickerton D., "The Six Conventions of Corporate Branding", *European Journal of Marketing*, Vol. 37, No. 7/ 8, 2003.

[271] Kolbe R. H. and Burnett M. S., "Content – Analysis Research: An Examination of Applications with Directives for Improving Research Reliability and Objectivity", *Journal of Consumer Research*, Vol. 18, No. 9, 1991.

[272] Kotler P. and Gertner D., "Country as Brand Product and Beyond: A Place Marketing and Brand Management Perspective", *The Journal of Brand Management*, Vol. 9, No. 4, 2002.

[273] Kotler P. and Levy S., "Broadening the Concept of Marketing", *Journal of Marketing*, Vol. 33, January 1969, p. 10 – 15.

[274] Kotler P., Haider D. H. and Rein I., *Marketing Places: Attracting Investment, Industry, and Tourism to Cities, States, and Nations*, New York, Free Press; Toronto: Maxwell Macmillan Canada, 1993.

[275] Kotler P., Asplund C., Rei I. and Haider D., *Marketing Places – Europe*, Harlow, UK: Pearson Education, 1999.

[276] Koubaa Y., "Country of Origin, Brand Image Perception, and Brand Image Structure", *Asia Pacific Journal of Marketing and Lo-*

gistics, Vol. 20, No. 2, 2008.

[277] Lampert S. I. and Jaffe E. D. , "A Dynamic Approach to Country - of - Origin Effect", *Eropean Journal of Marketing*, Vol. 32, No. 1 - 2, 1998.

[278] Laroche M. , Papadopoulos N. , Heslop L. A. and Mourali M. , "The Influence of Country Image Structure on Consumer Evaluations of Foreign Products", *International Marketing Review*, Vol. 22, No. 1, 2005.

[279] Li D. J. , Wang C. L. , Jiang Y. , Barnes B. R. , Zhang H. , "The Asymmetric Influence of Cognitive and Affective Country Image on Rational and Experiential Purchases", *European Journal of marketing*, Vol. 48, No. 11/12, 2012.

[280] Lin L. Y. and Chen C. S. , "The Influential Relationships of the Country - of - Origin Image, Product Knowledge and Product Involvement on Consumer Purchase Decision: An Example of Insurance and Catering Services in Taiwan". *Journal of Consumer Marketing*, Vol. 23, No. 5, 2006.

[281] Lucarelli A. , "Unraveling the Complexity of ' City Brand Equity: A Three - Dimensional Framework", *Journal of Place Management and Development*, Vol. 5, No. 3, 2012.

[282] Miriam M. , Michael H. , David G. , and Glenn R. , "The Impact of Country - of - origin on the Acceptance of Foreign Subsidiaries in Host Countries: An Examination of the ' Liability - of - foreignness", *International Business Review*, Vol. 22, 2013, p. 89 - 99.

[283] Mitchell A. A. and Olson J. C. , "Are Product Attribute Beliefs the only Mediator of Advertising Effects on Brand Attitude?", *Journal of Marketing Research*, Vol. 18, No. 3, 1981.

[284] Mommaas H. , "City Branding: The Necessity of Socio - Cultural Goals", In: Affairs U. and Patteeuw V. (eds.), *City Branding:*

Image Building and Building Images, Rotterdam, The Netherlands: NAi, 2002.

[285] Morgan N. , Pritchard A. and Pride R. (eds), *Destination Branding: Creating the Unique Destination Proposition*, Oxford: Butterworth – Heinemann, 2002/2004.

[286] Morgan N. , Prichard A. , and Piggott R. , "New Zealand 100% Pure: The Creation of A Powerful Niche Powerful Brand", *Journal of Brand Management*, Vol. 9, No. 4/5, 2002.

[287] Nagashima A. , "A Comparison of Japanese and U. S. A attitudes Toward Foreign Products", *Journal of Marketing Research*, Vol. 34, No. 2, 1970.

[288] NagashimaA. , "A Comparative 'Made in' Product Image Survey Among Japanese Business Men", *Journal of Marketing*, Vol. 41, No. 3, 1977.

[289] Napoli J. , "The Impact of Non – Profit Brand Orientation on Organizational Performance", *Journal of Marketing Management*, Vol. 22, No. 7, 2006.

[290] Narissara P. and Mario J. M. , "The Interaction Effect of Country – of – Origin, Brand Equity and Purchase Involvement on Consumer Purchase Intentions of Clothing Lables", *Asia Pacific Journal of Marketing and Logistics*, Vol. 24, No. 1, 2012.

[291] Neoh C. Y. , Osman M. , and Azizah O. , "Purchase Preference of Selected Malaysian Motorcycle Buyers: the Discriminating Role of Perception of Country of Origin of Brand and Ethnocentrism", *Asian Academy of Management Journal*, Vol. 12, No. 1, 2007.

[292] Nisco A. , Elliot S. , Papadopoulos N. , Mainolfi G. , Marino V. and Napolitano M. R. , "The Influence of Consumer Ethnocentrism, Animosity, and Country Image Perception on Product Receptivity: A Cross – national Study", *Societa Italiana Marketing*, Vol. 6, September, 2012.

[293] Ormerod R. J. , "Is Content Analysis either Practical or Desirable for Research Evaluation?", *The International Journal of Management Science*, Vol. 28, 2000.

[294] Oscar M. M. and Julio C. , "Towards an Integrative Framework of Brand Country of Origin Recognition Determinants: A Cross – Classified Hierarchical Model", *International Marketing Review*, Vol. 28, No. 6, 2011.

[295] Ozretic D. D. , Skare V. and Krupka Z. , "Assessments of Country of Origin and Brand Cues in Evaluating a Croatian, Western and Eastern European Food Product", *Journal of Business Research*, Vol. 60, No. 2, 2007.

[296] Papadopoulos N. And Heslop L. , *Product and Country Images: Research and Strategy*, New York: The Haworth Press, 1993.

[297] Papadopoulos N. , "What Product and Country Images Are and Are Not. ", In Papadopoulos N. and Heslop L. A. (eds.), *Product – Country Images: Role and Implications for International Marketi*, Binghamton, NY: The Haworth Press, 1993, p. 1 – 38.

[298] Papadopoulos N. , and Heslop L. , "Countries as Brands", *Ivey Business Journal*, No. 11/12, 2000.

[299] Papadopoulos N. and Heslop L. , "Country Equity and Country Branding: Problems and Prospects", *The Journal of Brand Management*, Vol. 9, No. 4, 2002.

[300] Papadopoulos N. , "*Place Branding: Evolution, Meaning and Implications*", Place Branding, Vol. 1, No. 1, 2004.

[301] Papadopoulos N. , Hamzaoui – Essoussi L. , and Rojas – Mendez J. I. , "Consumer Animosity: A Comparative Perspective (abstract) . In Developments in Marketing Science", *Academy of Marketing Science*, Vol. XXXIV, May, 2011.

[302] Papadopoulos N. , Elliot S. , and Nisco A. D. , "From 'Made – in' to 'Product – Country Images' and 'Place Branding': A Jour-

ney through Research Time and Space", *Mercati e Competitività*, Vol. 2, 2013.

[303] Parameswaran R. Pisharodi R. M. , "Facets of Country of Origin Image: an Empirical Assessment", *Journal of Adverting*, Vol. 23, No. 1, 1994.

[304] Percy L. and Rossiter J. R. , "*A Model of Brand Awareness and Brand Attitude Advertising Strategies*", Psychology & Marketing, Vol. 9, No. 4, 1992.

[305] Perreault W. D. and Leigh L. E. , "Reliability of Nominal Data Based on Qualitative Judgments", *Journal of Marketing Research*, Vol. 26, No. 2, 1989.

[306] Peter M. , Stanford A. W. and Srdan Z. , "Further Clarification on How Perceived Brand Origin Affects Brand Attitude", *International Marketing Review*, Vol. 28, No. 5, 2011.

[307] Preacher K. J. and Hayes A. F. , "*SPSS and SAS Procedures for Estimating Indirect Effects in Simple Mediation Models*", Behavior Research Methods Instruments & Computer, Vol. 36, No. 4, 2004.

[308] Profeta A. , "A Theoretical Framework for Country – of – Origin – Research in the Food sector", *Mpra Paper*, 2008.

[309] Rainisto S. , "City Branding – Case Studies Lahti and Helsinki, Licentiate Thesis", *Helsinki University of Technology*, 2001.

[310] Ramona T. and Roland H. , "Towards a Differentiated Modeling of Origin Effects in Hedonic Analysis: An Application to Auction Prices of Specialty Coffee", *Food Policy*, Vol. 37, 2012.

[311] Realini C. E. , Furnols M. , Sanudo C. , Montossi F. , Oliver M. A. , and Guerrero L. , "Spanish, French and British Consumers' Acceptability of Uruguayan Beef, and Consumers' Beef Choice Associated with Country of Origin, Finishing Diet and Meat Price", *Meat Science*, Vol. 95, 2013.

[312] Ries A. and Trout J. , "The Positioning Era", *Advertising Age*,

Vol. 24, April 1972.

[313] Ries A. and Trout J., Positioning: The Battle for your Mind (1st ed.), Maidenhead, *UK: McGraw – Hill*, 1981.

[314] Ritchie B., "*The Branding of Tourism Destinations: Past Achievements and Future Challenges*", Report in the annual congress of the International Association of Scientific Experts in Tourism, Marrakech, Morocco, 1998.

[315] Robert P. A. and Alain J., "A Meta – analysis of Country – of – Origin Effects", *Journal of International Business Studies*, Vol. 26, No. 4, 1995.

[316] Roth M. S. and Romeo J. B., "Matching Product Category and Country Image Perception: A Framework for Managing Country – of – Origin Effect", *Psychological Review*, Vol. 86, No. 2, 1992.

[317] Roth K. and Diamantopoulos A., "Advancing the Country Image Construct", *Journal of Business Research*, Vol. 62, No. 7, 2009.

[318] Sadrudin A. A., Alaind A. and Halima B. P., "*Product – Country Fit in the Canadian Context*", *Journal of Consumer Marketing*, Vol. 28, No., 4, 2011.

[319] Samiee S., Shimp T. A. and Sharma S., "Brand Origin Recognition Accuracy: Its Antecedents and Consumers' Cognitive Limitations", *Journal of International Business Studies*, Vol. 36, No. 4, 2005.

[320] Samiee S., "Resolving the Impasse Regarding Research on the Origins of Products and Brands", *International Marketing Review*, Vol. 28, No. 5, 2011.

[321] Saffu K. and Walker J. H., "*An Assessment of the Cetscale in an Advanced and Transitional Country: the Case of Canada and Russia*", International Journal of Management, Vol. 22, No. 4, 2005, p. 556 – 571.

[322] Schooler and Robert D., "Product Bias in the Central American

Common Market ", *Journal of Marketing Research*, Vol. 2, No. 11, 1965.

[323] Sengupta J. and Fitzsimons G. J. , "The Effects of Analyzing Reasons for Brand Preferences: Disruption or Reinforcement?", *Journal of Marketing Research*, Vol. 37, No. 3, 2000.

[324] Shamindra N. S. & Saroi K. D. , "The Effect of Country of Origin on Brand Equity: an Empirical Study on Generic Drugs", *Journal of Product & Brand Management*, Vol. 20, No. 2, 2011.

[325] Shaughnessy N. J. , "Treating the Nation as a Brand: Some Neglected Issues ", *Journal of Macromarketing*, Vol. 20, No. 1, 2000.

[326] Shimp T. A. and Sharma S. , "Consumer Ethnocentrism: Construction and Validation of the CETSCALE", *Journal of Marketing Research*, Vol. 24, No. 3, 1987.

[327] Sicilia M. , Ruiz S. and Reynolds N. , "Attitude Formation Online: How the Consumer's Need for Cognition Affects the Relationship between Attitude toward the Website and Attitude toward the Brand", *International Journal of Market Research*, Vol. 48, No. 2, 2005.

[328] Simoes C. and Dibb S. , "*Rethinking the Brand Concept: New Brand Orientation*", Corporate Communications: An International Journal, Vol. 6, No. 4, 2001.

[329] Skinner H. , "The Emergence and Development of Place Marketing's Confused Identity", *Journal of Marketing Management*, Vol. 24, No. 9 – 10, 2008.

[330] Souiden N. , Pons F. and Mayrand M. E. , "Marketing High – tech Products in Emerging Markets: the Differential Impacts of Country Image and Country – of – Origin's Image", *Journal of Product & Brand Management*, Vol. 20, No. 5, 2011.

[331] Srdan Z. , "Does Country – of – Origin Matter to Generation Y",

Young Consumers, Vol. 14, No. 1, 2013.

[332] Steenkamp, "*A Review and Meta – Analysis of Country – of – Origin Research*", Journal of Economic Psychology, Vol. 20, No. 5, 1999, p. 521 – 546.

[333] Steven D. A. and Anthony P., "Evaluation of Wine by Expert and Novice Consumers in the Presence of Variations in Quality, Brand and Country of Origin Cues", *Food Quality and Preference*, Vol. 18, 2013.

[334] Swaminathan V., Fox R. and Reddy S., "The Impact of Brand Extension Introduction on Choice", *Journal of Marketing*, Vol. 65, No. 4, 2001.

[335] Tauber E., "Brand Franchise Extensions: New Products Benefit from Existing Brand Names", *Business Horizons*, Vol. 24, No. 2, 1981.

[336] Teo P. C. and Osman M., "Young Malaysians' Chocolate Brand Familiarity: the Effect of Brand's Country of Origin and Consumer Consumption Level", *Business Strategy Series*, Vol. 13, No. 1, 2012.

[337] Tracey S. D. and Maria M. R., "Matching Consumers' Country and product Image Perceptions: an Australian Perspective", *Journal of Consumer Marketing*, Vol. 28, No. 3, 2011.

[338] Trueman M., Klemm M. and Giroud A., "Can a City Communicate? Bradford as a Corporate Brand", *Corporate Communications: An International Journal*, Vol. 9, No. 4, 2004.

[339] Vassella et al., "Consumer Ethnocentrism, Partiotism, Global Openness and Country of Origin Effect: A Literature Review", ASBBS Annual Conference: Las Vegas, February 2010, p. 868 – 882.

[340] Wai J. L., Ian P. and Rajat R., "'Bonds' or 'Calvin Klein' Down – under. Journal of Fashion", *Marketing and Management*, Vol. 17, No. 1, 2013.

[341] Ward S. , *Selling Places: The Marketing of Towns and Cities*, 1850 – 2000, London: Routledge, 1998.

[342] Warnaby G. and Davies B. , "Commentary: Cities as Service Factories? Using the Servuction System for Marketing Cities as Shopping Destinations", *International Journal of Retail & Distribution Management*, Vol. 25, No. 6, 1997.

[343] Weber R. P. , *Basic content analysis*, Newbury Park, CA: Sage, 1990.

[344] Wen S. C. and Chun Y. C. , "Benefit Evaluation of the Country of Origin Labeling in Taiwan: Results from an Auction Experiment", *Food Policy*, Vol. 37, 2012.

[345] WooMi J. P. , Amelia A. and Wolfe K. , "Investigating the Effect of Country Image and Subjective Knowledge on Attitudes an Behaviors: U. S. Upper Midwesterners' Intentions to Consumer Korean Food and Visit Korea", *International Journal of Hospitality Management*, Vol. 32, No. 32, 2013.

[346] Zeithaml V. A. , "Communication and Control Processes in the Delivery of Service Quality", *Journal of Marketing*, Vol. 52, No. 2, 1988.

[347] Zenker S. , "How to Catch a City? The Concept and Measurement of Place Brands", *Journal of Place Management & Development*, Vol. 4, No. 1, 2013.

[348] Zhao X. , Lynch J. G. and Chen Q. , "Reconsidering Baron and Kenny: Myths and Truths about Mediation Analysis", *Journal of Consumer Research*, Vol. 37, No. 2, 2010.